한국근대소설에 나타난 서발턴 연구

김 희 숙

부산대학교 출판부

책머리에

《한국근대소설에 나타난 서발턴 연구》는 탈식민적 연구의 일환이다. 저자는 지난 10년에 걸쳐 탈식민주의에 관한 연구에 몰두하였는데, 연구의 결과 탈식민의 주체에 관심이 집중되었다. 탈식민의 주체는 '민족' 혹은 '서발턴'이 되기 쉬우나 저자가 주목한 것은 '서발턴'이었다. '서발턴' 주체로서의 탈식민은 식민지배 이전의 시기이든, 식민지배 기간이든, 식민 이후 혹은 신식민 시기이든 처음에는 '잡음' 혹은 '웅성거림'을 연상시키는 미미한 것이었으나, 시간이 갈수록 과격화되어 폭동에까지 이르는 경우가 대부분이었다. 그리하여 '서발턴'들은 역사의 변혁기에 거대한 움직임이 되어 변혁을 이루어 내거나, 변혁의 기초를 다졌다.

'서발턴 연구'는 탈식민적 기획의 하나로 인도의 서발턴 연구 집단의 기본적인 문제의식에서 출발했다. 이들은 엘리트 연구 집단이 배제해왔던 인도 민중을 어떻게 역사적 주체로 되살릴 수 있는가를 고민했고, 이를 위해 이탈리아 맑스주의 혁명가인 안토니오 그람시에게서 '서발턴'이라는 개념을 가져왔다. 그람시는 한 사회의 헤게모니를 장악하고 있는 집단을 제외한 종속집단을 서발턴 집단이라 부르고, 진정한 민중혁명을 위한 새로운 전략의 가능성을 발견해내고자 했다. '서발턴'을 라나지트 구하는 '계급, 카스트, 연령, 젠더, 직위의 측면에서 표현되든, 혹은 다른 방식으로 표현되든 남아시아 사회에서의 종속이라는 일반적인 특징에 대한 하나의 이름'으로 정의하며, 스피박은 서발턴이 인류의 역사를 이성(=남성) 확장에 따른 진보와 발전의 과정으로 간주하는 서양의 역사담론으로 해석되고 처리됨으로써 여성이 이중의 종속적 위치에 놓여왔음을 강조한다. 또한 그녀는 초국적 자본에 의한 신식민의 상황에서는 지배집단의 권력에 의하여 소외된 서발턴뿐 아니라 자본과 물질에 의해 이중으로 소외되는 서발턴까지 서발턴의 범주에 포함시킨다. 그녀에 따르면 '서발턴'이란 프롤레타리아 계급을 포함하면서도 성, 인종, 문화적으로 주변부에 속하는 사람들로 확장된다.

본서는 제2부로 구성되는데 제1부는 서발턴 개념과 민족운동을 다룬다. '서발턴이란 무엇인가', '서발턴의 유형-《태백산맥》을 중심으로', '서발턴 봉기에 있어서 '소문'의 역할-조정래의 《태백산맥》을 중심으로', '《태백산맥》에 나타난 탈식민주의와 민족운동' 등은 제일 앞의 글을 제외하면 모두 《태백산맥》이 분석 텍스트가 된다. 《태백산맥》은 해방공간과 6·25 전쟁 등이 역사적 배경이 되어 서발턴의 형성토대, 서발턴의 예속성과 주체화 과정 등을 잘 드러내 보여준다. 첫 번째 글 '서발턴이란 무엇인가'와 마지막 글 '《태백산맥》에 나타난 탈식민주의와 민족운동'은 각각 『한국문학논총』(66집)과 『문창어문논집』(52집)에 발표한 논문이다.

제2부는 서발턴의 저항으로서의 봉기를 다룬다. 서발턴의 저항은 사회적 갈등, 특히 빈곤으로 인한 사회문제가 극한에 달하면 봉기의 형식으로 나타난다. 라나지트 구하는 『서발턴과 봉기-

식민인도에서의 농민봉기의 기초적 측면들』(김택현 옮김, 박종철출판사, 2008년)에서 식민인도에서 1783년부터 1900년까지 있었던 서발턴 봉기를 분석하여 저항의 패러다임을 제시하는데 이는 '부정, 모호성, 양상, 연대, 전파, 영토성'의 특징을 지닌다. 저자는 이 패러다임을 한국근대소설인 《태백산맥》, 《들불》, 《장길산》 등을 분석하는데 적용하여 억압과 착취의 전통에는 봉기와 폭동의 대항 전통이 공존하는 것을 확인하였다. 세 편의 글인 '《들불》에 나타난 서발턴 저항 양상 연구', '《태백산맥》에 나타난 서발턴 저항 양상 연구', '《장길산》에 나타난 정치적 알레고리와 서발턴 저항' 중 첫 번째 글은 『한국문학논총』(66집)에, 세 번째 글은 저자의 박사학위논문을 수정, 증보하여 책으로 낸 『황석영 텍스트의 탈식민성 연구』(부산대출판부, 2008년)에 수록된 논문이다.

합력해서 선을 이루시는 하나님께 감사드립니다.

목 차

서발턴 봉기에 있어서 '소문'의 역할 / 81

-《태백산맥》을 중심으로

《태백산맥》에 나타난 탈식민주의와 민족운동 / 107

제2부 서발턴의 저항으로서의 봉기 / 143

《들불》에 나타난 서발턴 저항 양상 연구 / 145

《태백산맥》에 나타난 서발턴의 저항 양상 연구 / 179

제1부
서발턴의 개념과 민족운동

서발턴이란 무엇인가

1. 서발턴의 개념[1]

서발턴[2] 연구는 탈식민적 기획의 하나로, 인도의 서발턴 연구 집단의 기본적인 문제의식에서 출발했다. 서발턴 연구 집단은 엘리트 연구 집단이 배제해왔던 인도 민중을 어떻게 역사적 주체로 되살릴 수 있는가를 고민했고, 서발턴의 예속성과 주체성 회복을 밝히고자 했다. 이를 위해 서발턴 연구 집단은 이탈리아 맑스주

[1] '1. 서발턴의 개념' 장은 저자가 발표한 논문인 「《들불》에 나타난 서발턴 저항 양상 연구」(『한국문학논총』 66집, 2014년)에 실려 있던 내용을 독자들의 이해를 돕기 위해 책의 맨 앞으로 가져왔다.

[2] '서발턴(subaltern)'은 국내에서 하위계층, 하위주체, 하위계급, 하층민 등으로 번역되어 사용된다. 본고에서는 '서발턴'을 원어 그대로 사용할 것이다.

의 혁명가인 안토니오 그람시에게서 '서발턴(subaltern)'이라는 개념을 가져왔다.

그람시는 한 사회의 헤게모니를 장악하고 있는 집단을 제외한 종속집단을 서발턴 집단이라 불렀다. 그런 의미에서 볼 때 서발턴 집단은, 역사적으로 볼 때 저 멀리 고대 사회의 노예를 비롯한 최하층민들에서부터 중세의 농노와 콜로누스 그리고 근대 프랑스 혁명기의 부르주아에 이르기까지, 지배적 위치에 있지 않던 집단들을 통칭하는 용어였다. 그람시가 '서발턴' 개념으로 분석하고자 했던 것은 당시의 맑스주의자들이 강조하였던 계급개념으로서는 담아낼 수 없었던 이탈리아 남부의 미조직화된 농민들의 상태였다. 당시 아직 계급으로서의 의식을 갖지 못한 그 후진적인 농민의 평범한 존재야말로 이탈리아에서의 사회주의 혁명의 진전을 가로막는 중요한 요인으로 간주되었다.[3] 그람시의 서발턴 개념은 이렇듯 당시의 이탈리아의 특수한 역사적 조건들과 그러한 조건 속에서 민중 혁명의 가능성, 그리고 그 가능성을 가로막고 있는 지배 권력의 헤게모니 등을 설명해 내기 위한 개념이었다.

서발턴 집단은 그들만의 자율성과 제도를 유지해왔다. 그람시는 그의 『옥중수고』 중 「이탈리아 역사에 관한 수고」에서 "서발턴

---

[3] 그람시의 서발턴 개념은 마르크스주의에서 혁명의 주체를 논할 때 흔히 배제되었던 부차적인 집단, 어떻게 보면 이중적으로 소외된 집단을 포함한다. 서발턴은 지배권력으로부터 소외되었을 뿐 아니라, 마르크스주의에서도 소외된 집단이었으나 그람시는 서발턴이 기계론적 마르크스주의에 반대하고 민중 혁명의 주체가 될 수 있는 집단이라고 말한다(강옥초, 「그람시와 '서발턴' 개념」, 『역사교육』 82년).

집단들은 언제나 지배 집단들의 활동에 예속되는데 그들이 반란을 일으키고 봉기했을 때조차 그러하다. 즉 오직 '영구적'인 승리만이 그 종족을 타파하는데 그것도 즉각적으로는 그렇게 되지 않는다 (…) 그러므로 서발턴 집단의 독자적인 흔적으로 보여주는 모든 흔적들은 역사가라면 누구에게나 무한한 가치를 지닐 것이다"[4]라고 말한다. 결국 그람시는 이탈리아를 비롯한 유럽의 역사 속에서 서발턴은 언제나 종속 상태에 묶여 있다는 것을 동시에 강조함으로써, 통일적이고 일관된 계급 주체를 상정하는 혁명 전략을 수정하여 어떻게 진정한 민중 혁명을 위한 새로운 전략의 가능성을 발견해내야 할 것인가 하는 문제를 제기하였던 것이다.[5]

서발턴 연구 집단은 라나지트 구하의 주도로 인도의 역사에 관한 새로운 접근을 시도한다. 구하는 특히 『서발턴과 봉기-식민인도에서의 농민봉기의 기초적인 측면들』[6]에서 1783년부터 1900년까지 1세기 동안 인도에서 발생한 110개 농민봉기를 분석하여, 그들에게는 농민반란자의 자기 세계에 대한 인식과 그 세계를 변화시키려한 그들의 의지가 있었으며, 이를 출발점으로 서발턴의 주체를 복원하고자 한다. 그리하여 반란의식의 공통적 형식들 또는 일반적 관념들을 조사한다. 봉기의 성격은 부정, 모호성, 양상,

[4] 안토니오 그람시 지음·이상훈 역, 『옥중수고』 2, 거름, 1997년.
[5] 김택현, 『서발턴과 역사학 비판』, 박종철출판사, 2003년, 168쪽.
[6] 라타지트 구하 지음·김택현 옮김, 『서발턴과 봉기-식민인도에서의 농민봉기의 기초적인 측면들』, 박종철출판사, 2008년.

연대, 전파, 영토성이다. '부정'은 서발턴들이 자기 상급자들의 속성과 특성을 거부하는 것을 말한다. 그리고 서발턴들은 이를 통해 자신을 인식하는 것을 배운다. '모호성'은 봉기가 지닌 양가성 때문에 생긴다. 봉기는 범죄와 반란이라는 두 개의 코드에 묶여 있다. 즉, 행동의 기원이 되는 법으로부터의 개별적이거나 소집단적인 일탄의 코드와 그 일탈을 차용하는 집단적이고 저항적인 코드에 묶여 있다. 봉기의 '양상'은 일반적인 범죄의 태반에서 곧 분리되며 공적이고 집단적이며 파괴적이고 전면적인 양상을 지닌 폭력으로서의 정체성을 확립한다. '연대'는 의식의 중요한 지표이다. 그것은 반란자의 자기의식의 형상이며, 이는 반란행위에 대해 반란자의 의식과 자신의 적들의 의식을 명료하고 완전하게 분리시킨다. 계급, 카스트, 에스니시티, 종교의식 등이 결합된다. '전파'는 반란자들의 적에 의해 전염과 감염으로 묘사된다. 반란은 신속히 각각의 반란영토를 넘어서며 공통의 영토성은 동시간성과 유사한 모습을 띤다. 전파 도구로는 인도의 차빠띠(chapàti)와 같은 발화의 대용물에서부터 연쇄 편지들, 백지 문서들, 소문과 같은 발화된 언설 등이 있다. '영토성'은 지역적 경계를 의미한다. 혈연성과 인접성은 영토성을 확정지으며, 이 둘은 서로 배타적이지 않고 서로 얽혀 있다.

구하의 『서발턴과 봉기-식민인도에서의 농민봉기의 기초적 측면들』은 구조주의적 관점에서 농민봉기들의 일반적 형식을 도출해낸 것이다. 이 경향은 하나의 패러다임이 되었고, 식민 지배 이전이든 식민 지배의 시기든, 지배와 종속의 관계를 해명하였다.

억압과 착취의 전통에 대해서는 저항과 폭동에 대한 대항 전통이 있었던 것이다. 그리고 이를 통해 구하는 엘리트의 지배에 포섭되지 않았던 자율적 주체로서의 서발턴의 고유한 의식과 저항적 실천을 재구성하려 했다.

구하는 서발턴을 "계급, 카스트, 연령, 젠더, 직위의 측면에서 표현되든, 혹은 다른 방식으로 표현되든, 남아시아 사회에서의 종속이라는 일반적인 특징에 대한 하나의 이름"[7]이라고 규정한다. 또한 그는 서발턴 범주에 포함되는 사회 집단과 요소들이 "인도 주민 전체와 엘리트와 엘리트로 불리는 자들 사이의 인구학적 차이"[8]를 표현한다고 본다.

구하와 달리 스피박은 서발턴의 의식과 그것의 재현은 근본적으로 불가능하며 그에 따른 인식적 실패는 되돌릴 수밖에 없다고 주장하면서, 서발턴 연구의 역사서술은 기존의 역사학을 탈구축하고 있다고 말한다. 서발턴 연구 집단의 담론적 전위는 '실증적이고 순전한 상태의 서발턴 의식'을 발견하려는 욕망이 존재하며

---

[7] "The word 'subaltern' in the title stands for the meanings as given in the *Concise Oxford Dictionary*, that is, 'of inferior'. It will be use in these pages as a name for the general attribute of subordination in South Asian society whether this is expressed in terms of class, caste, age, gender and office or in any other way."(Ranajit Guha, 「Preface」, *Subaltern Studies*, Oxford University Press, 1988년, p 35).

[8] "The terms 'people' and 'sbubaltern classes' have been used as synonymous throughout this note. The social groups and elements included in this category represent the demographic difference between the total Indian population and those whom we have described as the 'elite'.(Ranajit Guha, 「On some Aspects of the Historiography of Colonial Indian」, the upper book, p 45).

그 실패를 의식의 수준에서 찾고자 하는 단순함을 보여준다. 즉 철학적 언어로 말하면 비기원적이다. 서발턴 의식의 복원은 포스트 구조주의적 용어로 말하면 서발턴적 주체-효과로 불릴 법한 것을 묘사한다고 할 수 있다. 스피박은 결을 거스르는 독해는 항상 전략적인 것이 되어야 하므로 그것으로 텍스트의 진리를 획득할 수 있다고 주장해서는 안 된다고 경고한다. 서발턴의 주체 지위의 복원이 서발턴 연구 집단에 의해 복원 대상에 대한 절대적이고 최종적인 진리의 확립으로 간주된다면 주권성, 통일성, 논리에 대한 모든 강조는 불가피하게 서발턴을 객관화시킬 것이며, '권력으로서의 지식 게임'에 사로잡히게 될 것이라고 말한다. 순수하고 이상적인 상태의 서발턴의 자율성을, 즉 엘리트의 지배에서 완전히 벗어나 그들의 지배 외부에서 독자적인 정치의 영역을 구축할 수 있는 서발턴 공간을 전제하고 있는 것이다.[19]

구하와 스피박은 모두 서발턴의 이질성, 차이성에 주목한다. 인도의 민족주의는 이 같은 '차이'를 소멸시키기 위해 내부의 주권영역에서의 인도의 전통적인 문화를 근대적이고 민족적인, 그럼에도 불구하고 서양적이지는 않은 문화 혹은 서양과는 차이가 있지만 근대적인 문화로 전환시키고자 했다. 인도의 민족주의는 서양의 식민주의 담론 구조 안에서의 '서양/인도'의 차이를 여성에 대한 남성의 지배원리로 선택하여 인도 사회 내에서의 여성들

[19] 김택현, 앞의 책, 177~185쪽.

의 식민화를 강조했다. 따라서 민족주의 역사담론도 차이를 강조하지만 인도의 민중과 여성은 오히려 그 차이 안에서 사라지게 된다. 즉 인도의 서발턴이 자본주의 발달과 민족국가의 수립, 그리고 가부장적인 식민 사회의 성립과정으로 서술해 온 서양의 근대의 역사담론에 의해 해석되고 처리됨으로써 그들의 이질적인 목소리는 억압되고 소멸되는 것이며 인류의 역사를 이성(=남성) 확장에 따른 끊임없는 진보와 발전의 과정으로 간주하여 온 서양의 역사 담론 안으로 사라지게 되는 것이다. 그러므로 민족주의적 담론에서보다는 서발턴 계층이 중심이 된 담론이 탈식민적 담론이 되는 것이며, 이는 진정한 민족주의 담론의 수립을 위해서도 필수적인 것이다.

2. 서발턴의 특성

① 프롤레타리아와 서발턴

서발턴의 특성을 프롤레타리아와 민중의 비교를 통해서 알아보도록 하겠다. 우선 서발턴을 프롤레타리아와 비교해보면, 둘 다 '아래로부터의 역사'라는 공통점이 있다. 서발턴과 프롤레타리아와의 상관성은 서발턴 이론이 등장한 초기부터 있어 왔다.

1982년 남아시아 역사 서술에 대한 하나의 게임으로 출발하여, 포스트식민주의적 비판으로 발전해온 서발턴 연구는 민중의 문화와 정치에 대한 역사 서술의 경연장에 끼어들었다. 서발턴 연구는 "식민주의적, 민족주의적, 마르크스주의적 역사 해석들이 민중으로부터 행위를 박탈했다"[10]고 고발하면서, 역사를 피지배자들에게 돌려주기 위한 새로운 연구를 천명했다. 이에 대한 연구는 서발턴 연구 집단의 두 번째 논문집에서 분명히 드러난다. 프라카쉬는 두 번째 논문집에서 다음과 같이 말한다.

> 두 번째 논문집은 서발턴에 대하여 단도직입적으로 논하고 있으며, 역사 속에서의 서발턴의 행위가 어떻게 식민주의적, 민족주의적, 혹은 마르크스주의적 내러티브들 내에 뿌리내리고 있는 엘리트적 관점들에 의해 부정당해왔는지를 증명하는 일에 착수하고 있다. 이러한 내러티브들이 엘리트지배를 코드화시켰던 도식들에 따라 서발턴의 의식과 행위를 표상했다고 주장하면서, 구하는 역사서술이 농민 반란자들을 자신들의 의지와 이성으로 반란이라고 불리는 실천을 구성했던 하나의 실제로 바라보지 않고, 단순히 하나의 경험적 인간 혹은 한 계급의 구성원 정도로 취급해왔다고 단언했다. 역사가들은 농민반란을 뇌우처럼 터져나오는, 지진처럼 요동치는, 번개처럼 번져나가는 자연발생적인 분출로 표현하려는 경향이 있다. 또 그렇지 않으면, 그들은 반란을 경제적, 정치적 압박에 대한 반사적 행동으로 생각했다. 어떤 경우든 반역성은 농민의 의식에 외재적인 것으로 간주되며, 원인은 이성과 의식의 논리에 대한 환상적인 대체물로 나타나게 된다.[11]

[10] 기얀 프라카쉬 지음, 장윤경·이찬행 옮김, 「포스트식민주의적 비판으로서의 서발턴 연구」, 『역사연구』 6, 1998년, 274쪽.

프라카쉬는 서발턴의 행위가 엘리트적 관점들에 의해 부정당해왔다고 말한다. 여기서 말하는 엘리트적 관점이란 식민주의뿐 아니라 인도의 민족주의 또한 마찬가지였으며, '아래로부터의 역사'를 주장하는 마르크스주의까지 포함된다. 엘리트적 관점들은 서발턴 봉기에서 '봉기의식'이 있음을 인정하려 들지 않았다. 그러나 서발턴 연구자들은 농민 반란자의 자기 세계에 대한 인식과 그 세계를 변화시키려한 의지를 출발점으로 삼아 주체를 복원시키고자 했다. 이렇게 보면 마르크스주의에서 말하는 프롤레타리아는 서발턴과 다름을 알 수 있다.

서발턴이 프롤레타리아와 다름은 그람시의 경우에도 마찬가지이다. 그람시의 서발턴 개념은 마르크스주의에서의 혁명의 주체를 논할 때 흔히 배제되었던 부차적인 집단, 어떻게 보면 이중적으로 소외된 집단을 포괄한다는 점에 그 특색이 있다. 그람시가 계급이라는 이론적 도구에 만족하지 못 하고 서발턴이라는 다소 모호한 개념을 제기한 것도 바로 이 같은 이론적 배경에서라고 할 수 있다. 즉 서발턴은 당대 이탈리아 북부의 도시 프롤레타리아트와는 그 억압의 상황이나 조직 가능성이 달랐던 농민, 특히 근대적 정치 문화의 경험 없이 봉건성이 강한 지주의 지배 아래 있는 만큼 결속력이 떨어지는 이들 농민의 상황이 항상 자리 잡고 있었다.[12] 즉 그람시의 서발턴은 집중적이고 통일된 주체가 되기 어려운 수없이 널려 있는 종속집단들이며, 지배계급의 문화

[11] 기얀 프라카쉬 지음, 장윤경·이찬행 옮김, 앞의 글, 277쪽.
[12] 강옥초, 앞의 글, 114~142쪽.

와 언어에 끊임없이 규정당하면서도 그 틈을 비집고 나오는 민중의 독자적인 세계관, 다시 말해 종족과 자율성을 지닌 집단이다. 그리고 이 같은 자율과 종속의 이중성은 프롤레타리아 계급에게 주어진 특별한 역사적 사명을 상정하는 이상주의적, 목적론적 마르크스주의 흐름과는 궤를 달리한다.[13]

서발턴 연구는 프롤레타리아를 혁명의 주체로 상정하는 '아래로부터의 역사'와는 다르다. 우선, 서발턴 연구는 서구의 휴머니즘적 주체 관념과 주체의 (정치적) 의식 형성에 관한 진화주의적·단계론적 관념을 거부하면서 그것과는 다른 관점에서 주체(의식)의 문제에 접근하고 있다. 둘째, '아래로부터의 역사' 연구가들은 노동자들이 남긴 기록에 의존하여 그들의 목소리를 듣고자 했다면, 서발턴 연구 집단은 서발턴의 대부분이 문맹이기 때문에 그 같은 기록을 남길 수 없었던 인도의 조건 하에서 지배집단이 남긴 기록에 대한 결을 거스르는 읽기를 통해 서발턴에 접근하였다. 셋째, 서발턴 연구는 자본의 논리에 포함되지 않은 하위계층에 주목하면서 권력의 역사를 보편적인 자본의 역사에서 분리시켜 사유하고 있다.[14]

서발턴 연구 집단의 서발턴 연구는 권력뿐 아니라 자본에 의한 소외와 수탈을 당하고 있는 식민 이후의 제3세계 민중들에게도 적용해도 좋을지 의문을 가질 수 있다. 서발턴 연구 집단의 서발턴 연구는 인도의 민중을 역사 연구의 대상으로 삼으나, 그들에

[13] 강옥초, 앞의 글, 141쪽.
[14] 김택현, 앞의 책, 43~44쪽.

대한 하위계층 연구의 분석에는 젠더나 인종의 측면만이 있을 뿐 계급이나 물질적 관계에 대한 분석은 없다. 그러므로 제3세계 민중이 보편적이고 체계적인 자본주의 수탈의 물질적 정신적 희생자라는 측면은 도외시되고 있기 때문이다.

IMF와 같은 초국적 자본에 의한 신식민의 상황에서는 지배집단의 권력에 의하여 소외된 서발턴뿐 아니라, 자본과 물질에 의해 이중으로 소외되는 서발턴까지 서발턴의 범주에 포함시켜야 할 것이다. 스피박이 프롤레타리아 계급을 의미하는 노동자라는 용어를 서발턴으로 바꾸어 사용하는 것 또한 이에 기인한다. 그녀에게 서발턴이란 생산 위주의 자본주의 체제에서 중심을 차지하던 프롤레타리아 계급을 포함하면서도 성, 인종, 문화적으로 주변부에 속하는 사람들로 확장된다. 국제적 노동분업과 전지구적 자본주의화는 부르주아 프롤레타리아라는 이분법적 도식만으로는 설명할 수 없는 다양한 현상들을 배태하게 되었다. 제1세계와 제3세계의 프롤레타리아 계급은 노동의 종류와 강도에 있어서 더 이상 동질적이지 않다. 주변부 노동자들은 그들이 창출한 잉여가치나 자신이 생산한 상품으로부터 더욱 멀어지며 중심의 국가 이데올로기로부터도 소외된다. 다국적 기업은 더욱 용이하게 호전적인 노동자의 반란을 제압하며 매판국가에서의 계급유동성은 점점 희박해진다. 그러므로 노동자의 투쟁만으로는 지구적 자본주의를 다룰 수 없다.[15]

---

[15] 양종근, 「스피박의 현대이론에 대한 해체적 개입」, 『영미어문학』 82, 2007년 3월, 165쪽.

② 민중과 서발턴

서발턴이란 용어는 그람시나 서발턴 연구 집단에 의해 사용되었을 때는 헤게모니 없는, 권력을 지니지 못한 집단에 사용되었으며 프롤레타리아와는 구분되는 개념이었다. 그러나 식민주의보다는 신식민 혹은 제국주의에 관심을 가진 스피박에 와서는 헤게모니와 권력을 지니지 못한, 정치적으로 소외된 집단이라는 의미 외에 자본으로부터 소외된 집단이라는 의미가 더해졌다. 그리하여 프롤레타리아 계급까지 포함되었다. 이 같이 본다면 서발턴이란 용어는 70년대와 80년대 우리 문단의 주류를 이루었던 민중문학에서 말하는 '민중'과 유사한 개념이라고 생각할 수 있다.

김지하의 시론 「풍자냐 자살이냐」[16]는 70년대 민중문학론의 효시라 할 수 있다. 김지하는 이 글에서 민중을 다음과 같이 말한다.

> 그것은 민중 가운데 있는 우매성·속물성·비겁성과 같은 부정적 요소에 대해서는 매서운 공격을 아끼지 않았지만, 민중 가운데 있는 지혜로움, 그 무궁한 힘과 대담성과 같은 긍정적 요소에 대해서는 찬사와 애정을 아끼지 않는 것이다. …(중략)… 민중 속에 있는 부정적 요소는 단순히 일률적인 것만은 아니다. 올바르지는 않지만 결코 밉지 않은 요소도 있고, 무식하지만 경멸할 수 없는 요소도 있다. 그리고 겁은 많지만 사랑스러운 요소도, 때묻고 더럽지만 구수하고 터분해서 마음을 끄는 요소도, 몹시 이기적이긴 하나 무척 익살스러운 요소도 있는 것이다.[17]

[16] 김지하, 「풍자냐 자살이냐」, 『민중문학론』, 문학과 지성사, 1984년.

김지하는 한국시가 민중에게 버림받지 않기 위해서는 저항적 풍자가 필요하며, 저항적 풍자를 위해서는 올바른 민중관이 바탕이 되어야함을 말하면서, 민중의 속성을 위와 같이 열거하였다. 그에 의하면 올바른 풍자란 "부단히 변화하고 있거나 또는 좀처럼 변화하지 않는 민중의 비애 및 욕구 체계에, 불만의 폭발 방향에 알맞은 발상 체계 및 공격 방향을 바로 결정한 것이어야 한다."[18]

김지하는 '민중이란 누구인가?'에 대해서는 명시적인 답을 주고 있지 않지만, 민중의 속성을 규명하고 있다. 민중은 부정적 요소뿐 아니라 긍정적 요소를 가지고 있으며, 부단히 변화하거나 좀처럼 변화하지 않는다. 즉 "민중은, 그리고 민중의 의식 형태는 영구불변한 것도 아니며 단순히 긍정적이거나 간단히 부정적인 것도 아니다."[19]

그의 글에서 민중이 누구인지에 대해 판단할 수 있는 근거가 되는 표현은 '민중을 억압하는 어떤 특수집단', '민중 위에 군림한 어떤 집단', 혹은 '민중 위에 군림한 특수 집단'이라는 표현이다.[20] 즉 민중은 '군림당하는 자들'로 '지배받는 자'라 할 수 있다. 그는 또한 소시민을 속물적이고 비겁하면서, 끝없이 동요하고 불안해하는 계층이라고 말하지만 민중 속에 포함시킨다.[21]

성민엽은 「민중문학의 논리」[22]란 글에서 민중이란 "어떤 특수

---

[17] 김지하, 앞의 글, 24쪽.
[18] 김지하, 앞의 글, 54쪽.
[19] 김지하, 앞의 글, 26쪽.
[20] 김지하, 앞의 글, 19~28쪽.
[21] 김지하, 앞의 글, 25쪽.

집단의 억압과 물신의 폭력에 의해 고통 받는 자"[23] 들이라고 말한다. 결국 민중이란 그 지배받음으로 인해 현실에 대한 부정과 저항의 주체로의 전화 가능성을 잠재한 피지배계급을 말한다 할 수 있다. 그러나 민중이란 "계급이론의 관념적 추수와는 거리가 있고 사회 구성체의 내적 모순이라는 구체적 현실과 관련하는 것"[24] 이며 "현실의 폭력을 현실적으로 극복할 수 있는 집단적·실천적 주체"[25] 이다.

경제학자인 박현채는 민중의 구성 요소를 '농민·노동자계급·도시빈민'으로 구체적으로 나열한다. 농민은 농업 생산자라는 다양한 사회 구성으로 이루어진 농민층 일반을 의미하며, 노동자는 자본주의적 편성에 따라 자본·임노동 관계에서 자기 재생산의 기반을 갖는 자본주의 사회의 기본 계급 구성으로, 보다 다수의 기본 계급을 이루면서도 자본주의 자기 논리에 따라 사회적 생산의 결과에서 소외된 계급이 된다. 이들은 자본주의와 민중 구성의 기본적이고 주된 요소이며, 가장 진보적 계층이다. 도시 빈민은 자본제 사회의 침전층으로, 구성이 다양하며 자본주의 그 자체의 논리에 따라 끊임없이 재생산된다. 그리고 이 세 계층은 긴밀한 상호관계를 가지며, 자본과의 대립관계에 있음으로 체제 인식이라는 차원에서는 이해가 일치한다.[26]

[22] 성민엽, 「민중문학의 논리」, 『민중문학론』, 앞의 책.
[23] 성민엽, 앞의 글, 151쪽.
[24] 성민엽, 앞의 글, 151~152쪽.
[25] 성민엽, 앞의 글, 152쪽.
[26] 박현채, 「문학과 경제」, 『실천문학』 4집, 1983년.

80년대의 민중문학론은 실천성과 운동성이 강조되고 "민중이 주체가 된 생활문학"[27]이 강조된다. 민중이 주체가 된 생활문학은 '민중 자신이 생산주체인 문학'을 의미하며 "주체와 객체의 일치로 인해 진정한 민중적 현실의 문학적 형상화"[28]에 성공적일 수 있다고 말해진다. 유동우의 〈어느 돌맹이의 외침〉(1977), 송효순의 〈서울로 가는 길〉(1982) 등 일련의 노동수기들이 이에 해당된다.

80년대의 민중문학론은 전대와 달리 계급적 성격을 띠게 되는데, 이는 80년대의 민중문학에서 중요시되던 '운동성'과 '실천성'은 민중의 현실을 드러내는 "리얼리즘적 규율보다는 해방 운동의 규율에 복무하는 것"[29]이기 때문이다. 그리고 이는 마르크스주의가 지닌 이상주의적, 목적론적 방향성과 일치한다고 볼 수 있다.

민중과 서발턴은 여러 가지 공통점을 진니다. 두 가지 용어는 '권력으로부터 소외된 피지배집단'을 의미하며, '의식성' 혹은 '주체성'을 지닌 집단이다. 또한 이 두 용어 모두 처음에는 계급적인 의미로 쓰이지는 않았지만 계급적 의미를 지닌 집단 또는 그 집단들의 목적성까지 포괄하는 의미로 확대되었다고 할 수 있다. 가령 서발턴 개념이 그람시와 구하를 포함한 서발턴 연구자들이 처음 사용하였을 때는 자본과 경제의 의미를 제외한 정치권력으로부터 소외된 집단을 의미하였으나 스피박에 와서는 자본과 경제로부터

[27] 김도현, 「장르확산을 위하여」, 『민중문학론』, 앞의 책, 109쪽.

[28] 성민엽, 앞의 글, 170쪽.

[29] 채광석, 「제3세계속의 리얼리즘」, 『민중문학론』, 앞의 책, 142쪽.

소외된 집단까지 포괄하는 의미로 사용되었다. 민중이란 용어 또한 70년대 민중론자들은 계급이론과는 다소 거리가 있는 의미로 사용하였다. 앞서 김지하가 '계급 이론의 관념적 추수'보다는 '사회구성체의 내적 모순'과 관련하여 썼으며, 백낙청 또한 민중을 "소수의 지도자 또는 지배자가 아닌 다수의 국민"[30]으로 파악함으로써 '계급적 실체'로서의 민중에 거부감을 나타냈다. 그러나 경제학자 박현채는 민중의 한 유형인 노동자를 노동자 계급이라고 썼으며, 1980년대 민중문화운동에 있어서의 창작주체화, 민중해방운동 등은 '민중'을 계급적 의미로 사용하였다고 할 수 있다.

'민중'은 '서발턴'이란 용어처럼, 자본에서 뿐 아니라 정치 혹은 권력에서도 소외되었던 '피지배집단'을 의미하지만, '민중'이란 용어가 대내적인 권력집단과 권력에서부터 소외된 집단이라는 의미로서 주로 사용되는데 반해, '서발턴'이란 용어는 '민중'이란 용어가 갖는 의미 외에 '제국과 자본에 대항하는 주체'라는 의미가 강조된 용어라 할 수 있다. 결국 '서발턴'이란 대내적으로 권력 혹은 지배계급으로부터, 대외적으로는 서구 제국주의로부터 그리고 후기식민시기에와서는 자본으로부터 소외된 피지배집단을 의미한다고 할 수 있다. 이 같은 의미로 본다면 탈식민주의에서 저항의 주체라는 의미를 내포하는 용어로는 '민중'보다, 그리고 앞서 언급한 '프롤레타리아'보다 '서발턴'이 더 적합하다고 하겠다.

[30] 백낙청, 「민중은 누구인가」, 『뿌리 깊은 나무』, 1979년 4월.

서발턴의 유형

–《태백산맥》을 중심으로

1. 서론

서발턴은 역사의 안정기에는 대체로 헤게모니 없는, 지배와 소유로부터 소외된 집단으로 있지만 역사적 변혁기에 주체로서의 역할을 감당한다. 우리나라의 해방정국만 보더라도 서발턴들은 외세를 주목하고 이들이 엘리트와 결탁하여 또 다시 지배자로 군림하는 것을 알았으며 그들이 처한 상황에서 벗어나기 위해 힘을 합쳐 봉기했다. 그들의 봉기는 때때로 실패로 끝났지만 그들은 이를 통해 대다수 서발턴의 힘을 보여주고 현재의 극복가능성을 시사했다.

서발턴은 토대와 형성과정에 따라 몇 가지로 유형화될 수 있다.

첫 번째 유형은 지식인 출신의 서발턴이라 할 수 있다. 이들은 모두 고등교육을 받은 자들로서, 서발턴들을 의식화하고 그들이 주체가 되는 새로운 세상을 만들고자 스스로 서발턴 집단의 일원이 된 경우이다. 두 번째 유형은 프롤레타리아 서발턴으로 사회주의 혁명 사상으로 보았을 때 기본출을 말한다. 세 번째 유형은 헤게모니 없는 서발턴이다. 이들은 의식화되지 않고 사회주의 혁명 사상이 없는, 그러나 지배와 권력으로부터 소외된 광범위한 피지배집단을 말한다. 마지막으로는 여성 서발턴이다. 이들은 지배와 남성으로부터 이중으로 소외된 여성들을 일컫는다.

《태백산맥》에 나타나는 서발턴을 중심으로 이 같은 하위 유형들을 분석해보고자 한다. 《태백산맥》에 나타나는 서발턴 유형은 기타 다른 탈식민적 텍스트, 특히 서발턴의 봉기가 두드러지는 텍스트에 동일하게 나타날 것으로 예상된다.

2. 서발턴 유형

① 지식인 출신의 서발턴

'지식인을 서발턴에 포함시킬 것인가'는 서발턴 연구의 논쟁거리가 될 수도 있다. 서발턴이 '헤게모니가 없는, 지배와 소유로부터 제외된 집단'을 통칭한다고 할 때 '소유'의 문제는 제외한다 하더라도 지식인이 과연 헤게모니 혹은 지배로부터 제외된 집단인가 하는 문제를 생각해볼 수 있기 때문이다.

이 문제를 해결하기 위하여 지식인 집단의 계급성이 문제시된 다른 경우를 생각해보도록 하자. 지식인을 어떤 계급에 포함시킬 것인가 하는 문제는 사회주의가 우리나라에 들어왔을 때도 논란거리가 되었다. 지식인은 사회주의 기본계급이라 할 수 있는 부르주아나 프롤레타리아 계급 어디에도 위치하기 곤란한 문제적 집단이기 때문이었다. 이는 '지식계급론'으로 나타났으며 1920~30년대에 일제강점하에 등장하게 된다.

조선의 지식인론은 러시아의 인텔리겐치아론을 수용하는 형태를 띠었다. 이 이론에 의하면 인텔리겐치아는 지식계급으로보다는 '유식' 무산자이다. 러시아에서는 부르주아와 인텔리겐치아가 일치했던 프랑스와 달리 인텔리겐치아는 윤리 사회상 이상을 추구하는 경향을 보이는 초계급적 집단으로, 부르주아는 도덕적으로 타락하고 천박한 유산계급으로 인식되었다. 조선에서 또한 부르주아와 지식인 집단은 '무식 유산계급/유식 무산계급'이라는 인식이 지배적이었다. 서구 부르주아가 상공업에 기반을 두고 재산을 축적한 반면, 조선의 유산계급은 신분제에 기반을 두고 국고와 인민을 약탈하여 재산을 축적하였기 때문이었다.[31]

그러므로 식민지 조선에서는 교육받은 지식인집단이 무산자계급과 '소유'의 문제에 있어서 유사성을 띠어 '유식 무산자' 계급으로 분류되었다. 지식인집단은 계급 내에서 주로 무식 무산자계급

---

[31] 이혜령, 「지식인의 자기정의와 '계급'-식민지 시대 지식계급론과 한국 근대소설의 지식인 표상」, 『상허학보』 22, 2008년, 122~130쪽.

을 교육·계몽하는 역할을 맡았는데, 이는 일제강점하 농촌계몽소설, 사회주의 리얼리즘 소설[32]의 주요 모티프로 등장한다.

사회주의 수용 당시의 '지식인 집단'이 무산자계급이었던 것처럼 탈식민주의라는 문화이론의 관점에서도 지식인 집단이 지배와 소유로부터 소외되어 있으면서 자신들의 지식을 사용하여 서발턴을 교육하는 역할을 한다면 서발턴에 포함시킬 수 있을 것이다. 지식인 집단은 서발턴 내에서 이들로 하여금 자신들을 주체로서 인식하게 하고 필요한 경우 단합된 힘으로 봉기하도록 하며 지도자를 양성하는 역할을 한다.

《태백산맥》에 등장하는 지식인출신의 서발턴은 염상진, 손승호, 안창민 등이라 할 수 있다. 우선 염상진은 노비의 후손이지만 사범학교 교육을 받은 지식인으로 대표적인 유식무산자이다. 아버지 염무칠이 숯장사를 하여 아들을 교육시키고, 염상진은 사범학교 졸업 이후 한때 교직에 몸을 담았지만 교직을 그만둔 후에 농사일을 하였고 적색농민운동의 주동자가 된다.[33] 이후 사회주의혁명운동을 하고 여순봉기 때는 벌교지부위원장으로 일한다. 빨치산 활동 때는 해방구를 건설하여 자급자족을 도모한다.

염상진은 교육받은 지식인이나 지배와 소유로부터 소외되어

[32] 농촌계몽소설과 사회주의 리얼리즘에 등장하는 지식인의 차이는 전자가 농민들을 일방적으로 계몽·계도하는데 반해 후자의 지식인은 무산자계급으로 하여금 자신의 계급을 인식하고 새로운 세상의 주체가 되도록 교육한다.

[33] 최자훈, 「《태백산맥》의 인물 유형별 이데올로기 형성 과정」, 전남대 석사학위논문, 2010년, 8쪽.

있다. 그의 출신 성분을 보면 그는 대표적인 피지배층이라 할 수 있다. 노비였던 할아버지와 숯장사였던 아버지의 이력은 교육이 아니면 그 또한 서발턴으로 살아갈 수밖에 없는 환경이었다. 그러나 그는 '교육'을 통하여 지배의 범주로 들어갈 수 있는 수단을 마련하였다. 사범학교 교사로서의 신분은 한 사회나 국가를 통치하는 지배 권력은 아닐지라도 적어도 억압당하고 착취당하는 자는 아니었으며, 권력의 주변부에서 공존할 수 있는 지위였다.

그러나 염상진은 자신의 지식을 타인을 지배하거나 물질을 위해 사용하지 않고 서발턴들을 교육하는데 사용함으로써 유동적인 자신의 계급을 서발턴으로 결정짓는다. 적색농민운동을 통해 지주와 소작인의 갈등을 인식한 후 그가 걸었던 길은 사회주의 혁명운동이다. 그는 계급투쟁을 통해 무산자계급사회를 건설하고자 했고 무산자계급을 가난과 착취로부터 벗어나게 하고자 한다.

> 사회주의 건설을 위한 무산자 혁명, 그것이야말로 역사의 그늘이나 역사의 변두리로 내몰린 사람들을 역사의 중심에 서게 하고, 새로운 역사를 만들고자 함이 아닌가. 봉건주의의 지배층과 제국주의의 부유층을 몰아내고, 그래서 계급 없는 사회를 건설했는데도 역사는 중심에 서는 것을 용납하지 않을 것인가. …(중략)… 분명 사회는 혁명되어야 하고, 무산자는 그 주인이 되어야 하며, 역사는 새로 박음질되어야 한다.[34]

[34] 조정래, 《태백산맥》2, 앞의 책, 88쪽.

염상진은 봉건주의의 지배층과 제국주의의 부유층을 몰아내고 무산자가 중심이 되는, 그리하여 중심과 주변이 전도되는 사회를 건설하고자 한다. 그리고 바로 이 중심과 주변의 전도를 가능하게 하는 것이 사회주의 혁명이다. 염상진은 바로 이 같은 혁명의 주인으로 역할해야 할 서발턴들이 자기의 정체성을 인식하고 혁명을 주도하도록 교육한다. 의식화 교육과 문자교육이 중심이 되는 사상무장교육을 통해 서발턴들은 자신들의 계급성을 인식하고 무지로부터 탈피하여 혁명의 주도세력으로 거듭나게 된다.

사상무장교육은 기초적인 사상학습과 한글학습이 동시에 실시된다. 혁명과 투쟁의 필요성이 자각되지 않고서는 전투력이 발생될 수 없고, 한글을 깨치지 않고서는 사상학습이 무용할 뿐 아니라 혁명적 정신력도 없기 때문이다. 당규에도 한글 학습의 중요성을 강조하고 있는데, 당규에 따르면 한글을 깨치는 자만이 당원이 될 수 있도록 하고 있다.

염상진은 신문에 보도된 사실을 중점적으로 학습하면서 서발턴들의 의식을 일깨우고 앞으로의 투쟁을 다짐한다. 염상진은 신문에 보도된 이승만의 제주도 방문기사를 토대로 다음과 같이 교육한다. 4월 29일, 이승만은 그의 서양 마누라 프란체스카를 데리고 비행기로 제주도를 방문한다. 이는 만 1년 된 제주도의 4·3투쟁이 완전 진압되었음을 세상에 선전하기 위한 것이다. 그러나 이 선전은 허위이다. 당의 조사에 따르면 아직도 삼사백 명의 동지들이 남아 열렬한 투쟁을 계속하고 있기 때문이다. 그러나 이승만은 한 사람도 남김 없이 역적도배를 전멸하라고 함으로써 제주도의 인민을 앞으로도 학살하겠다고 한다. 그리고 이 말은 우리들을 향해서도 하는 말이다.

염상진은 신문을 통해 현재의 상황을 학습시킬 뿐 아니라 앞으로의 투쟁방향도 제시한다. 제주도의 병력이 전남지역에 투입되면 돌덩어리 같이 굳게 뭉쳐 더욱 용맹스럽게 혁명투쟁을 감행해야 한다는 것이다. 역사는 우리들이 매일매일 전개되는 투쟁 속에 만들어지며 서발턴들이 만들어내는 역사는 앞서 간 분들의 투쟁을 이어받고 있기 때문이다. 마찬가지로 우리가 오늘 당장 투쟁전선에서 죽어간다 하더라도 우리의 투쟁은 또 다른 전사들이 이어받으며 우리를 기억하게 된다. 그러므로 여러분들은 오늘의 주인이면서 역사의 선봉이고 투쟁 중에 죽어 간다 해도 그 목숨은 인민의 역사, 혁명의 역사에 영원히 살아 있게 되는 것이다.

이 같은 염상진의 사상학습을 통해 서발턴들은 생존을 위하여 시작한 싸움을 역사적인 투쟁으로 이끌어간다. 그들은 자신들의 현재적 상황과 의미를 역사적 차원으로 볼 수 있는 눈을 가지게 됨으로써 승리의 국면에서는 해방구를 공평하게 지도할 줄 알며 패배의 국면에서는 내일을 위한 투쟁으로 오늘을 치열하게 싸울 수 있는 힘을 갖게 된다.

손승호는 염상진처럼 '무산 지식인' 계급에 속하나 이데올로기적 방황을 거친 후 사회주의 혁명을 위해 싸우다 죽는 서발턴이다.

그의 아버지는 재래식 무쇠솥 공장 노동자였으며, 그의 어머니는 생선행상을 하였다. 그는 사범학교를 졸업하고 해방 이후 남국민학교의 선생이 되었고 1947년 6월까지는 좌익이었다. 그러나 해방공간에서 우익의 탄압에 맞선 좌익의 테러가 속출하면서 회의를 느끼기 시작했고, 국제공산주의가 세력확장의 도구로 사용되는 것을 보고는 사상적 변화를 일으켰다. 그는 이후 좌우익 어느 편에도 서지 않았으며 인간주의를 주장했다. 인간다운 삶의 길을 위하여 사회주의를 택했으나 사회주의가 지닌 인간부재의 현실 때문에 환멸과 혐오를 느낀 것이었다.

손승호의 인간주의는 모든 이데올로기에 선행하는 것이었으므로 그는 그것을 위하여 사회주의를 버리고 총을 들이댄 염상진의 위협에도 굽히지 않았을 뿐 아니라 보도연맹 가입을 거부하여 서울로 도망친다.[35]

손승호의 인간주의는 텍스트 속에서 두 가지 사건으로 구체화되는데 첫 번째가 토벌대에 대항하여 벌인 시위이다. 토벌대는 마을의 처녀를 강간하다 처녀의 오빠에게 들켰다. 그러자 마을처녀의 오빠를 살해하였다. 손승호는 마을 사람들을 100여명 모아 대열을 이루고, 대열의 앞에 피범벅이 된 시체를 내세우고 읍내 한복판인 역전 공터에서 시위를 벌였다. 장좌리에 가정방문을 갔다가 그 광경을 본 손승호는 토벌대의 만행과 처녀 부모들의 체념에 분노함과 동시에 자신이 한 마리 작고 하잘 것 없는 벌레로 여겨져 비참함을 느낀다. 장소를 외면할 수도 폭력에 대항할 용기도 없는 나는 시체와 다를 바 없는 것이었다. 그리하여 인위적

[35] 권영민, 「소설의 인간상, 그리고 《태백산맥》의 인간상」, 『태백산맥 다시 읽기』, 해냄, 2006년(2판 5쇄), 189~190쪽.

힘을 만들어 관권의 폭력을 쳐부수자고 사람들을 선동하여 시위를 일으킨 것이다. 그의 인간주의는 한 인간이 무참히 살해당한 것을 묵과할 수 없었으며 동네 사람들과 자신이 인간임을 증명하기 위해서라도 폭력 앞에 맞선 것이다. 그는 사회주의적 관점에서 토벌대와 마을 처녀의 관계를 지배와 피지배, 혹은 권력자와 피권력자의 관계로 볼 수도 있었으나 '인간'을 우선적으로 내세움으로써 인간주의적 관점을 취한 것이다.

손승호의 인간주의를 보여주는 두 번째 사건은 고두만 아내의 임신사건이다. 그는 학부형인 고두만의 어머니가 며느리의 임신을 위해 며느리를 율어로 보내달라고 한 부탁을 거절하지 못하고 고민한다.

> 그 늙은 학부모에게 심재모를 직접 찾아가라고 할 수는 없었다. 그건 선생을 신뢰해서 찾아온 학부모에 대한 무책임한 배신이고, 선생의 입장을 떠나서 생각하더라도 한 인간이 정당하게 찾고자 하는 자연적 권리를 손상시키는 비열한 회피였다. 결과를 예측하지 말고 노파의 입장에서 최선을 다해보는 것만이 노파의 말마따나 '인간도리'라 여겼던 것이다.[36]

임신을 위해 며느리가 율어로 들어가는 일은 좌우익이 첨예하게 대립하고 있는 상황에서는 불가능한 일이다. 손승호는 노파의 부탁을 말도 안 되는 일이라며 거절할 수도 있고 계엄사령관으로

[36] 조정래, 《태백산맥》4, 해냄, 2013년(4판 43쇄), 234쪽.

와 있는 심재모에게 직접 찾아가 부탁하라고 해서 문제를 외면할 수도 있었다. 그러나 손승호는 선생의 입장뿐 아니라 '인간도리'로서도 노파의 문제를 자신이 직접 해결해야 할 것 같은 책임감을 느끼고 김범우와 함께 심재모와 의논한다. 손승호는 시대의 신음 앞에, 무덤과 같은 시대 앞에 '생명의지' 또한 삼대의 곧음으로 세워져야 한다고 생각했기 때문이다.

손승호의 인간주의는 6·25 전쟁을 통해 하나의 이데올로기를 선택하게 되는 것으로 바뀐다. 그는 서울에서 근무하던 출판사가 사상적으로 불온한 서적을 출판했다는 혐의로 문을 닫고, 자신 또한 경찰에 끌려가고 서대문형무소에 수감된다. 전쟁 발발 후 인민군 선발부대에 의해 감옥을 나오게 된 그는 이번 전쟁이 사회주의 혁명을 통한 민족통일을 달성하려는 세력과 친일반민족세력으로도 부족해서 다시 나라를 팔아먹고 있는 신식민주의자들과의 싸움이라고 생각한다. 그리고 사회주의혁명을 선택해 서울시당 문화선전부에서 선전활동을 하며 이후 빨치산이 되어서는 공산당에 입당한다. 어떤 상황에서도 '인간'을 가장 중심에 두었던 그이지만 전쟁을 겪으면서 인간을 위한 더 나은 나라를 건설하기 위해서 사회주의혁명을 선택한 것이다.

지식인 서발턴으로서 손승호 또한 다른 서발턴에게 교육을 한다. 그의 교육은 선전문을 통해 혁명을 홍보하는 것과 솥뚜껑에게 한자를 가르치는 것이다. 손승호는 민족의 고난 앞에 '시' 쓰는 일보다 행동하는 일을 택했고, 행동하는 일을 곧 모든 문예활동을 서발턴들의 혁명정신의 고취를 위해 이용하는 것이었다. 또한 동료 서발턴인 솥뚜껑의 학습을 돕게 되는데, 솥뚜껑은 구빨치로서 나이는 스물 대여섯이고 머슴출신이다. 그는 좌익을 한 다음부터 한글을 완전히 깨치고 지금은 한문을 공부하는 중이다. 손승호는 솥뚜껑에게 사격술을 배우는 대신 그에게 한자를 가르치게 되는데, 그가 하루에 한두 자씩 익히는 한자들을 상하 좌우로 연결시켜 단어를 만들어가며 뜻풀이를 해주었다.

손승호는 이데올로기 간 문제점을 비판한 것처럼 공산주의자들 내부의 문제에도 날카로운 비판의 시선을 견지한다. 북쪽에서 내려온 인민군들이 '우리가 너희를 해방시켜 주었다'는 우월감을 지닌 것을 보고, 이 같은 사고가 위화감을 조성시키고 시책을 일방적으로 실시하게 한다고 비판한다. 그러나 그는 마지막 순간까지 사회주의 혁명에 대한 희망을 버리지 않는데, 노고단의 노을을 보며 혁명은 '해'이고, 해는 세상 만물에게 평등한 생명을 부여하고 모든 인간에게 평등한 삶을 보장하는 위대한 일이라고 생각한다.

안창민은 출신성분에 있어서는 염상진과는 달리 무산자 계급은 아니었다. 그는 지주 집안의 아들이었으나 자신이 양반의 피를 타고 났다는 사실 자체를 싫어했고 아버지의 난봉으로 몰락한 지주 집안이 된 것을 부끄러워하였다. 그는 방탕한 아버지의 삶을 부끄러워하고 비판했다. 또한 자기 집안의 가난한 소작인들에 대해 죄의식을 갖고 있었다. 그러므로 그는 봉건계급사회를 타파하고자 했고 결국 사회주의자가 되었다. 해방 직후 북국민학교 교사로 있으면서 읍내 지하조직을 움직여나갔으나 1948년 여순봉기 이후 신분이 노출되었고, 염상진이 벌교에서 퇴각할 당시 함께 입산하여 사상무장 교육을 전담한다. 안창민을 '인텔리겐치아'론 혹은 '지식계급론'에서 말하는 '유식무산자' 계급에 포함시킬 수 있느냐는 따져보아야 한다. 그는 지주집안의 아들이었기 때문에 '무산자'라고 말하기 곤란하다. 그러나 그의 의식이 '지주'로서의 삶을 봉건적 잔재로 여기고 부끄러워했으며 봉건계급타파를 실천적으로 실행하고자 하였으므로 '유산자' 계급에 포함시키기 어렵다. 이후 그의 행적을 본다면 무산자계급의 지도자로 일관하므로 '유식무산자' 계급의 범주에 넣는 것이 옳다고 할 수 있다.

안창민은 산에서 공산사회(共産社會)를 위해 투쟁했을 뿐 아니라 자신의 집안에도 봉건적 계급을 타파하기 위한 일환으로 소작인들을 자신이 소작하던 땅의 소유주가 되게 한다. 안창민은 벌교의 다른 지주들과는 달리 4할의 소작료를 받았으나 여순봉기 이후에는 2할로 내리고 안창민이 군당위원장이 된 이후에는 토지의 소유권을 소작인들에게 이전시켰다. 남한 정부의 농지개혁이나, 6·25 전쟁 후 염상진 등이 무상몰수 무상분배의 원칙에 따라 토지를 다시 분배하기 전의 일이었다. 안창민은 결국 땅을 소유했던 지주의 후손에서 무산자로 지위를 바꾸어 무산 지식인 계급이 되었다.

안창민은 민중들의 힘을 믿는 지식인이었다. 그는 8월 15일 흰 무명옷을 입은 사람들의 기쁨에 찬 얼굴과 목소리에서 해방의 얼굴을 보았다. 그리고 풀뿌리 같은 민중의 힘을 자각했다. 민중들은 어제까지는 주의 깊은 침묵을 지켰으나 해방을 맞아 뜨겁게 타오르고 거세게 신바람을 일으키고 있었다. 결국 그들의 어제까지의 침묵은 핍박의 긴 세월을 사는 동안 끝없이 상처받고 피해당한 그들의 방어수단이었을 뿐이다.

안창민은 여순봉기 이후 염상진의 휘하에 있을 때도 사상학습을 위해 한글교본을 만들어 순회학습을 하였을 뿐 아니라 6·25 전쟁 이후 퇴로가 막혀 산으로 투쟁지를 옮긴 이후에도 지구정치학교에서 사상기초학습을 실시했다. 안창민의 사상학습은 모든 부대원들에게 자신의 정체성과 사회주의 기본 개념들을 알게 했다.

다음은 안창민의 사상학습시간에 있었던 교육내용이다.

> ㉠ 기본출이란 기본계급출신을 줄인 말이다. 기본출에는 대장일을 하는 기술자에서부터 시작해서 여러 가지 기술자들, 백정들, 무당들이 포함된다. 노동자·농민·기본출을 합하여 인민이라 한다.
>
> ㉡ 빨치산이란 우리나라 말이 아니고 러시아 말이다. 러시아는 지금의 쏘련으로 레닌 동지의 지도 아래 인민혁명을 성취시키게 되자 망하고 만, 왕이 다스리는 나라다. 빨치산은 우리나라 말로 하면 유격대 혹은 인민유격대이다. 유격대란 우리 편의 군대를 도와 그때 그때 형편에 따라 적의 배후 곧 뒤나 측면 곧 옆을 쳐서 적진을 어지럽히고 적군을 무찌르는 군대를 말한다. 또한 인민을 상대로 한 당의 정치활동, 즉 혁명사상의 선전과 선동까지 빨치산이 맡는다. 즉 빨치산은 싸우면서 당의 선전활동과 선동활동까지 겸한다. 그래서 정치군대라고도 한다.

㉢ 인민군이 전선에서 적과 정면으로 맞서 싸우는 군대라면, 빨치산은 전선이 없이 이곳저곳에서 싸우는 군대이다. 인민군이 싸우는 것을 전적으로 하는 것에 비해 빨치산은 당활동을 앞세우며 싸움도 하는 군대이다. 그리고 인민군이 무기와 식량과 옷 같은 것을 정식으로 지급받는 정규군이라면 빨치산은 그런 것들을 지급받지 않는 비정규군이다. 빨치산은 적과 인민에게서 구해야 하며 적을 쳐서 적의 무기로 무장해야 하며 그 무기로 다시 적을 무찔러야 한다. 인민과 빨치산의 관계는 물과 고기의 관계와 같다. 인민은 물이고 빨치산은 고기이다. 인민들의 지원과 협조가 꼭 필요한 것이 빨치산이다.(8권 4장)[37]

㉠의 '기본출'에 대한 설명은 대다수의 프롤레타리아 계급을 구성하고 있는 서발턴들이 왜 혁명의 주도세력이 되며 사회주의 혁명의 목표가 무엇인지를 서발턴들에게 알게 하여 새로운 세상을 소망하며 오늘의 투쟁에 참여하게 하는 역할을 한다. ㉡의 '빨치산'에 대한 설명은 사회주의 혁명의 진원지와 빨치산의 활동을 알게 함과 동시에 '빨치산'에 해당되는 한글도 학습하게 한다. ㉢은 '인민군'과 '빨치산'의 역할 차이를 알게 함으로써 북에서 내려온 공산주의자들과 남한의 자생적 공산주의자들의 역할이 다름을 숙지시켜, 두 세력 간의 충돌을 없앨 수 있다.

안창민은 벌교·보성 군당위원장이 된 이후에는 병력을 진두지휘하고 군수품 수송열차를 습격하여 무기 등을 탈취하기도 하며 군사 지도자적인 면도 보인다. 진트재 작전은 그의 지휘 아래 광

[37] 조정래, 《태백산맥》8, 앞의 책, 98~104쪽.

주발 여수행 군수품 수송열차를 탈취하여 노획물을 조계산 비트로 이동시킨 작전으로 성공이었다. 그는 이를 위해 사전 간부회의를 소집하고 사격술과 기동력을 갖춘 대원 40명을 뽑았으며, 하대치와 이해룡을 작전에 참여시켰다.

인민해방전쟁(6·25전쟁)이 발발한 이후 안창민 부대는 인민군이 들어오기 전 군 전역을 장악하고 각 읍·면 단위마다 인민위원회를 주축으로 여성동맹위원회, 청년동맹위원회, 그리고 농민위원회를 결성시켰다. 전단을 배포하여 인민위원회 가입을 독려했으며 새로 실시될 농지개혁을 선전했다.

② 프롤레타리아 서발턴

프롤레타리아 서발턴이란 계급혁명을 통해 무산자 사회를 이룩하고자 했던 마르크스주의의 혁명 주체 세력으로서의 프롤레타리아를 의미한다. 프롤레타리아는 부르주아의 입장에서 보면 생산과정에 투입되는 가변자본이다. 부르주아에 있어서는 프롤레타리아가 가격과 비용이 유동적인 자본, 부르주아가 소유한 자본의 한 형태이다. 이로 본다면 프롤레타리아는 자본주의적 착취의 대상이면서 생산의 주체이다. 그러나 이러한 자본주의 체제를 변혁하고자 하는 혁명운동가에게는 프롤레타리아는 노동계급으로서 변혁의 주체가 된다.[38] 프롤레타리아는 혁명의 주체세력으로서

[38] 차승기, 「프롤레타리아란 무엇이었는가-카프 초기의 프롤레타리아 개념의 변모」, 『한국문학연구』 47집. 2014년, 118쪽.

노동자를 비롯한 무산계급을 말한다. 이들은 계급의식을 뚜렷이 가지며, 부르주아 계급과의 투쟁을 통하여 프롤레타리아가 주인이 되는 사회를 건설하고자 한다. 그리고 역사발전의 전망을 가져 현실의 투쟁이 실현될 미래를 내다보는 전위의 눈을 갖는다.

마르크스는 부르주아 국가를 파괴하고 프롤레타리아 독재에 의한 프롤레타리아 국가를 건설한 이후 국가는 사멸될 것이라고 말한다. 프롤레타리아에게 국가란 오직 사멸하는 국가, 즉 곧바로 사멸하기 시작하며 또한 반드시 사멸할 수밖에 없는 상태의 국가이다. 그리고 여기에서 노동자들은 지배계급으로 조직된 프롤레타리아트를 필요로 한다.

오직 프롤레타리아트만이 모든 노동하는 피착취대중의 지도자가 될 수 있다. 왜냐하면 모든 피착취대중은 부르주아지에 의해 프롤레타리아트만큼 혹은 그들보다 더 심하게 착취당하고 억압당하지만 자신들의 해방을 위하여 자립적으로 투쟁할 능력은 없기 때문이다. 부르주아지 국가를 파괴하는 일은 프롤레타리아트가 부르주아지의 저항을 제압하고 새로운 경제질서를 위하여 모든 노동하는 피착취대중을 조직할 수 있는 지배계급의 자리에 올라섰을 때 가능하다. 프롤레타리아트의 전위대는 교육을 통해서 가능하다. 그들은 권력을 장악하고 인민전체를 사회주의로 인도하며 새로운 질서를 지도·조직하고 모든 노동자와 피착취자가 부르주아지 없이 사회생활을 형성할 수 있도록 한다.[39]

---

[39] 블라디미르 일리치 레닌, 문성원·안규남 옮김, 『국가와 혁명-마르크스주의 국가론과 혁명에서 프롤레타리아의 임무』, 돌베개, 2015년(2판), 53~58쪽.

《태백산맥》에 등장하는 인물 중 프롤레타리아 서발턴에 해당되는 인물로 하대치, 항미소년돌격대, 솥뚜껑을 살펴보겠다. 이들은 모두 구빨치들로 6·25전쟁 이후 입산한 신빨치들을 지도·교육할 뿐 아니라 투쟁 시 선봉에 선다.

우선 하대치는 소작인의 아들로 일정 때 일본인 지주에게 대항해 소작쟁의를 벌였다. 이후 함께 쟁의를 일으킨 소작회의 12명과 함께 북해도 탄광으로 징용을 갔다. 5년여를 끌려다니다 해방과 함께 돌아왔을 때는 이미 사회주의 사상을 지니고 있었다.

하대치의 가계는 대대로 핍박받고 박탈되고 소외된 서발턴의 한 전형이다. 그러나 하대치는 할아버지처럼 지배와 권력에 대한 저항 정신을 프롤레타리아 계급의식으로까지 성장시킨 인물이다. 할아버지는 대지주 송진사댁 가복이었으나 가복이라는 미천한 신분에 어울리지 않게 글을 깨치고 있었다. 동학사상에 물들어 있던 그는 동학란이 일어나자 가복의 사슬을 끊고 동학의 선봉이 되어 처음에는 양반 지주들에 대항해서, 이후에는 일본이라는 외세와 대항해 싸웠다. 동학란이 실패로 끝나자 주인댁 송진사는 할아버지를 매타작으로 죽였다. 동학을 따라 집을 떠나면서 남긴 '대치(大治)'라는 이름이 그대로 손자의 이름이 되었다.

하대치의 아버지 하판석은 산골짜기에서 화전생활을 했다. 쌍암장에 나갔다가 벌교소식을 듣는데 중도(中島)라는 일본인이 포구에 20리가 넘는 방죽을 막아 논을 만드는 방죽사업을 벌이는데 노동자들을 모집한다고 했다. 노임은 따로 지불하고 공사가 끝나면 소작논을 우선적으로 배당한다는 조건이었다. 하판석은 공사에 참여하고 이후 소작지를 배당받아 6할을 지주에게 내고 나머지 4할에서 농지세, 물세, 비료대, 종자대, 기본 소작료를 냈다. 일년의 노동 끝에 노동생산물의 2~3할 정도만을 자신의 것으로 소유할 수 있는 착취의 전형이었다.

하대치는 여순봉기 이후 벌교책이 되고, 6·25 전쟁 중에는 조계산 지구 기동대장, 1952년에는 투쟁 영웅이, 53년 2월에는 지구 부사령관이 된다. 최하층 소작인의 아들로 태어났지만 무산자계급을 위한 투쟁 중 지도자로, 영웅으로 변신을 거듭하게 된 것이다. 그가 투쟁자의 모범으로 생각한 염상진을 따르는 세월 동안 감옥살이와 쫓기는 고초를 겪었지만 그는 소작제를 부수고 새로운 세상을 만들기 위해 싸웠으며 마침내는 염상진과 비슷한 신비스런 인물이 되어 갔다.

> 그래서 하대치는 경찰과 청년방위대들 사이에 '악질 땅딸보'로 소문이 났다. 잡히기만 하면 회 쳐 먹는다느니, 포를 떠서 죽인다느니, 마디마디 토막을 쳐 죽인다느니, 온갖 악담을 다 들었다. 그런데, 쉬쉬하며 사람들 사이에서 오가는 말은 정반대였다. 산길 100를 한나절에 걷고, 날아가는 참새 똥구멍을 맞힐 만큼 총질을 잘하며, 경찰과 맞붙었다하면 동에 번쩍 서에 번쩍하면서 그 기막힌 솜씨로 총질을 해대는 바람에 경찰들은 추풍낙엽이라는 것이었다.[40]

[40] 조정래, 《태백산맥》8권, 앞의 책, 313쪽.

하대치의 용맹은 염상진과 같이 카리스마를 형성하였다. 하대치의 카리스마는 경험적 토대와 일치하지는 않는다. 온갖 악담은 비경험적인 것이었고, 신출귀몰한 행동은 어느 정도의 경험적 행위와 일치하나 서발턴들에 의해 과장된 것이다. 그러나 발화된 언설과 봉기는 경험적 관계를 형성하지 않는다. 그 언설을 구성한 말과 표현들은 봉기의 체험적이고 실천적인 영역 너머에 있는 어떤 세계를 지시했고, 현 세계의 조건들을 변화시키려는 욕구를 일종의 다른 세속성으로 재현한 것이다. 서발턴들은 자신들을 착취하고 억압하는 지주와 유지들의 경제적 토대를 보호하는 데만 주력하는 경찰과 청년방위대를 하대치의 부대가 무찔러주어 새로운 세상이 오기를 소망하였으며 이는 하대치를 신비화하는 언설에 동참하였던 것이다.

하대치는 투쟁경력에서 뿐 아니라 의식면에서도 성숙해갔으며 문제 상황을 읽고 비판적 태도를 가지게 되었다. 마르크스는 『고타강령비판』에서 자본주의에서 사회주의로 이행하기 전에 과도기적 정부형태가 있는데 이를 프롤레타리아트 독재라고 말한다.[41] 프롤레타리아트 독재란 지배계급으로 조직된 프롤레타리아트를 말한다. 다수의 프롤레타리아트는 소수의 부르주아의 저항을 억누르고 근절시키기 위해, 압도적 다수를 위해 국가를 필요로 한다. 이를 위해 프롤레타리아트의 지배가 필요한 것이다. 일반 서발턴들은 부르주아지에 의해 심하게 착취당하고 구

[41] 블라디미르 일리치 레닌 지음, 문성원·안규남 옮김, 앞의 책, 147쪽.

속받고 억압받지만 자신들의 해방을 위하여 자립적으로 투쟁할 능력이 없다. 그러므로 부르주아지의 전복을 위해 투쟁의 전면에 나서는 것은 프롤레타리아트가 되는 것이다.[42]

그리고 이는 이북을 중심으로 한 '공산당'이라는 새로운 세력이 지닐 독재의 가능성을 시사하기도 한다. 하대치는 구빨치인 강동기와 인민군인 한상근의 싸움을 보고 이북 출신과 이남 출신 사이의 갈등을 인식했다. 당의 선전에 의한 인민군의 또 다른 이름은 해방군이었고 많은 요원들이 북쪽에서 파견되었다. 북쪽에서 파견된 요원들은 당과 행정조직의 중간 간부가 되었다. 대학생들이 한 두 달 시한부로 남쪽 전역에 교양지도원으로 파견되기도 했는데 그들은 면단위 이하까지 인민을 상대로 사상을 조직하고 당사업을 선전선동했다. 모든 좋은 자리는 이북사람들이 차지한다는 인상을 주어 이남사람들에게 상대적 소외감을 느끼고 반발을 하게 했다. 그런데 전세가 역전되어 당이나 행정요원들, 대학생들까지 북쪽으로 가지 못하고 입산하게 되자 이남 출신들은 이북 출신을 겁쟁이로, 이북출신들은 이남의 농민이나 기본출들의 사상의 무지에 대해 경멸감을 가지고 있었다.

하대치의 부대원들 사이의 갈등은 프롤레타리아트들 사이의 갈등이라 할 수 있다. 출신의 차이는 역할의 차이와 연결되었고, 이는 서로에 대한 몰이해와 경멸로 이어졌다. 북쪽에서는 사회주의가 정치형태가 되어 마르크스가 말한 프롤레타리아트 독재

---

[42] 블라디미르 일리치 레닌 지음, 문성원·안규남 옮김, 앞의 책, 41~50쪽.

가 진행되고 있는 상황이었다면 남한에서는 민주주의라는 정치 형태를 국시로 하고 사회주의를 위한 프롤레타리아트의 투쟁이 전면에 나타난 상황이었다. 이북 출신들은 사상적으로 잘 무장되어 있었으나 무장투쟁 경험이 부족한 반면 이남 출신들은 사회주의를 공개적으로 학습할 수 없는 상황에서 생존을 위한 부르주아와의 투쟁으로 단련이 되었다. 서로의 차이를 이해하고 단점을 보충하여 전투력을 배가시켜 프롤레타이아트 독재의 당위성을 보여야 하는 것을 알려주는 대목이다.

하대치는 염상진이 교육한 '역사투쟁'을 정확이 알고 있으며 눈앞의 현실투쟁이 실패로 끝나가는 시점에서도 희망을 포기하지 않는다. 염상진의 무덤 앞에서 하대치는 자신들의 생전에 인민의 해방을 보지 못할지라도 자신들의 남은 목숨은 그날을 위하여 바쳐질 것이라고 맹세한다. 그러나 그 일 이전에 할아버지한테 받은 '대치(大治)'라는 자신의 이름을 손자에게 전하고 죽겠다고 말함으로써 후손에게 투쟁정신을 계승시키겠다는 의지를 보인다. 그리고 이는 다름아닌 프롤레타리아가 지녀야 할 역사적 전위의 눈이다.

항미소년돌격대는 프롤레타리아 서발턴 투쟁의 치열성을 단적으로 보여준다. 항미소년돌격대는 모두 30여명으로 모두가 14~15살에서 16살 소년으로 이루어져 있다. 이들은 모두 광부의 아들들로 1946년에 있었던 화순탄광 생존권투쟁과 관계있는 인물들이다.[43]

---

[43] 김희숙, 「《태백산맥》에 나타난 탈식민주의와 민족운동」, 『문창어문논집』 52집, 2015년, 213쪽.

> 그들이 바로 남편의 부상을 제대로 치료하지 못해 애간장 태우며 남편들을 저세상으로 떠나보내야 했던 여인네들이었다. 그 여인네들은 자식들, 특히 아들들을 붙들어 앉혀놓고 시시때때로 한숨을 토해내며 말했다. "너그 아부지럴 쥑인 것은 양코배기 미국눔덜이여. 미국눔덜언 우리 웬순께. 니가 후제 커서 아부지 웬수럴 기엉코 갚아야 써." …(중략)… 소년들의 가슴에는 원한과 복수심이 벽돌로 차곡차곡 쌓일 수밖에 없는 일이었다. 전쟁이 일어나고 인공이 되자 그 소년들은 모두 소년선봉대로 나섰다. 그리고 후퇴길을 따라 입산하게 되었다.[44]

화순탄광봉기에서 학살당했던 광산 노동자의 아들들은 자본과 공권력으로 상징되는 미군에 대한 복수심을 기르면서 자라났고 그들이 투쟁할 수 있는 때가 되자 즉각 투쟁의 선두에 섰다. 그들은 착취당하고 구속받고 억압당하지만 자신들의 해방을 위하여 자립적으로 투쟁할 능력이 없었기 때문에 원한과 복수심만 쌓으며 지냈다. 그러나 인공이 되자 자신들은 프롤레타리아트 전위대가 되어 자신들의 부모와 같은 피억압계층을 위하여 투쟁하고, 전쟁이 불리하게 되자 입산하여 빨치산이 되었다.

화순탄광봉기는 서발턴 봉기가 일어날 수 밖에 없었던 사회적·역사적 상황의 토대를 알게 해 준다. 미군정은 남쪽에 제국주의 정권을 세우기 위해 사회주의 혁명세력의 말살을 추진하는 한편 경제적으로는 강제적인 미곡수매정책을 도입했다. 미군정에 의

[44] 조정래, 《태백산맥》9, 앞의 책, 99쪽.

해 시행된 배급제는 관리와 자본가 등의 부르주아계층의 불법과 비리를 부추겼으며, 인민들은 더욱 굶주림에 시달렸다.

군정에 대한 불만이 최초로 폭발한 것은 화순에서였다. 화순은 대규모 탄광지대로 광산 노동자들이 주도하는 지역이었다. 그들은 일제 때부터 철도청이 있었던 인근의 순천 철도 노동자, 항구로서 일본과 뱃길이 열려 있었던 여수의 부두 노동자 등과 함께 지방적 특성을 형성하고 있었고, 이는 또한 프롤레타리아트로 전위될 가능성을 강하게 지니고 있었다. 이들은 일본에서 미군으로 바뀐 제국주의 공권력과 자본가들에 의해 착취와 억압을 오랫동안 경험해왔으며, 이는 언제든 불이 당겨지면 터질 화약고 역할을 했다.

첫 번째 맞이한 해방기념일에 화순의 광부들은 모두 함께 시위를 벌였고 광주로 나아갔다. 군정은 미군들을 내세워 시위진압에 나섰고 기관총으로 무장한 자동차를 동원해 시위자들을 협박하고 회유했다. 시위대는 요구조건을 들어주겠다는 약속에 화순으로 발길을 돌렸으나 그것은 시위를 막으려는 미봉책이었다. 다음 날, 경찰력이 투입되어 주모자를 색출했다. 광부들의 분노는 폭발하여 돌멩이를 들고 다시 광주로 향했으나 미군의 탱크와 소총 등에 쫓겼다. 경찰은 다시 주모자를 색출하여 50여명을 체포해갔다.

화순탄광봉기는 무장한 공권력에 돌멩이 등으로 맞선 서발턴들의 저항을 보여준다. 서발턴들은 부르주아지를 전복하고 새로운 경제질서를 요구했으나 실패로 돌아갔다. 그러나 이 봉기는 항미소년돌격대와 같은 프롤로타리아 서발턴을 낳았으며, 10·1

항쟁, 2·7 구국선언, 단선저지투쟁, 4·3 투쟁, 여순투쟁 등과 같은 서발턴 봉기 등의 도화선이 되었다.

솥뚜껑은 전쟁 전부터 야산 활동을 한 구빨치이다. 나이는 스물 대여섯이고 머슴출신이다. 빨치산이라는 이름 이외의 다른 이름은 더 이상 필요 없다며 알려주지 않는 계급성이 투철한 프롤레타리아트이다. 꼴머슴살이를 했던 그의 출신성분은 지주와 소작인 간의 갈등이 이 땅에서의 오랜 계급투쟁의 한 전형이었음을 드러내고 있다.

자본주의 근대가 이 땅에 정착하기 이전인 1950년대까지는 농민의 문제가 곧 나라의 문제였다. 해방 이후 우리나라가 해결해야 할 급선무는 나라 경제의 근간이 되어왔던 토지의 개혁이었다. 그러나 북조선은 해방 이듬해에 무상몰수 무상분배라는 원칙 아래 인민들을 위한 개혁이 단행되었으나 남한은 해방 3년이 지나도록 농지개혁을 단행하지 못하여 이데올로기 분쟁의 뜨거운 감자가 되었다. 농민들은 생계의 토대가 되는 토지문제를 자신들이 필요한 쪽으로 해결하는 이데올로기를 신봉하고자 했으므로 남한에서의 토지개혁의 문제는 이데올로기 분쟁을 끝낼 수 있을 만큼 중대한 문제였다. 그러나 남한의 실정은 1950년이 되어서야 농지개혁법이 공포되었고 농지개혁은 유상몰수 유상분배에 따라 이루어졌다. 소작인들은 자신의 땅을 갖게 되었으나 여전히 소작인과 유사한 상태였다. 농지개혁이 이루어지는 가운데 지주들은 토지를 매각하거나 명의변경 하는 것을 통해 자신들의 부를 유지하거나 오히려 늘렸으나 소작인들은 농지값으로 평년작 생산량의 한 배 반을 5년 동안 분할 상환 해야 했다.

그는 구빨치로 프롤레타리아트 전위대이다. 구빨치는 전쟁 전부터 야산투쟁을 전개해온 사람들을 가리키는 것인데, 그들 사이에는 어떤 자격이나 능력을 구분 짓는 뜻을 포함시켜온 일상어로 쓰이고 있었다. '구'는 혁혁한 투쟁경력이나 산 경험의 혁명 전사라는 뜻을 포함하고 있어 마르크스와 레닌이 『국가와 혁명』[45]에서 사회주의 혁명에서 혁명의 주체 세력이 되며 국가의 지배계급이 되어야 한다고 말했던 프롤레타리아트와 같은 개념이다. 이들은 6·25 전쟁 중 인민군의 후퇴와 함께 입산한 사람들인 신빨치와 구별되며 신빨치들에게 산에서의 생활을 교육하고 훈련을 시키는 역할을 했다.

솥뚜껑은 『조선공산당사』와 『천자문』을 지니고 있으며 한글을 깨치고 한문을 공부하는 중이다. 프롤레타리아 지배에 의한 공산사회는 '누구나 능력에 따라 필요에 따라'[46] 쓰는 사회이다. 사회주의자들은 공산주의의 높은 단계가 올 때까지는 노동의 기준과 소비의 기준을 사회와 국가가 엄격히 통제할 것을 요구하는데, 이는 다수의 프롤레타리아트에 의해 실시되어야 한다. 그리고 보다 높은 공산 사회가 되면 모든 사람이 국가 관리에 실제로 참여할 수 있게 되는데 이를 위해서는 보통 교육을 통해 거대하고 복잡한 사회화된 기관에 대하여 수백만 노동자들이 교육되고 훈련되어야 한다.

---

[45] 블라디미르 일리치 레닌 지음, 문성원·안규남 옮김, 앞의 책

[46] 블라디미르 일리치 레닌 지음, 문성원·안규남 옮김, 앞의 책, 160쪽.

이 같은 경제적 토대가 마련된 후에는 모든 시민은 전체 인민을 포괄하는 하나의 국가의 피고용자와 노동자가 되는 것이다.[47]

좌익이 된 후 솥뚜껑이 한글을 깨치고 공부한 것은 공산사회에서 인민으로서의 권리와 자유를 누리기 위한 준비단계에 해당되기도 한다. 그는 문자를 익힘으로써 공산당원으로서의 사상학습을 하기도 하지만 궁극적으로는 공산사회에 필요한 역할과 임무를 학습할 자질을 다지는 것이다.

> 상부에서 받은 오늘밤의 과업은 전선줄을 300미터 정도 절단 제거하라는 것이었다. 그런데 솥두껑은 힘든 것을 무릅써가며 전봇대까지 잘라버릴 작정을 하는 것이었다. …(중략)… 혁명의 순수한 열정이라는 것이 어떤 것인지, 혁명의 순수한 진정성이라는 것이 무엇인지 그에게서 비로소 확인할 수 있었다. 구빨치라는 경력자로서 소대장이란 직책은 어울리지 않았다. 물론 도당사령부에서 그에게 맡기려던 직책도 소대장이 아니었다.[48]

솥뚜껑은 계급혁명론을 통해 사상무장을 하여 열등감을 극복한 열렬한 공산주의자였다. 그의 자발적 혁명의 열정은 상부의 명령을 수행함에 있어서 능동적인 태도를 갖게 하고 더 합리적 계산을 가능하게 했다. 그리고 열등감을 극복한 겸손은 보다 높은 직책을 사양하고 소대장으로서 임무에 충실하게 할 뿐 아니라 지식인 출신의 프롤레타리아들과도 단결을 이루어내었다.

---

[47] 블라디미르 일리치 레닌 지음, 문성원·안규남 옮김, 앞의 책, 159~167쪽.

[48] 조정래,《태백산맥》8, 앞의 책, 201~202쪽.

③ 헤게모니 없는 서발턴

그람시가 한 사회의 헤게모니를 장악하고 있는 집단을 제외한 종속집단을 서발턴이라 하였을 때의 의미에 해당한다. 이 같은 의미로 보았을 때, 서발턴 집단은 역사적으로 저 멀리 고대 사회의 노예를 비롯한 최하층민들에서부터 중세의 농노와 콜로누스, 그리고 근대 프랑스 혁명기의 부르주아에 이르기까지, 지배적 위치에 있지 않던 집단을 통칭한다. 그람시가 사용한 '서발턴'이란 용어는 맑스주의자들이 강조하였던 계급 개념으로는 담아낼 수 없었던 이탈리아 남부의 미조직화된 농민들을 가리켰다. 이들은 아직 계급으로서의 의식을 갖지 못했으나 광범위한 다수를 차지하였다. 즉 그람시의 서발턴 개념은 마르크스주의 혁명의 주체를 논할 때 흔히 배제되었던 부차적인 집단, 어떻게 보면 이중적으로 소외된 집단을 말한다. 서발턴은 지배권력으로부터 소외되었을 뿐 아니라 맑스주의에게서도 소외된 집단인 것이다. 그리고 그람시는 기계론적 마르크스주의에 반대하고 서발턴이 민중혁명의 주체가 된다고 말한다.[49]

그람시는 이탈리아를 비롯한 유럽의 역사 속에서 서발턴은 언제나 종속 상태에 묶여 있다는 것을 강조하였지만, 그럼에도 불구하고 서발턴이 독자적인 주도권을 행사한 흔적이 있다는 것을 동시에 강조함으로써, 통일적이고 일관된 계급주체를 상정하는 혁명전략을 수정하여 어떻게 진정한 민중 혁명을 통한 새로운 전

---

[49] 강옥초, 「그람시와 '서발턴' 개념」, 『옥중수고』 2, 거름, 1982년.

략 가능성을 발견해내야 할 것인가 하는 문제를 제기하였다.[50]

《태백산맥》에는 서발턴들의 목소리가 작품 전반에 걸쳐서 표현되어 있다. 이들은 역사적 사건을 체험하는 개인 혹은 집단으로서 비록 작가에 의해 대변된 표현으로 나타나지만 자신들의 목소리로 말한다. 작가는 이러한 서발턴들의 목소리를 통해 역사를 새롭게 보고자 시도한다. 이들의 목소리에 귀 기울이지 않고서는 지배 권력이 내는, 이들의 시선에 집중된 역사가들의 목소리만 들을 수 있고 이는 왜곡된 역사가 되기 쉽기 때문이다.

서발턴들의 목소리는 《태백산맥》에서 역사적 사건이 일어날 때마다 이 사건들에 관해 그들의 의견을 말한다. 이들의 목소리는 '웅성거리는', '불안해하는' 목소리로 나타나나 근·현대사의 왜곡에 저항할 수 있는 도구가 될 수 있으며, 이는 곧 아래로부터의 역사 다시 쓰기의 기반이 된다.[51]

《태백산백》에 나타나는 헤게모니 없는 서발턴들을 문서방, 정현동의 소작인들, 윤부자네 소작인들을 중심으로 살펴보겠다. 헤게모니 없는 서발턴들의 목소리는 우선 소문과 관련이 있다. 소문은 고전적 형식의 익명의 발화이다. 문맹 인구가 많은 나라에서는 소문이 서발턴의 항의를 광범위한 지역에 전파하고 나서야 봉기가 가능한 경우가 대부분이었다. 소문은 폭력을 유발하고 수반하고 강화하는 역할을 하였으며 소문 없이는 어떠한 폭동도 불

[50] 김택현, 『서발턴과 역사학 비판』, 박종철출판사, 2003년, 168쪽.
[51] 권은미, 「조정래의 《태백산맥》 연구」, 울산대 박사학위논문, 2013년, 126~127쪽.

가능하였다. 소문은 대표적인 발화된 언설이다. 그리고 발화는 문자적 실현이 아니라 음성적 실현이므로 주어진 자극에 대해 글보다 더 긴급하고 감정적이고 역동적으로 반응한다. 이 즉시성 때문에 소문은 사회적 긴장의 시기에 중요한 문제들을 포착하게 하고 추동력을 발전시키는 것이며 대규모 공적 청중을 만들어 내어 동료적 반응을 불러일으킨다.[52]

《태백산맥》에서 문서방은 여순봉기로 인해 은신처에 숨어 있는 김범우에게 염상진 등이 벌교에서 행한 인민재판을 전달한다. 인민재판은 북국민학교에서 열렸으며 인민재판의 대상은 지주나 유지, 경찰 등이 대부부이었다. 처형은 소화다리에서 행해졌는데 100여명이 죽었다. 그러나 사람들의 반응은 거부나 부정이기보다는 긍정의 반응이었다.

> "존 귀경거리고말고라. 죄는 진 대로 가고 공은 닦은 대로 간다고, 즈그놈들이 평소에 읎이사는 사람덜 씨린 맘 몰라 주고 행투 고약허게 해감서 배 터지게 묵고 살았응께 고렇게 당혀서 싸제라. 고것들이 하나씩 죽어자빠지는디, 씨엉쿠 잘됐다, 씨엉쿠 잘되얐다, 하는 소리가 속에서 절로 솟기드만요. 고런 맘이 워디 나 혼자뿐이었을랍디여. 말을 안 혔응께 그렇제 귀경하는 전부가 다 똑 같은 맘이었을 꺼구만이라."[53]

---

[52] 라나지트 구하 지음·김택현 옮김, 『서발턴과 봉기-인도에서의 농민봉기의 기초적 측명들』, 박종철출판사, 2008년, 307~308쪽.

[53] 조정래, 《태백산맥》1, 앞의 책, 67~68쪽.

문서방은 인민재판을 본 피착취 서발턴들의 반응을 김범우에게 전하는데 이는 폭동의 메시지를 전달하는 역할을 했다. 문서방은 그동안 자신들을 억압해왔던 권력자들이 하나씩 죽어나가자 '씨엉쿠 잘됐다'라고 반응한다. 그러나 문서방의 반응은 거듭된 처형 현장을 보고는 "인자 징혀서 더 못보겄구만이라. 재미가 오진 싸까스도 똑같은 거 두 번씩 보면 질리는 법인디, 사람 죽이는 거 날이 날마동 보자니께 환장허겄"[54]다고 한다. 결국 문서방과 같은 헤게모니 없는 서발턴들은 사회주의 혁명의 추진의 일환으로 인민재판을 본 것이 아니라 자신의 현실적인 이익과 관련하여 사건을 바라보고 있으며 감정적 태도로 반응한다.

서발턴들의 현실적 반응은 이데올로기 문제에서도 마찬가지이다. 문서방은 김범우에게 사람들이 공산당 하는 이유도 현실적 이유 때문이라고 한다. 나라에서는 농지개혁 한다고 말만 하고 차일피일 미루고, 지주들은 이를 대비해 토지의 매도·명의변경 등과 같이 불법을 자행한다. 그러므로 믿고 의지할 데 없는 서발턴들은 빨갱이 세상이 되면 지주 다 쳐 없애고 전답 나누어준다는 공산당을 안 할 사람이 없다. 나라가 공산당 만들고 지주들이 빨갱이 만드는 격이라는 것이다. 문서방의 말은 다른 서발턴들의 말을 재현하는 역할을 한다. 서발턴들 사이의 소문을 자신의 말로 재현시켜 전달하는 역할을 하는 것이다. 이 소문에는 현실적인 질고에 대한 고통과 새로운 세상에 대한 희망을 담고 있다.

---

[54] 조정래, 《태백산맥》1, 앞의 책, 69쪽.

《태백산맥》에서 헤게모니 없는 서발턴들은 혼자서 발화하기보다는 여럿이 함께 수군거린다. 이것들은 소문에 대한 서발턴의 반응을 엿볼 수 있게 하고 또 다시 다른 서발턴에게 소문을 전파하는 역할을 하기도 한다. 《태백산맥》에는 정현동네 소작인들과 윤부자네 소작인들의 사건에 대한 반응이 서발턴들의 목소리를 대신한다.

우선 정현동네 소작인들인 마삼수, 김복동, 노덕보, 강동기 등을 통해서는 농지개혁의 문제와 이에 대한 서발턴들의 저항을 볼 수 있다. 농지개혁법이 1949년 6월 21일 공포되고 농지개혁이 단행되자 농지개혁에 불만을 품은 소작인들의 폭행과 방화가 여러 곳에서 일어났고 지주들은 토지를 매각하거나 명의를 변경시키거나 용도를 변경시켜 불법을 자행했다.

정현동네 작인들은 정현동이 땅을 팔자 정현동의 집을 찾아가 처남 한갑수를 피투성이로 만든다. 이들의 주장은 농지개혁이 되면 땅의 반은 자신들의 것이므로 함부로 팔 수 없다는 것이었다. 집단폭행의 결론은 이들이 정현동에게 손해배상금을 무는 것으로 끝이 났다.

두 번째 저항은 정현동에게 땅을 산 서운상에게 가한 폭행이다. 소작인들은 서운상을 찾아가 논을 판다면 자신들을 묶어 팔아달라고 부탁하고 논이 팔리지 않으면 소작을 부치게 해달라고 부탁한다.

> "일정 때야 일정 땐께 전답도 뺏기고, 소작도 띠이고 혔다 허드라도 해방이 되어 우리찌리 사는 시상이 되얐는디도 일정 때나

똑겉은 일이 벌어지니 요것이 무신 사람 사는 시상인지 몰르것다. 그나저나 일정 때는 전답 뺏기고 소작 띠이고 허먼 만주땅이나 간도땅이라도 갈 디가 있었는디, 인자는 그도저도 아닌 판에 워쩌크롬 살어야 헐랑고. 참말로 막막허고 깝깝헌 시상이시."[55]

마삼수, 김복동, 강동기, 노덕보 등의 이야기를 들은 한 장수 노인의 말이다. 서발턴들은 권력의 주체가 바뀌어도 여전히 피착취 세력이지만 일본 제국주의 아래에서보다 해방 이후가 더욱 살기가 어렵다. 해방 이후는 만주나 간도로도 갈 수 없는 처지에서 살아갈 수 있는 방도를 찾기가 더 어려워졌기 때문이다. 결국 이들은 마지막 선택지로 '빨갱이질'을 하게 되는데, 이는 텍스트 말미에 등장하는 인공세상에서 이들이 인민위원회에 들었다 인민군 후퇴 시 산으로 들어가게 되는 것으로 귀결된다.

서발턴들에게는 이야기로 전해 내려오는 갑오농민봉기가 재작년에 있었던 여순봉기와 닮았다. 동학군들은 공평하고 살기 좋은 인내천 사상을 만들었다. 동학은 지배권력의 하수인이었던 관군에게는 이겼지만 지배권력이 일본의 군대를 들여오자 패하였다. 동학은 패한 것이 아니라 잠시 동안이나마 인내천 세상을 만들었고 이는 곧 서발턴들이 소망하는 세상이었다. 동학군 거의가 농민이었고 용감했으며 어디서나 환영을 받았고 동학군은 졌지만 장했다는 것 등은 일본군이 잔악했다는 사실과 더불어 사람들 사이에 전해지고 있었다.

---

[55] 조정래, 《태백산맥》4, 앞의 책, 51쪽.

이 같은 이야기는 익명적 형태의 민중 담론으로 동일한 이야기가 똑 같은 형태로 전해지는 것은 아니다. 그러나 회자되는 서발턴들의 담론 중 공통되는 부분들은 봉기의 한 동인으로 작용하고 봉기를 기동력 있게 만들고 폭발적 힘을 만들어낸다. 동학봉기를 마음속에 담고 있던 서발턴들에게 여순봉기는 동학봉기와 닮았다. 농민들이 더 기아에 허덕이다 봉기한 것이나 여기저기 들불처럼 일어난 것이 갑오봉기와 닮았던 것이다. 여순봉기를 완전히 패한 싸움이라고 생각하지 않는 점 또한 유사하다. 싸움에 밀려 산으로 도망간 것은 사실이지만 아직도 그들이 주도했던 10일간의 세상을 생각하며 여전히 투쟁하고 있는 사람들이 있으므로 싸움은 계속되고 있을 뿐 졌다고 생각하지 않는 것이다. 그들을 패하게 했던 세력이 관군이나 경찰력보다는 일본이나 미군이라는 외세였다는 점도 동일하다.

소작인들은 다시 서운상을 찾아가 소작권을 부탁하나 서운상은 유주상에게 땅을 팔아 버렸다. 소작권은 물론 이양되지 않은 상태였다. 분노한 강동기는 서운상을 삽으로 내리치고 서운상과 머슴 피보길은 상해를 입게 되었다. 소작인들은 자신들의 공통의 문제를 해결하기 위해 지주를 찾아가지만 거절당한 것을 알게 되자 폭력적인 행위를 다시 하게 된 것이다. 이 일로 강동기는 율어로 도망가고 김복동과 마삼수는 고흥 경찰서로 넘겨진다.

세 번째 저항은 정현동의 죽음과 관련된다. 정현동은 광주로의 이사가 여의치 않자 다시 회정리 3구와 맞바라보이는 곳에 있는 중도방죽의 논 6만평을 사서는 농지개혁을 피해가기 위해 염전을 만든다. 발동기의 물로 바닷물을 끌어들이고 있던 정현동은 근처에서 벼를 베던 소작인의 낫에 찔려 시체가 되었다.

정현동의 땅과 관련한 지주와 소작인의 갈등은 서발턴의 저항 양상을 폭력적으로 만들었다. 생존권과 관련된 토지 경작권을 잃게 되자 소작인들은 집단적 저항으로 맞섰으나, 공권력을 등에 입은 지주들이 이들의 요구를 거절하자 폭행과 살인으로 이어진 것이다.

윤부자네 소작인인 서인출, 김종연, 유동수, 장칠복 등은 유동수의 아랫방에 모여서 새끼를 꼬거나 막걸리를 마시면서 읍내에서 일어나는 사건들에 대해 발화한다. 첫 번째 반응은 염상진 등의 읍내침투 사건에 대해서이다. 읍내로 침투한 산사람들의 수가 얼마 되지 않고 잠시 동안의 접전만 하다 간 것으로 보아 '빨갱이들의 세상은 끝난' 것이 아닌가 하는 의구심을 갖는다. 이 같은 반응은 공산당은 '나라가 금하는 것 일'이라는 아쉬움과 함께 '빨갱이 금하려고 하지 말고 토지개혁인지 농지개혁인지를 빨리 하게 되면 빨갱이들이 내세울 것이 없어질 것이므로 저절로 깨질 것'이라며 말한 것처럼 나라에 대한 원망으로 발전한다. 나라에 대한 원망은 '토벌대에 대한 비난으로 구체화되는데, 빨갱이 잡으러 와 있는 토벌대가 주색잡기에만 빠져 있다는 것이다. 서발턴들에게는 생존의 문제가 가장 시급하고 이데올로기는 선택적이라는 것을 보여주는 대목이다.

이들의 두 번째 반응은 정현동의 작인들이 벌인 집단폭행과 기물파손에 대한 것이다. 유동수, 김종연, 서인출 등은 그들이 자신들의 권리를 찾자고 한 일이라며 정현동의 작인들을 지지한다. 그리고 이들은 다시 정현동의 작인들이 서운상을 낫으로 찌르고 머슴 피보길을 상해 입힌 일에 대해 동료적 반응을 보인다.

> "…고 강동기란 것이 물건언 물건이다 싶고, …나넌 먼고 허는 한심시런 생각이 듭디다.…"
>
> "…나가 이 젊디젊은 나이부텀 소작에 목매고 찔찔이 고상험스로 살아갖고 대체 은제까지 요런 꼬라지로 살아햐 헐 것이다냐…."
>
> " …죽을 때꺼정 요리 사느니 요눔에 시상얼 팍 엎어뿌러야 한다 그것이요."
>
> " …인자 시상이 변혔구만요. 일정 때가 아니랑께요. 시상이 변허먼 으당 사람 사는 법도 변해야제라.…우리 밥그럭 우리가 찾아묵지 않으면 누가 찾아주겄소. …강동기가 헌 것 맹키로 일시에 들고일어나 지주고 마름이고 싹 다 때레죽여뿔먼 시상이 엎어진다 그것이요."[56]

세 사람의 대화에서 김종연이 말한 부분만을 간추려 보면 서발턴들의 의식은 동료 서발턴의 소문을 듣고 변화하고 있음을 알 수 있다. 김종연은 강동기의 소문을 듣고 자신의 처지를 돌아보며 강동기와 같은 행동을 해야 함을 선동하는 역할을 한다. 이는 자생적으로 심사숙고 없이 일어나며 의미모방행위에 해당한다.

---

[56] 조정래, 《태백산맥》4, 앞의 책, 298~299쪽.

다른 사람들이 그런 일을 하는 것을 보았고 그것을 본뜨는 것이다. 모방은 범죄를 고무하거나 봉기를 고무할 수 있다. 우리 밥그릇은 우리가 찾아먹어야 하며 이를 위해서는 일시에 일어나 지주고 마름이고 싹 다 때려죽이면 된다는 발화도 이 같은 차원에서 이해할 수 있다. 그리고 이들은 최종적으로 현실을 변혁하기 위해 빨갱이질을 선택하고 싶어 한다.

유동수, 김종연, 서인출 등은 결국 지주와 마름에 대한 저항을 논의에 그치지 않고 행동으로 옮기는데 첫 번째가 윤씨네 작인 100여 명을 찾아다니며 행동을 같이 하기로 뜻을 모으고 분배우선권과 매매조건을 타결하기 위해 윤씨의 아내 송씨에게 찾아가나 거절당한다. 두 번째로 이들은 윤부자네 논이 최익달, 윤삼걸 등에게 반 넘게 팔린 것을 알고는 400여명을 모아 읍사무소 앞에서 시위를 벌인다. 악질지주 처단하고 우리 땅을 내놓으라는 것이다.

집행유예로 풀려난 유동수, 김종연, 서인출 등은 감옥에 갇혀 있는 동안 의식의 변화가 일어난다. 관을 상대로 지주들의 불법행위를 고발해 보았자 아무 소용없이 이쪽만 당하므로 각기 소작인별로 뭉쳐 지주 집으로 직접 쳐들어가야 한다는 것이다.

서발턴들은 헤게모니 없는 피착취자들이 대부분이다. 이들은 대체로 지배계층에 순종하며 억압 상태에서 살아가나, 역사적 변혁의 시기에는 익명이나 소문을 통해 발화한다. 또한 자신의 생존권과 관련되는 사건을 통해서는 연대하며 주체화·행동화가 일어나기도 한다. 서발턴들은 자신들이 공통의 불만을 가지고 있고 처지를 개선하기 위해서는 집단적이고 전투적인 행동을 해야 한다는 자각을 하게 되는 것이다.

④ 여성 서발턴

여성 서발턴은 이중의 과제를 안고 있는 경우가 많다. 첫째는 남성이라는 제국으로부터의 독립이며 둘째는 지배계급에 대한 저항이다. 첫 번째는 페미니즘과의 친연성을 살펴볼 수 있게 하며 둘째는 일반 서발턴들과의 연계성 하에 고찰되어야 하는 부분이다.

페미니즘 담론은 '남성/여성'이라는 이항 대립적 질서에서 여성이 늘 '타자'의 자리에 있는 것을 문제 삼아 왔다. '타자'의 위치에 있는 여성의 입장에서 억압과 불평등에 대한 문제제기와 남성중심적인 지배구도를 역전시키려는 노력들은 페미니즘 담론을 '주변에 의한 중심의 전복이'라는 측면에서 서발턴 담론과 만나게 한다.

서발턴 담론은 헤게모니가 없거나 권력을 지니지 못한, 또는 자본으로부터 소외된 집단의 착취와 저항을 주제로 삼는 경우가 많다. 이는 여성 일반이 지닌 지위와 일치하는 경우가 많은데 특히 제3세계 여성인 경우 대부분이 여기에 해당된다. 제3세계 여성은 남성으로부터 뿐아니라 지배권력-제국주의, 중심권력, 경우에 따라서는 제국의 여성들- 등으로부터 소외되는 경우가 많기 때문이다.

《태백산맥》에 등장하는 여성 서발턴 중 지식인 출신으로서 서발턴의 교육과 연대를 주도하는 이지숙, 최하층 천민 출신으로 의식의 변화를 겪는 소화, 폭력적 남성이라는 권력에 저항해 서발턴 저항에 함께했지만 이는 결국 '남편'이 선택한 삶의 대의를 이해하고 자신도 지배권력에 대항하는 전사로 거듭난 외서댁 등을 중심으로 살펴보겠다.

이지숙은 여성으로서 지식인 서발턴이라 할 수 있다. 이지숙의 고향은 죽세공으로 이름난 담양이다. 담양의 지주 이장원의 4남 1녀 중 막내로 태어나 셋째 오빠의 영향으로 사회주의에 경도되었다. 공주사범에 진학하면서 사회주의에 빠지게 되었으나 셋째 오빠가 일본경찰의 체포를 피해 도주하다가 총에 맞아 죽자, 오빠의 죽음을 계기로 더욱 열성적인 사회주의자가 된다. 이지숙의 출신 성분은 지주의 딸이자 교육받은 지식인이다. 앞서 '2. ① 지식인 출신 서발턴'에서 지식인이라 하더라도 무산자이면 서발턴에 포함시키겠다고 했다. 그렇다면 이지숙이 '지주의 딸'이라는 출신을 유산자로 해석할 것인지 무산자로 해석할 것인지가 문제가 된다. 이지숙이 비록 지주의 딸이라는 신분으로 태어나기는 했으나 재산은 부모의 소유이고 자신의 것이 아니며, 자신은 사회주의자가 되면서부터 지주의 딸이라는 신분과는 절연하고 서발턴 혁명을 위해 투쟁하고 그들과 함께 하는 삶을 살았으므로 지식인 서발턴 유형에 포함시킬 수 있다.

이지숙은 오빠로부터 사람들 사이에 전해지는 '대나무전설'을 듣곤 했다. 민간전승으로서의 이야기는 서발턴들의 의식을 엿볼 수 있는데 이는 착취당하는 피지배계급의 사연이 담겨 있은 경우가 많다.

옛날 어느 작은 마을에 큰 부자가 하나 있었다. …그 마을의 논밭이며 산이 모두 그것이었고, 30여 가구 사람들은 모두 그 집의 종이나 마찬가지인 소작인들이었다. …그런데 한 해도 아니고 내리 3년을 흉작이 덮쳐왔다.…동네 사람들은 추수가 끝나고 오히려 굶주리기 시작했다. …그런데 어느 날 밤 세 남자가 부잣집 담을 넘어갔다가 그 집 하인들에게 붙들리고 말았다. 다음 날 세 남자는 동네 사람들이 보는 앞에서 부잣집 하인들에게 맞아 죽었다. …여섯 남자가 비밀리에 굴을 파기 시작했다. 그 굴은 부잣집 창고를 향하여 뚫려 나갔다. …창고에 차곡차곡 쌓인 쌀가마니 무게로 굴이 무너지고 만 것이다. 결국 여섯 사람은 쌀가마에 깔려 죽은 것이었다. …여섯 사람의 가족들은 마을에서 강제로 내몰렸다. …이 집 저 집에서 굶주려 죽는 사람들이 생기기 시작했다. …동네사람들은 3할 정도가 굶어죽었고, 살아남은 사람들도 영양실조에 걸려 사경을 헤매고 있었다. …괴상스럽게 생긴 싹이 돋아오르기 시작했던 것이다. …여름이 되자 부잣집은 그 이름 모를 나무로 가득 차 완전히 폐가가 되었고, 농토에도 빽빽이 들어차 농사를 지을 수가 없게 되었다. …우리는 가슴에 서리서리 맺힌 한(恨)을 풀 길이 없어 나무로 환생을 했다. …겉모양만 사람이었지 속은 텅텅 비었던 생전의 꼴새 그대로 환생한 까닭에 나무속도 마디마디 텅텅 비어 있다. …그 나무를 길게 잘라 한쪽 끝을 뾰족하게 다듬어 그것으로 부자놈의 배때기를 찔러 죽여라. 그리고 빈 통에 그놈의 피를 채워 우리 묻힌 자리에 뿌려주면 맺힌 한을 풀고 …해마다 이 고을, 저 고을로 번창해 나갔다. 누가 이름 지었는지 모른 채 사람들은 그 나무를 '대나무'라 부르게 되었다. 대를 물린 가난한 넋의 환생이란 뜻이라고도 했고, 남들 대신 죽어 남을 이롭게 한 넋의 환생이란 뜻이라 말하기도 했다.[57]

오빠가 이지숙에게 대나무전설을 들려준 것은 일본 식민치하이다. '대나무전설'에서 부자는 그 당시 대지주의 상당 부분을 차지했던 식민 주체인 일본인 지주와 내부식민 주체가 되었던 조선인 지주들이라 할 수 있다. 식민주의 국가에서 탈식민화는 식민지 이전의 언어와 문화를 다시 회복하는 방법이 한 방편이라 할 수 있는데, 이들은 식민지 이전의 문화적 욕망 속에서 존속된 것으로 자국의 구비문화예술의 가치를 복원시키고자 한다.[58]

오빠의 담화는 이 처럼 탈식민화 담론으로 읽을 수도 있다. 그리고 이 담론 안에서 우리가 주목해야 하는 것은 탈식민화의 주체로 '서발턴'들을 제시하는 것이다. 서발턴들은 오랜 굶주림 끝에 범죄를 저지르지만 이는 '기아'로 인한 범죄로 '사회적 산적질'[59]에 해당한다. 그리고 이 같은 범죄가 권력에 의해 죽음으로 돌아왔을 때 서발턴들은 집단적으로 행동하며 이는 봉기의 도화선이 될 수 있는 것이다. 마을 사람들은 들고 일어나 대나무를 봉기의 도구로 삼아 부자를 죽였다. 그리고 텅 빈 대나무 속은 부자

[57] 조정래, 《태백산맥》3, 앞의 책, 312~315쪽.
[58] 김희숙, 『황석영 텍스트의 탈식민성 연구』, 앞의 책, 221쪽.
[59] 라니지트 구하 지음·김택현 옮김, 앞의 책, 121쪽.

들의 피로 채워졌다. 이 이야기는 계급의식과 혁명의식을 고취시켜주며 입에서 입으로 전해지게 되었고 해방이후 이지숙은 야학에서 이 이야기를 계속한다.

이지숙은 광주 서중의 서상철 선생의 조직원으로 '부를 때까지 잠적하라'는 명령을 받고 은신책으로써 벌교에서 교사생활을 하였다. 안창민이 읍내에 잠입했을 때 총상을 입자 수혈을 한 사건으로 실형을 선고받고 학교를 사직한 후 서민영의 야학에 교사로 들어가게 된다. 이지숙이 한 일은 무지한 대중을 교육시키는 일과 염상진네와 벌교 주민 사이에 전달자 역할, 인공이 왔을 때 여맹위원장으로서의 역할이다.

봉건사회의 착취계층은 지배계층으로서의 지위를 대대로 향유하며 대중 착취를 통한 부의 축적을 이루기 위해 대중무지화를 의도하며 사회의식이 싹터는 것을 말살해갔다. 대중의 무지는 개별적인 굴종과 기회주의만을 낳을 뿐, 그 토양 위에 착취계급의 영속적 지배가 뿌리를 내리는 것이다. 무지한 대중은 응집력 없는 모래와 같으므로 모래밭을 응집력을 가진 흙으로 변화시키려면 끊임없이 물길을 대야 한다. 그리고 그 물길이 가르침이고 일깨움이다. 이지숙의 교육은 1930년대의 농촌계몽운동과 차별성을 갖는데 이지숙의 서발턴 교육이 그들과 함께 생활하는 가운데 그들의 의식 변화를 꾀하는 것이라면 농촌계몽운동은 대부분 지식인 학생들에 의한 일방적 교육에 불과했다.

이지숙은 안창민에게 수혈한 사건 이후 염상진의 벌교 세포책이 된다. 염상진은 이지숙에게 '소작을 떼었다고 실망하지 말 것과 염상진네가 율어를 장악하고 있는 한 생활대책은 완전히 해결될 것'이라는 내용의 소문을 유포시키도록 했다. 자신의 가족들의 생활대책을 해결하게 될 것이라는 사실은 가족들의 불안감을 해소할 뿐 아니라 심리전의 효과를 낼 수 있기 때문이었다. 이는 봉기의 전염과 감염 효과를 낸다. 소작몰수가 주는 생계의 위협이 율어의 해방구로 인해 해결될 수 있다는 소문은 벌교, 조성, 보성 등에 사는 서발턴에게는 희망이 되었고 이는 주인의 권위 체계에 도전할 수 있는 힘을 형성해갔다. 서발턴 봉기는 아주 미약한 데서 시작되지만 이는 전염과 감염에 의해 돌발성, 속도, 동시성을 지녀 지배계급에 충격을 가하는 힘을 형성하는 것이었다.

이지숙은 봉기를 계획하고 선동하는 역할을 하기도 했는데, 이에 안창민네의 소작인들을 이용했다. 안창민네의 소작인들은 안창민이 어머니 신씨를 통해 자신들이 소작하던 땅을 명의 이전받게 되자 이전보다 더욱 안창민의 지시를 따르고 어머니 신씨를 섬기게 된다. 벌교에서 김종연 등 400여명이 읍사무소 앞에서 시위를 벌인 후 감옥으로 가게 되자 이지숙은 이들이 2차 시위를 다시 일으키도록 한다. 시위의 목적도 바꾸어 죄 없는 사람들을 빨리 석방시키라는 내용이었고, 시위의 효과를 위해 갇혀 있는 사람들의 부인들이 참가해 남편들이 빨리 풀려나게 해달라고 하였다. 응집력 없는 서발턴들에게 함께 시위해야 할 목적과 필요성을 주지시켜 나갔던 것이다.

인민해방의 날이 왔을 때 이지숙은 여맹위원장이 되어 헤게모니 없는 여성 서발턴들의 여맹 가입을 권유하고 이들을 교육시켰다. 이지숙에게 인민해방의 날은 미제국주의자들을 척결하고 그 앞잡이 친일파와 민족반역자들을 처단하여 진정한 인민해방의 나라, 참된 민족통일을 이룩하는 날이었다. 이는 미제국주의자들과 친일파·민족반역자들을 신식민주의자로 보고 이들 지배권력은 외국군대의 폭력으로 보호를 받아가며 또 다시 지배자의 위치에 서고자 한다고 깨달은 때문이었다. 추악한 역사를 때려부수고 억압받고 착취당하던 서발턴들을 위한 새로운 역사를 창조하기 위해 전쟁은 기필코 필요한 것이다.

이지숙은 여맹위원장으로 있으면서 서발턴 여성들이 당한 강간문제를 인민재판에 올린다. 비밀리에 진행된 재판에서 남양댁과 목골댁을 강간한 것을 허출세가 시인하자 허출세는 총살당한다. 마름으로서 소작인들을 중간착취하였고 소작인의 아내를 강간한 사실은 완전무결한 반동행위였기 때문이었다. 여성의 인권문제는 지배 권력과 남성으로부터 이중으로 착취당하는 여성들을 위해 반드시 해결해야 하는 문제였다.

소화는 무당 월녀와 정참봉 어른 사이에 태어난 내림 무당이다. 정하섭이 읍내와의 연락 거점을 마련하고자 신당에 왔을 때 정하섭을 운명으로 받아들인다. 소화는 정하섭의 심부름으로 정하섭의 어머니인 낙안댁으로부터 받은 혁명자금을 나른다. 정하섭과의 만남이 계속되는 가운데 소화는 의식의 변화를 겪게 되는데 이는 서발턴의 주체화 과정과 관계된다.

소화의 의식의 변화는 남녀간의 문제와 계급문제에 대하여 이

전과는 다른 사고를 하게 한다. 우선 남녀간의 관계에 있어서 정하섭을 신령님이 점지해준 운명으로 받아들이고, 겸상을 하자는 정하섭의 제의를 상상만으로도 죄이며 꿈에서도 이루어지지 않을 일이라며 거절하는 모습에서 전통적인 남녀간의 윤리관에 길들여진 모습을 볼 수 있다. 이때 남자는 지배권력이면서 여인으로서의 소화가 일생 섬겨야 할 대상이다.

둘째, 계급문제에 있어서 정하섭은 지주의 아들이며 서울에서 대학을 다니고 있는 지식계층이다. 지주와 소작인이라는 기존 권력관계는 지배과 피지배의 관계를 만들고 명령과 복종, 주인과 노예의 관계를 형성했다. 그러므로 지주들은 자신들의 권력을 유지하기 위해서는 소작인들을 더욱 착취하고 자신들의 경계를 더욱 굳건히 하고자 했다. 지주의 아들이자 대학생으로서의 정하섭의 지위는 소화에게는 지배자이며 주인으로 복종해야 할 대상이다.

그러나 소화의 의식은 정하섭과의 관계가 깊어갈수록 남녀 관계를 대등한 관계로, 계급 문제 또한 계급간의 차별을 없애고 평등한 관계로 나아가야 함을 깨닫는다. 소화는 정하섭과의 관계 때문에 계급투쟁에 나섰지만 결국은 새 세상을 만들고자 하는 신념을 갖기에 이른다. 입산자들 중에는 머슴, 대장장이, 백정, 선소리꾼에다 무당의 자식들까지 많았다. 그들은 아무런 죄도 짓지 않았지만 평소에 천대와 구박을 받고 살아온 사람들이다. 그러나 그들은 입산한 이후 아무런 구속 없이 당당한 대접을 받으며 행세한다. 소화 자신도 남자라면, 아니 임신만 하지 않았으면 온 천지를 새 세상으로 만들기 위해 총을 들고 나섰을 것이다. 남녀간의 관계 때문에 시작한 계급투쟁은 새로운 세상에 대한 여성 서발턴 소화의 당위의 과제로 다가온 것이다.

소화의 계급 의식에 대한 변화는 우선 계층에 대한 것에서 왔다. 사람의 세상에 층하가 지어져 있음은 태어날 때부터 정해지거나 하늘의 뜻은 아니다. 그건 사람의 뜻으로 정해진 것이고 사람의 잘못된 뜻은 또 다른 사람의 옳은 뜻으로 바뀌어야 하는 것이다. 계층에 대한 의식이 생기자 소화의 눈에는 벌교에서의 계급 착취의 상징이라 할 수 있는 중도들판도 다르게 보였다. 다음으로 변화된 계급의식은 자신의 직업을 버리게 만들었다. 신령님이 내린 일로 알고 있던 무당일을 계급착취를 토대로 생계를 유지하는 일이라 생각한 것이다. 무당일은 부자나 지주들의 부귀영화나 수복강녕을 빌어주는 것이고 결국 가난한 사람들을 더욱 가난하게 만들자는 못된 짓이며 작인들에게 미움을 사는 마름의 행투와 다를 바 없다고 생각했기 때문이다.

소화가 의식의 변화 이전에 정현동의 '씻김굿'에서 한 발언은 무당으로서의 직업을 계급투쟁을 위한 것으로 바꾼 예에 해당한다. 그리고 이는 앞으로의 변화의 가능성을 볼 수 있게 한다.

> "나가 죽은 그 연고가 나가 지은 죄업인디, 그 죄업을 안 풀면은 왕생극락 못 이루네. 임자임자 내 말 듣소. 염전 헐란 그 논배미 처분 말고 두었다가 농지개혁 허거들랑 작인헌테 넘게 주소. 그 죄업을 풀어야만 왕생극락 이루는디, 임자 맘은 워쩌는가. 나 소원을 들을랑가."[60]

지주였던 정현동을 위한 '씻김굿' 가운데 '손대잡이' 대목이다. '손대잡이'는 무당의 입을 빌려 망자의 소원을 말하는 굿의 절차 가운데 하나이다. 소화는 이지숙의 청으로 굿을 하는 도중 '손대잡이' 대목에서 소작쟁의에서 문제가 되었던 논을 농지개혁을 할 때 소작인들에게 넘겨주라고 아내에게 말한다.[61] 정현동의 아내는 비명횡사한 남편의 진혼을 위하여 개간 중이던 땅을 소작인에게 나누어준다. 이는 하층 서발턴인 소화가 의식의 절차 중 정현동의 가면을 쓰고 그의 상급자들에게 공격적이거나 권위적인 태도를 취하는 경우이다. 소화는 정현동의 가면을 쓰고 그의 아내에게 자신의 말대로 하지 않으면 왕생극락하지 못할 것이라 위협한다. 지배규칙들에 도전하고 공적인 관계의 전도를 가져오는 대목이다.

소화는 두 번의 징역살이를 한다. 첫 번째는 정하섭의 돈심부름을 한 것 때문이고, 두 번째는 후방부 대원으로 일하다 동료의 밀고로 잡혔을 때이다. 첫 번째는 정하섭의 어머니 낙안댁의 도움으로 풀려나나 유산을 하고 두 번째는 5년간의 형을 언도받는다. 그리고 감옥에서 아이를 낳는다. 출산 후 소화는 조무에게 굿터를 넘겨주고 아이를 부탁한다. 소화의 임신은 계급간의 화해를 의미한다고 할 수 있다. 작가가 조카와 이모라는 근친상간적 비윤리적 요소를 설정하면서 아이의 출산으로 이들의 관계를 결론짓는 것은 다소 무리하게 보이나 분명한 것은 소화의 출산이 이

[60] 조정래, 《태백산맥》6, 앞의 책, 137쪽.
[61] 권은미, 앞의 글, 72쪽.

들의 역사투쟁을 상징한다고 할 수 있다. 감옥에서 태어난 아이는 이데올로기의 투쟁을 비극적으로 상징하고 있으나 또 한편으로는 이들의 투쟁이 계속될 것임을 암시하는 것이기 때문이다.

외서댁은 여성 서발턴의 전형이다. 가슴이 커서·여러 남성들의 성적욕구를 불러일으켰던 그녀는 지배권력뿐 아니라 남성으로부터 이중의 착취를 당하는 인물로 나온다. 외서댁은 남편이 구빨치인 강동식이다. 학력이나 투쟁경력이 하대치와 거의 같은, 회정리와 장양리의 공산당 우두머리였다. 두 동네에서 좌익을 하게 된 사람들은 모두 강동식을 통해서였다. 그리하여 염상진 등이 읍내를 기습한 사건 이후 토벌대들이 집을 덮칠 때 연행당하고, 염상구가 총을 맞자 제일 먼저 집뒤짐을 당하는 등 경찰과 토벌대로 대표되는 공권력의 압력과 탄압을 항상 먼저 받았다.

외서댁의 두 번째 착취는 여성이라는 젠더와 관계된다. 청년대장 염상구는 남편이 부재하고 저항할 힘이 없는 외서댁의 방을 침입해서 강제적인 성관계를 갖는다. 남편에 대한 죄책감과 이웃에게 들킬 것을 염려하는 두려움 속에서 하루하루를 보내던 중 염상구의 아이를 임신하게 된다. 그리고 임신은 외서댁으로 하여금 '저수지에 투신'하는 극단적 선택을 하게 만들었으나 이웃인 왕골댁의 도움으로 목숨은 건지게 된다. 염상구의 강간에 대해 아무런 법적 고발을 하지 못한 채 숙명으로 받아들인 외서댁은 아이를 낳은 후 염상구에게 쌀 열가마니 값을 받고 이모네가 있는 장흥으로 간다. 외서댁의 여성으로서의 인권은 강제적 폭력

앞에 무방비 상태로 당할 수밖에 없고 공개할 수조차 없는 당대의 상황을 드러낸다.

그러나 외서댁은 인공이 되었을 때 여맹에 가입하면서 의식의 변화를 겪는다. 장흥에서 여맹에 가입했을 때의 가입 이유는 아무 일도 없었던 사람들도 나서는데 자신 때문에 허망하고 원통하게 죽은 남편한테 죄 짓지 않기 위해서였다. 여권이나 인권에 대한 자각보다는 남편에게 종속된 여성으로서의 개인적인 원수 갚음 때문이었다. 그리고 인민군이 후퇴할 때 아이들은 두고 입산하였다.

외서댁은 입산 이후 빨치산으로 훈련되었다. 후방부대에 있지 않고 군사학교를 거쳐 돌격대에 편입된 그녀는 당당한 전사로서 입산투쟁을 하였다.

> 소대장 동무, 나럴 여자로 시퍼보덜 마씨요이. 나넌 인자 손꾸락에 봉숭아물이나 딜임서 좋아라고 시시덕이든 실없는 가시내도 아니고, 치자물 들인 모시 치매저구리 부러바허든 속창아리 읎는 지집도 아닝께라. 나넌 우리 냄편이 워찌 좌익을 혔는지 알게 됨스로 딴사람으로 변해뿌렸소. 나도 당당헌 전사가 되고 잡은께 자꼬 여자로 볼라고 허덜 마씨요이.[62]

외서댁은 입산 이후 여자로서의 습관을 버리고 투쟁에 필요한 전사가 되고자 한다. 동기는 '남편의 죽음'과 '남편의 뜻'이었지만

---

[62] 조정래, 《태백산맥》8, 앞의 책, 242쪽.

지주들을 쳐 없애고 없는 사람들이 잘 사는 세상을 만드는 일은 곧 전사로서 자신이 싸워 얻어 내야 하는 혁명의 목표가 되었다. 외서댁의 머리에는 투쟁을 상징하는 빨간 머리띠가 띠어지고, 싸움이 있을 때면 반드시 머리띠를 했다. 지배권력과 남성이라는 중심으로부터 예속성을 탈피하려는 서발턴 여성의 변화된 모습이라 할 수 있다.

기동대에 배치되었을 때도 외서댁의 색감은 남자 대원들이 비릿한 농담을 하게 했다. 들척지근한 웃음과 비리치근한 말들은 여성으로서 당하는 희롱으로써 자신이 한 전사라기보다 놀림감이 되는 것 같아 견딜 수 없는 일이었다. 그녀는 여성으로서 당하는 억압을 막는 봉쇄작전에 나섰고, 그녀가 동원한 무기는 자기비판토론이었다. 그녀는 그런 말을 즐기는 남성대원들을 한꺼번에 비판대상에 올렸다. 빨치산의 기본 원칙인 남녀차등 없이 모두 동지이자 동무로 투쟁한다는 정신을 언급하며 차등과 놀림은 없어야 하며 투쟁력을 높이기 위해서 놀리거나 사기를 꺾는 일 대신 서로 돕고 위로해야 한다고 말한다. 주변부인으로서의 여성이 중심으로의 전복을 시도하는 말이라 할 수 있다.

3. 결론

서발턴의 유형을 《태백산맥》에 나오는 인물을 중심으로 살펴보았다. 우선 지식인 출신의 서발턴으로는 염상진, 손승호, 안창민 등을 들 수 있다. 염상진은 노비의 후손이지만 사범학교 교육을 받은 대표적인 유식무산자이다. 자신의 지식을 타인을 지배하거나 물질을 위해 사용하지 않고 서발턴을 교육하는데 사용한다. 손승호는 재래식 무쇠솥공장 노동자와 생선장사를 하는 어머니 사이에서 태어났다. 사범학교를 졸업하고 해방이후 남국민학교 선생이 된다. 사회주의에서 인간주의로, 다시 사회주의로의 방황을 거쳤으나 선전문, 예술 등을 통하여 서발턴들의 교육을 담당한다. 안창민은 지주집안의 아들로 태어났으나 자신이 양반피를 타고났다는 사실 자체를 싫어했고 아버지의 난봉으로 몰락한 지주 집안이 된 것을 부끄러워했다. 공산사회를 위해 전투하고 사상교육을 했을 뿐 아니라 소작인들에게 자신이 소유하던 땅의 명의를 이전한다.

프롤레타리아 서발턴으로는 하대치, 항미소년돌격대, 솥뚜껑 등이 있다. 하대치는 소작인의 아들로 일정 때 일본인 지주에게 대항해 소작쟁의를 할 때부터 사회주의 사상에 물들어 있었다. 여순봉기 이후 벌교책이 되고 6·25전쟁 중에는 조계산 지구기동대장, 1952년에는 투쟁영웅이, 1953년 2월에는 지구부사령관이 되었다. 최하층 소작인의 아들로 태어났지만 무산자계급을 위한 투쟁 중 지도자로, 영웅으로 변신을 거듭한다. 항미소년돌격대는 모두 광부의 아들로 1946년에 있었던 화순탄광 생존권 투쟁과 관련있는 인물들이다. 화순탄광봉기에서 학살당했던 광산노동자의 아들들은 자본과 공권력으로 상징되는 미군에 대한 복수심을 기르면서 자라났고 인공 이후 입산하였다. 솥뚜껑은 전쟁 전부터 야산활동을 한 구빨치이다. 머슴출신으로 빨치산이라는 이름 외에 다른 이름은 필요 없다고 하는 계급성이 투철한 프롤레타리아트이다. 좌익이 된 이후 한글을 깨치고 한문을 공부하기도 하는데 이는 공산사회에서 인민으로서의 권리와 자유를 누리기 위한 준비단계에 해당한다.

헤게모니 없는 서발턴들은 문서방, 정현동의 소작인들, 윤부자네 소작인들이 있다. 문서방은 김상용의 머슴이다. 여순봉기로 인해 은신처에 숨어 있는 김범우에게 인민재판과 재판에 대한 사람들의 반응을 전달하는 전달자 역할을 한다. 문서방과 같은 일반 서발턴들은 인민재판을 사회주의 혁명추진의 일환으로 본 것이 아니라 자신의 현실적 이익과 관련해서 보며 감정적 태도로 반응하는 사람이 많다. 정현동의 소작인들은 마삼수·김복동·노덕보·강동기 등이다. 이들은 농지개혁문제가 공론화되자 지주들이 불법으로 토지를 매각, 명의 변경, 용도 변경 등을 하는 것을 보고 정현동의 처남 한갑수, 정현동의 땅을 산 서운상과 그의 머슴 피보길 등을 폭행하며 저항한다. 서발턴들의 저항은 결국 살인을 불러왔는데 정현동은 회정리 3구의 소작인들에 의해 낫으로 죽임을 당한다. 윤부자네 소작인인 서인출·김종연·유동수·장칠복 등은 소문의 진원지 역할을 한다. 이들은 염상진 등의 읍내침투사건, 정현동의 작인들이 벌인 집단폭행과 기물파손 등에 대하여 서발턴들의 반응을 재현하고 이를 유포시키는 역할을 한다. 그리고 자신들도 집단행동, 집단시위 등을 통해 자신들의 권리를 찾고자 한다.

여성서발턴은 이지숙, 소화, 외서댁 등이 있다. 이지숙은 지식인 여성으로서 지식인 서발턴이다. 담양 지주의 딸로 태어났으나 셋째 오빠의 영향으로 사회주의자가 된다. 서발턴 의식을 고취시키는 민간전승 '대나무전설'의 전달자 역할을 한다. 봉건사회의 착취계층은 지배계층으로서의 지위를 대대로 향유하고 대중착취를 통한 부의 축적을 위해 대중무지화를 의도하므로 서발턴을 교육하는 것이 필요하다고 생각하는 인물이다. 서발턴들을 선동하는 역할도 한다. 소화는 무당월녀와 정참봉 사이에 태어난 내림무다. 정하섭의 읍내와의 연락거점역할을 하며 정하섭의 연인으로서 정하섭의 아이를 낳는다. 젠더문제와 계급문제에 대해 의식의 변화를 보인다. 정하섭은 오로지 섬겨야할 대상에서 대등한 관계로 바뀌고, 구박받고 천대받던 천출도 계급투쟁을 통해 새로운 세상의 중심이 될 수 있다고 생각한다. 외서댁은 지배권력뿐 아니라 남성에게 이중의 착취를 당하는 인물이다. 그녀는 남편이 구빨치라 읍내에 사건이 터지면 경찰이나 토벌대로부터 우선적으로 연행당하고 구타당한다. 또한 남편이 부재하는 중 염상구에게 강간을 당한다. 그녀는 인공이 되었을 때 여맹에 가입하고, 입산자가 된 후 기동대의 전사가 됨으로써 이중의 굴레를 타파하고자 한다.

서발턴 봉기에 있어서 '소문'의 역할

-《태백산맥》을 중심으로

1. 서론

소문은 고전적 형식의 익명의 발화이다. 소문은 발화된 언설로 문자적 실현이 아니라 음성적 실현이기 때문에 글쓰기와 다르다. 바첵에 따르면 발화는 모든 주어진 자극에 비해 글로 된 언설보다는 더 긴급하고 감정적으로, 또 역동적으로 반응한다. 이 즉시성 때문에 소문은 사회적 긴장의 시기에 중요한 문제들을 포착하게 하고 추동력 있게 문제들을 발전시키며 청중을 만들어내어 '동료적 반응'을 불러일으키게 한다. 소문은 통제 불가능한 전파력을 낳고 이는 연대를 만들어낸다. 소문은 시장의 거짓말들이라고 말하기도 하는데 이는 소문에 담겨 있는 또 다른 진리를 경멸스러운 말로 덮어버리는 것이다. 소문은 시장과 같이 사람들이 많이 모이는 장소에서 가장 능동적으로 작동되는 경향이 있다. 소문의 전이 기능을 만들어 내는 언어적 교환은 서발턴의 삶에 본질적인 경제교환과 밀접히 결합하므로 하나의 서발턴 담론 타입으로서 고유한 정체성을 확보한다.[63]

소문은 뉴스와 다른 부류[64]에 속한다. 익명적 타입의 서발턴 담론인 소문은 '모호성'을 갖는다. 이 모호성은 소문을 봉기의 한 동인으로, 봉기를 기동력 있고 폭발적으로 만드는 것이며 이러한 차별적 특징들이 소문의 고유성인 익명성과 전이성을 만들어낸다. 익명성은 소문에 개방성을 부여하고 전이성은 소문에 자유를 부여한다. 소문은 최초의 원전에서 유래하는 최종적인 기의에 봉인되지 않고 오히려 새롭게 입력되는 의미들의 저장소로서 계속 열려 있게 된다. 실제로 소문은 소문을 주고 받는 모든 이들로 하여금 그 소문을 다음 사람에게 잇달아 전해주도록 하는 통제 불가능한 충동을 갖게 한다.

---

[63] 라나지트 구하 지음·김택현 옮김, 『서발턴과 봉기-식민인도에서의 농민 봉기의 기초적 측면들』, 박종철출판사, 2008년, 301~313쪽.

[64] 소문은 뉴스와 다르다. 전형적인 집단적 담론의 장과 관념적인 관료적 진리의 자리 사이의 차이와 같다. 두 종류의 커뮤니케이션의 차이는 다음과 같다. 우선 소문은 반드시 익명적이며 그 출처를 알 수 없다. 또 전달자에게 그것의 정확성을 보충하라거나 그것의 효과에 대해 책임지라고 할 수도 없다. 그러나 뉴스는 출처를 반드시 확인할 수 있다. 그것의 정확성은 대개의 경우 발설한 사람이 책임을 져야 하는 것으로 간주된다. 다음으로 소문은 발화자와 청중 사이의 필수적인 구분이 존재하지 않으나 뉴스의 전파과정은 뉴스를 통보하는 사람과 청중 사이의 필수적인 구분을 수반한다(라나지트 구하 지음·김택현 옮김, 위의 책, 310~311쪽).

소문은 사회적, 경제적, 정치적 사건들에 대한 서발턴들의 반응으로도 받아들일 수 있다. 물론 때론 민의를 주도하기 위해서 지배권력은 소문을 의도적으로 유포시키거나 통제하기도 한다. 그러나 소문은 원천적으로 발화의 시점을 알 수 없지만 서발턴들 사이에서 어떠한 제약 없이 떠도는 언어형식이다. 소문의 내용이 서발턴들의 생계와 관련된 것이라면 이 소문은 바이러스와 같이 퍼져 서발턴들을 전염시킨다. 그리고 이는 서발턴들의 폭동을 유발시키고 걷잡을 수 없는 지경에까지 이르면 전쟁이 발발하기도 한다. 폭동과 전쟁은 항상 소문을 동반하는 경우가 많다.

《태백산맥》에는 여러 번의 서발턴 봉기가 나타난다. 그리고 이 봉기의 시작은 소문인 경우가 대부분이다. 소문이 있고 봉기가 발생하는 것이다. 소문은 폭동을 유발하고 강화하고 수반한다. 전쟁 또한 전면적인 토지개혁에 대한 소문 이후에 '인민해방전쟁'이라는 이름으로 라디오라는 전파매체와 구두로 전달된다. 또한 《태백산맥》에는 전쟁과 관련된 소문이 여러 개 나오는데 이를 중심으로 살펴보면 소문이 신화성에도 맥이 닿아 있으며 서발턴들의 기원을 담고 있음을 확인할 수 있다.

2. 소문과 폭동

소문은 전통적인 역사기술에서 벗어난다. 소문의 목소리는 문자와는 거리가 있고, '사람들'이 모이는 거의 모든 장소에서 솟아

날 수 있다. 《태백산맥》에서도 소문은 머슴들의 방, 차부, 장터, 가게 앞, 우물터, 당산나무 아래 등 서발턴들이 모이는 장소에서 잡담의 형식으로 등장한다. 중심부의 문자매체로부터 배제된 주변부인들의 입을 통하여 소문들은 형성되고 유포되는 것이다. 그리고 이는 사회적 행동, 대체로 폭동을 유발시키는 경우가 많은데 《태백산맥》에서도 마찬가지이다.

① 미륵불의 통곡과 여순봉기

여순봉기가 있고 난 후 읍내에는 이상한 소문들이 밤안개 퍼지듯 퍼졌다. 이는 여순봉기가 터지기 직전 선암사의 미륵사불이 사흘 내리 통곡했다는 소문이었다. 미륵석불은 영험이 높아 인명이 무더기로 상하게 되는 일이 발생하거나 나라에 변이 생기기 전에 꼭 예고를 한다는 것이다. 나라를 일본에 빼앗기게 되었을 때도 선지피를 토하고 3·1 운동 직전에는 며칠이고 땀을 뻘뻘 흘렸다는 것이다.

미륵석불의 통곡을 중심으로 한 소문은 사실 여부를 확인할 수 없는 채로 사람들의 입에서 입으로 옮아갔고 사람들은 자신도 모르는 사이에 그 소문을 믿게 되었고 끝내는 그 소문에 휘둘리게 되었다. 미륵석불의 전설은 신의 목소리로 해석되어지고 소문을 불러일으키는 효과를 낳았다. 신화의 목소리로 말함으로써 소문은 시의성을 지니게 되었고 소문의 끝을 두려워하게 되었다.

미륵석불의 통곡에 대한 소문 이후 여순봉기가 터졌다. 이는 소문이 서발턴들에게 영험한 것으로 알려진 미륵석불과 관계됨으로써 전파력을 갖고 사람들 사이를 떠돌았다. 그리고 여순봉기가 일어났는데 여순봉기 이후 사건과 관련된 새로운 소문들이 떠돌게 된다. 소문의 내용은 미륵석불이 흘린 눈물의 이유를 증명할 만한 것이었다. 정부는 '여순반란사건에 관련된 89명이 11월 1일 사형당했다'고 신문에 보도하였고 그것으로 사건이 일단락되었음을 공식화했다. 그러나 현지 사람들은 그 같은 보도를 믿지 않았다. 중심인 지배 권력은 인쇄매체인 신문을 통하여 봉기의 실체를 '89명 사망'으로 전달하려 하였으나 주변부는 중심의 목소리를 믿지 않아 끊임없이 소요가 발생하고 소문이 떠돌았다. 정부는 89명의 죽음을 공시했으나 그들이 목격한 것은 더 많은 이들의 주검이었다. 서발턴들이 목격한 것은 매체를 달리하여 사람들의 입에서 입으로 구전되었고 사람들 사이에 전염되어 갔다. 전염은 여수, 순천, 화순, 광양, 고흥 등의 경계를 넘으면서 동시성을 지니게 되었다. 그리하여 군경의 좌익색출과 반란군들의 움직임에 관한 소문은 피냄새를 묻히고 퍼져나갔다. 권력자들이 발표한 정보가 불분명하여 서발턴들의 정치적이고 사회적인 거부가 생겨나고 이는 곧 소문이 자발적으로 발생하게 되는 토대를 마련하였다.

소문은 불특정한 불안의 형태를 구체화하였다. 그리고 이 소문은 반드시 틀린 것만은 아니었고 오히려 그 반대로 판명되는 경우도 있다. 여수와 순천 관련 소문들이 그러했다. 여수와 순천의 읍민들이 모두 동네별로 운동장에 끌려가 심사를 받는다고 했다. 이장이나 피해자 가족들이 좌익으로 손가락질 하면 지목된 사람들은 몽둥이에 맞아 죽거나 대창으로 난자당해 죽는다고 했다. 삼사십 명씩 차에 실려 가까운 산골짜기나 해변으로 끌려 나가 무더기로 총살당해 죽었다. 순천에서 죽어간 사람들도 많았지만 특히 여수에서 죽어간 사람들은 그 수를 헤아릴 수 없을 지경이었다.

장 들뤼모는 소문이 일반적인 불안의 자백이면서 설명이고 더 나아가 군중을 일시적으로 그들의 불안에서 해방시키는 정화과정의 첫 단계라고 했다. 소문은 위협의 정체를 드러나게 하고 더 이상 견딜 수 없는 상황을 명시하는 것이다. 이를 테면 소문은 말을 하고 의견을 표명하며 초개인적인 중립성을 지닌다.[65]

여순봉기 이후 정현동네 소작인들은 정현동의 처남 한갑수에게 집단폭행을 가한다. 정현동이 땅을 서운상에게 팔아 네 사람이 소작권을 잃게 되었기 때문이다. 소작인들은 농지개혁이 실시되면 땅은 반은 그들의 것이므로 농지개혁이 될 때까지 팔지 말아야 한다는 것이었다. 그들은 자신들의 의견이 받아들여지지 않자 한갑수를 폭행하고 군인들에 의해 연행되어 간다. 다음은 그들의 아내들이 경찰서에 면회 갔다가 돌아오면서 한 대화이다. 대화표지로 쓰여진 부분만 발췌하면 다음과 같다.

> "…일정 때넌 일정 때대로 그 고초 당험시로 근근이 살고, 해방이 됐는디도 하나또 달라진 것 읎이 살다가, 베락 맞은 거맹키로 소작꺼정 날라가뿐디다가 갇히는 신세가 되얐는디, 있는

[65] 한스 J 노이바우어 지음, 박동자·황승환 옮김, 『소문의 역사』, 세종서적, 2001년, 67~68쪽.

눔들언 이제나저제나 양지살이이고, 없는 것덜언 이제나저제나 음지살이 허는 것도 분하고 원통헌디, 더 분한 건 나라가 있는 눔덜 편역드는 것이요."

"이 사람아, 있는 사람덜이 나라 채를 잡었응께 그것이야 당연지사 아니겄어? …(중략)…나라가 있는 사람덜이고, 또 있는 사람덜이 나라시."

"…있는 눔덜이 요강꼭지가 된 배꼽도 모지래서 솥뚜껑꼭지가 되게 헐 욕심으로 없는 사람덜 몰아쳐서 죄 맹그는 것인디, …"

"… 우리만치 세세히 아는 사람덜이 워디 있겄어. 다 암스롱도 심 없응께 그저 몰른디끼, 바본디끼 사는 것이제.…정작 나라 몰아묵고 뺏긴 것은 누구였냔 말이여. …"

"일본헌테 그리 나라 폴아 묵고, 일본눔덜하고 짝짜꿍 되야갖고 돌아감스로 배 터지게 잘 묵고 잘산 양반이고 지주라는 것덜이 또 미국눔덜허고 강강수월래 험스러 잘도 돌아가는 요 빌어묵을 시상에 헐 말이 을매나 많소."

…(중략)…

"…우리 남정네덜이 저리 갇히게 된 것은 재작년 11월에 들고 일어났든 일얼 망쳤기 땀세요. 그때 그 일만 성사됐더라면 지주고 머시고 싹 다 없어지고 지끔이야 을매나 살기 존 시상이 되얐겄소. …(중략)…우리 웬수는 정사장도, 순사덜도 아니요. 질로 큰 웬수가 양코베기덜이고 그 담이 정사장이고 순사요."

"…그눔덜이 먼첨 총질 시작헌께 이쪽에서도 남정네덜이 대창 깎아든 것 아니드라고?…"

"…농새꾼들이 그리 일시에 심 모타 일어나기는 갑오난리 후로 첨 보는 일이라고 안 허든가. …(중략)…근디 군정이 나스고 봉께, 그 씬 기세 땀세 애꿎은 사람덜만 더 많이 죽어간 것이제."[66]

위 대화는 서발터들이 여순봉기에 대해 갖는 시각을 읽을 수 있게 한다. 서발턴들이 여순봉기에 대해 가졌던 희망과 절망이 고스란히 드러난다. 여순봉기가 성사되었더라면 지주들이 없어지는 공평한 세상에서 잘 살았을 것이라는 희망은 힘 있는 양코베기들에 의해 좌절되었다. 여자들의 대화는 서발턴들의 공공의 감정, 이성적 차원으로는 표현될 수 없는 감정을 대변한다. 이들의 말은 '나'가 아닌 '우리'의 영역으로 확대 해석되어질 수 있는 영역에 속한다. 여자들의 대화는 소문이 사건에 대한, 역사에 대한 해석의 영역에 속함을 알 수 있게 하는 것이다.

크뤼는 '위대한 역사'는 전략적인 문제들보다 지금까지 주목받지 못한 요소들인 전선 군인들의 고통, 분노, 증오, 그리움, 판단, 그리고 역사철학에 더 집중해야 한다고 말한다. 이제 역사는 위대한 역사의 하부에서도 기술되어야 하는 것이다.[67] 여기에 대한 최초의 시작은 서발턴들의 소문에서 비롯된다고 할 수 있다. 서발턴들의 소문은 역사서에 따로 기록되어 전해지지 않지만 많은 문학텍스트에서 그 원천을 찾을 수 있다. 문학은 사람들의 잡담에서 생겨나서 사람들의 잡담 가까이에 접근해갔고, 잡담을 하는 주인공들은 영웅이 아닌 평범한 사람들, 서발턴들이었다.

여순봉기 이후 벌교 읍내사람들에게는 소문이 또 다시 봉기로 이어지는 역할을 하는 사례를 볼 수 있다. 여순봉기 때 벌교책이

[66] 조정래, 《태백산맥》3, 145~153쪽.
[67] 한스 J 노이바우어 지음, 박동자·황승환 옮김, 앞의 책, 151쪽.

었던 염상진은 소문을 유포시키고 행동으로 옮기며, 이는 또다시 서발턴들의 폭동을 유발시키도록 한다. 염상진은 반란사건에 가담했던 동지들의 가족들이 소작을 몰수당할 것이라는 소식들 듣고 벌교 소식책 이지숙에게 '자신들의 가족들의 생활대책을 해결하게 될 것이다'라는 소문을 유포시키도록 한다. 이는 이틀이 못가 안통을 휘도는 소문이 되었고 사흘이 못가 조성과 보성에까지 퍼져 나갔다.

대부분의 소문이 발원지가 불분명해 최초의 원전을 알 수 없는 것임에 비해 이 같은 경우는 텍스트 내 서발턴들은 원전을 모르나 독자들은 기원을 알 수 있는 사례에 해당한다. 이는 소문이 텍스트화 되면서 소문의 기원을 알려주는 경우에 해당하는데 이는 독자들에게는 알려져 있는 소문의 작가가 서발턴들에게는 알려지지 않은 채 일반 사람들이라는 또 다른 작가들에 의해 소문이 전파되는 경우에 해당된다. 전자의 작가가 문자를 사용했다면 후자의 작가들은 구두로 전달하는 익명의 사람들이다.

이로 본다면 소문의 알레고리들은 단순히 서발턴과 이들의 잡담을 위한 암호로만 간주되지 않고 서발턴과 그들의 잡담을 조종하는 자들의 상들로 간주된다. 풍문의 테크닉을 마음대로 구사하는, 풍문의 목소리를 가장해 틈새의 목소리로 말할 수 있는 자는 고도의 통치기술을 마음대로 구사할 수 있다. 그것은 저자로 알려지지 않은 채, 어떤 것을 이야기 할 수 있는 기법이자 상대방의 눈에 전혀 띄지 않고 아무도 이름을 알 수 없는 자가 되는 기법이다.[68]

소문은 구체적인 행동으로 옮겨지는데 염상진 등은 군경의 지배 하에 있는 벌교를 2시간 장악한다. 활빈이 목적이었으며 이를 위해 횡계다리 위에 벌교의 부잣집 창고를 털어 가져온 스물 일곱 가마의 쌀을 놓아둔다. 글씨가 쓰인 한지 한 장도 같이 있다. 격문에는 '벌교 인민 여러분! 이 쌀을 고루 나눠 설을 쇠십시오.', '만약 이 쌀을 나눠 갖지 못하게 방해하는 자들은 모두 인민의 적이다.'라고 쓰여 있었다.

서발턴들은 쌀과 격문의 글에 반응하고 잡담한다.

> "나는 까막눈인디, 머시라고 썼소?"
> "요 쌀얼 갖다가 설얼 쇠라고 썼소."
> "아무보고나 갖고 가라 고런 말이다요?"
> "벌교 인민이라고 혔응께 아매 그런갑소."
> "허먼, 먼첨 가지가는 것이 임자시?"
> "짐칫국 먼첨 넴기지 마씨요. 요 쌀 임자야 뻔헌께, 날이 더 새먼 눈에 불 키고 쫓아와 찾어갈 것이고, 넘 먼첨 요 쌀을 손댔다가는 목구녕에 넘게 보지도 못허고 좌익으로 몰려 졸갱이럴 칠 것잉께."
> "워따, 요 쌀얼 묵든 안 묵든 간에, 총질꺼정 혀감스로 요리 맘 쓴 그 맴이 아즘찬이 아즘찬이 또 아즘찬이요."[169]
>
> * 대화부분만 따 온 것임

횡계다리 위에서 맨 처음 쌀을 본 10여명의 서발턴들은 글을 읽을 수 있는 한 남자의 입을 통해 격문의 내용을 전달받으며 이들

[168] 한스 J 노이바우어 지음, 박동자·황승환 옮김, 앞의 책, 139쪽.
[169] 조정래, 《태백산맥》4, 앞의 책, 184쪽.

이 각 자의 삶의 터전으로 돌아갈 경우 구두로 소문을 전달하는 역할을 담당하게 될 것이다. 이들은 더러는 보고 더러는 듣기만 한 내용을 자신의 의견을 덧보태어 전달하는 역할을 할 것이다. 가령 '벌교 인민에게 쌀을 가져다 설을 쇠라'는 내용은 당장 현장에서 '먼저 가져가는 것이 임자다', '날이 새면 쌀 임자가 쫓아와서 찾아갈 것이다. 쌀에 손댔다가는 목구멍에 넘겨보지도 못하고 좌익으로 몰려 모진 괴로움을 당할 것이다.', '총질까지 해가면서 우리들을 위해 마음써준 것은 감사한 일이다' 와 같은 반응을 불러 일으키고 이는 다른 장소로 옮겨지면서 반응들이 확대되어 갈 것은 쉽게 짐작이 된다.

사람들의 웅성거림은 선동으로 이어지고 폭동으로 확산될 기미마저 보인다. 총을 든 계엄군들이 쌀가마니를 에워싸고 한 군인이 쌀가마니 위에 올라서서 소리쳐대며 공포를 쏘아대자 사람들은 '총질해대는 군인놈들을 강물에 쳐박아라', '부자놈들이 못 챙겨가도록 쌀가마니를 강물에 풀어 고기밥이 되게 하라'와 같이 외치며 소란을 가중시켜 나갔다. 폭동 직전까지 간 소란은 '쌀을 찾아가지 않겠다'는 지주 김범우의 중재로 잠재워졌으나 가난과 궁핍으로 찌든 서발턴들의 태도를 반영한 것이다.

② 농지개혁과 소작쟁의

농지개혁법이 1949년 6월 24일 공포되었다. 이는 신문에 보도되기에 앞서 방송으로 전국에 알려졌는데, '라디오'는 소문을 전달하는 매체로 사용되었다. '라디오'는 통신매체가 지닌 성격상 소식이 구두로 전해졌다. 이는 동시에 듣지 않고 먼저 들은 사람이 다른 사람에게 옮기는 형태를 취하게 되는 경우 구전의 형태를 띠게 되고 이는 소문으로 코드가 변경되는 경우가 많다.

문자로 전해지는 소식 또한 동일한 원전 텍스트가 동시에 여러 사람에게 전달되지 않고 원전텍스트의 수가 부족해서든지 글 읽을 줄 아는 사람이 제한되어서든지 한 사람이 신문을 일고 다른 여러 사람들이 듣는 경우 이는 독자에 따라 다르게 해석되어질 수 있다. 뿐만 아니라 대개 이러한 상황인 경우 읽기가 끝나면 한바탕씩 말잔치를 벌이게 마련인데, 이 말잔치는 사건에 대한 해석이 되기도 하고 서발턴들의 입장을 밝히는 경우가 되기도 한다. 그리고 읽은 내용은 바람 타고 다니는 소문까지 곁들여 원전 텍스트를 구경조차 못한 사람들까지도 직접 읽은 사람들 못지 않게 사태를 파악하게 된다.

각 마을에는 라디오가 한두 개 있을까 말까 했는데도 '농지개혁법'에 대한 소문은 바람 탄 불길이 되어 삽시간에 벌교 전체를 덮었다. 소문이 목소리를 높이며 고샅고샅을 돌았다. 서발턴들의 생계와 직결된 문제는 동시성과 전염성을 가지고 들불처럼 번졌다. 사람들은 '당산나무' 아래에 모여 농지개혁법에 대한 잡담을 하고 이는 또 다시 입에서 입으로 전해지면서 소문의 역할을 했다. '당산나무'는 마을에 일이 생기면 마을 사람들이 모여 의논하기도 하고 흥겨운 일이 있으면 꽹과리를 치며 춤추고 노래하는 장소이다. 그리하여 마을의 머슴방이나 우물터, 시장, 고샅처럼 소문의 전파지 역할을 하는 장소이다.

'당산나무' 아래에 모인 사람들은 힘 없는 소작인들이 대부분이다. 이장이나 구장 등 논마지기나 있는 사람들은 모이지 않았다. 소작인들은 입을 모아 그들에 대해 비난한다. 본전을 뽑아 먹어도 열곱, 백곱으로 뽑아 먹은 사람들이 우리를 원수 삼아서는 안 되는 것이다. 우리가 굶을 적에 그들은 모른 척했다. 마을 사람들의 지주나 유지들에 대한 비난은 '산사람'들에 대한 염려로 옮아간다. 여순봉기 이후 군경에 의해 산으로 몰릴 수밖에 없었던 그들도 이제 손을 들고 나와서 농지개혁법을 함께 만들면 좋겠다는 것이다. 그들도 해방된 후 바로 농지개혁을 했으면 순하게 살 사람들이었다. '당산나무' 아래 모인 사람들의 이야기는 비난이나 잡담의 형태를 띠었고 이들이 다른 장소로 옮아가서 그곳에서의 이야기들을 전하게 되는 경우 이는 소문이 되는 것이다.

농지개혁법에 대한 잇따른 소문은 지주에게는 돈을 주고 농지를 몰수하며 소작인들은 돈을내고 농지를 분배받는 '유상몰수 유상분배'라는 것이다. 다시 사람들의 목소리는 이 법에 대해 비난하고 험담하기 시작하고 실망과 불만이 이들 사이를 번져갔다. 이북에서와 같이 무상몰수 무상분배를 기다렸지만 농지분배는 유상몰수 유상분배로 행해지는 것이고 이는 지주놈들 땅장사 시켜 주는 것에 불과하다. 소작 붙여 먹고 사는 놈들은 사람으로 여기지 않은 처사이다. 천불이 솟아 더는 못 참는다. 싹 다 때려부수고 엎어버려야 한다. 국회의원들부터 다 때려죽여야 한다. 이북만큼이라도 해야 한다. 실인심해서 나라 끌고 가겠느냐. 짚북데기에 불 지르는 일이다. 사람들의 분노는 이야기의 중심을 이루고 이는 더 발전해나가 폭동의 전조를 이룬다. 나라한테 속은 것이며 해방된 이후에도 지주한테 매타작 당한 사람들이 많다는 자각은 급기야는 금기된 공공연한 비밀인 '좌익'을 두둔하고 우리가 나서야 한다는 의식에까지 이른다.

염상진측은 밤을 이용해 민심을 혼란시키기 위해 삐라를 살포한다. '삐라'는 혁명에 있어서 중요한 역할을 한다. 봉기를 일으키는 자들은 소문을 혁명의 매체로 이용해 심리전으로 자신들에게 유리한 쪽으로 사람들을 선동한다. '삐라' 또한 선동의 도구로 사용되어지는 문자로 된 전달매체이다. '삐라'를 매체로 선동하여 모든 사람들이 그들의 봉기에 동참하도록 유도하는 것이다. '삐라'는 '전단'이라고도 하며 선전이나 광고 또는 선동하는 글이 담겨 있는 종이쪽이다. 정치적 프로파간다를 목적으로 사용되는 경우가 많다. 발행주체를 밝히는 경우도 있으나 발행주체를 밝히지 않는 경우가 더 많다.

삐라의 내용은 유상몰수 유상분배의 농지개혁은 인민을 기만한 속임수이며 지주들만 살찌게 하는 것이므로 인민들은 대오각성하여 혁명대열에 서야 한다는 것이다. 해방구의 율어인민들은 토지를 무상으로 분배받아 농사짓고 있음도 명기되어 있었다. 삐라는 보성군, 장흥군, 화순군 일대에 뿌려졌고 이는 소문에 날개를 달아주었다. 소문은 소작인들에게 폭동의 메시지를 전파했을 뿐 아니라 농민들의 적들인 군·경·청년단을 위협했다. 사회적 긴장의 시기에 삐라의 내용은 소문으로서의 역할을 했고 이는 희망과 공포, 고통과 질곡을 가한 자에 대한 심판과 평등사회에 대한 소망을 갖게 했다.

농지개혁을 둘러싼 소문은 폭동을 준비하고 있었는데 가장 먼저 나타난 것이 유동수, 김종연, 서인출 등이 윤씨네의 100명이 넘는 작인들을 선동하여 분배우선권을 주장하고 매매조건을 일괄적으로 타결하고자 한 것이다. 보성과 칠동 등에서도 소작인들은 지주 집에 난입해서 집단폭행을 가하고 기물을 파손하고 방화했다.

> 그리고 사흘째 되는 날 아침 고읍들을 관통하고 있는 신작로에 사람들의 행렬이 나타났다. 그 행렬은 신작로를 가득 채우고 있었다. 등등한 기세로 읍내 안통을 향해 빠르게 움직이고 있는 행렬은 남자만으로 이루어져 있었고, 그 수는 400을 헤아렸다.
>
> …(중략)…
>
> "우리 땅 내놔라!"
>
> 선창이 나왔다.
>
> "우리 땅 내놔라!"
>
> 복창이 힘차게 터져 올랐다.
>
> "악질 지주 처단하라!"
>
> "악질 지주 처단하라!"
>
> 땅을 차는 수많은 발소리와 함께 대열의 복창이 우렁찼다. 대열 뒤로는 뿌연 흙먼지가 피어오르고 있었다.
>
> "땅도적놈 잡아내라!"
>
> "땅도적놈 잡아내라!"[70]

[70] 조정래, 《태백산맥》5, 345~346쪽.

지주들이 명이이전, 매매, 용도변경 등 불법으로 땅을 처분하였다는 소문이 나자 소작인들은 시위에 나섰다. 소문은 익명으로 점차 증가하는 역동성을 지니며 마을 전체를 전염시켜 소작인들을 분노케 했다. 군인, 경찰, 청년단원들은 개머리판과 몽둥이를 휘두르며 시위대를 제압하고 시위대 100여명은 끌려갔다. 야산대의 벌교 고정세포였던 이지숙은 안창민네 작인들을 선동해 다시 시위를 일으키도록 작용했다. 이번 시위의 목적은 '죄 없는 사람들을 빨리 석방시키라'는 것이었고 시위의 주동자도 남자들에서 갇혀 있는 사람들의 부인네들로 바꾸었다. 여자들이 앞서고 남자들이 뒤따르는 400여명의 행렬은 소화다리 입구에서 군인들과 대치하였다.

3. 소문과 전쟁

소문과 전쟁은 짝을 이룬다. '전쟁이 지나가고 나면 모래알처럼 많은 거짓말이 난무한다'는 속담은 이를 뒷받침한다. 전쟁은 위험과 불안, 혼란을 초래하고 이런 가운데 의문, 추측 그리고 소식들이 소문의 형태를 띠고 전국 각지에 신속히 퍼진다.[71]

사회적 긴장의 시기에 소문은 폭동을 유발하고, 폭동이 동반된 소문이 서발턴들의 의식을 장악할 경우 이는 무력 투쟁의 단계로 접어들기 쉽다. 그리고 전면적인 전쟁으로 연결되기도 한다. 여순봉기가 투쟁의 대전환을 가져왔다면 농지개혁으로 인한 소작

[71] 한스 J 노이바우어 지음, 박동자·황동규 옮김, 앞의 책, 145~146쪽.

쟁의가 들불처럼 번지는 현상은 본격적인 무력투쟁을 예상할 수 있게 하고 이는 결국 6·25 전쟁으로 가시화되었다.

① 전쟁소문과 예비검속

《태백산맥》에서 형상화되어 있는 전쟁은 6권 11장에서 10권에 이르는 방대한 분량을 차지한다. 전쟁의 소문은 '라디오'라는 통신매체를 통하여 사람들에게 전달되었다. 소식은 '북괴군들이 삼팔선 전역에 걸쳐 대거 남침을 강행해왔습니다'라는 것이었다. 그러나 이 소식은 '이 불법남침을 격퇴하기 위하여 국국은 즉간 반격에 나서고 있습니다. 그러므로 서울시민과 국민 여러분들께서는 추호도 동요하지 마시고 생업에 종사하시기 바……'라는 다음 대목에 이르면 허위사실에 바탕을 둔 소문으로 코드를 변경하게 된다. 지배권력은 사실을 숨기고 은폐하기 위해 거짓 소문을 만들어 사람들에게 유포시켜 사회적 안정을 꾀하는 것이다.

이는 라디오의 보도 내용을 권력의 아래 서열에서도 다르게 해석하는 것에서도 알 수 있다. 권서장은 동일하게 반복되는 라디오의 보도내용을 들으며 사건을 해석하는데, 그의 해석에 의하면 전쟁은 북쪽에서 먼저 도발한 것이고 양상은 전면적이며 상황은 이쪽이 불리하다는 인상이었다. 대통령이 명령만 내리면 점심은 평양에서 먹고 저녁은 신의주에서 먹을 수 있도록 만반의 준비가 갖추어져 있다는 호언장담은 근거 없는 소문인지에 대한 의문을 가질 수 있는 대목이다.

난리가 났다는 소문은 점심나절까지 읍내 안통을 돌아 동서남북 사방으로 바람처럼 퍼져나갔다. 소문은 빠르게 퍼져나갔지만 소문의 전파과정에서 보이는 메시지의 수정은 보이지 않았다. 사람들은 함부로 소문을 윤색하거나 개정하지 못하고 혀에서 혀로 메시지를 전달하기만 했다. 사람들의 의식 속에는 사상문제 하면 좌익을 떠올리고 좌익 하면 피해와 착취의 코드로 낙인되어 있었기 때문이었다. 이같은 의식적 원천은 사건을 해석하는 기준으로 작용하여 좌익하면 그 사건에 대해 함구하게 되고 이는 북측이 일으킨 전쟁에 대해서도 마찬가지였다. 대개 소문은 유연성을 가지며 변형들이 있게 마련이다. 소문의 순환과정에서 '첨가, 삭제, 비틀기'[72]가 생기며 이는 민중적 표현양식을 반영하기 때문이다. 그러나 전쟁소문은 읍내 사람들의 목숨과 관련되는 것이므로 그들의 숨소리를 죽이게 하고 메시지만 돌아다니는 형국을 만들었다.

그러나 소문은 폭력을 배태하고 있었다. 경찰들은 보도연맹 가입자들을 의심했고 감시했다. 인민군에게 아직 점령당하지 않아 권력의 중심이 바뀌지 않은 벌교는 긴장이 팽배한 상태로 기존 권력이 힘을 행사하고 있었다. 웅성거림이나 잡담조차 가라앉은 상황에서 사태는 죽음의 냄새를 배태하고 있었다.

전시의 긴장 상태에서 보도연맹원들은 쌀창고에 갇혔다가 뱀골재에서 75명이 총살당했다. 사람들의 불안은 현실로 나타났고 사태의 전모는 안창민 부대가 경찰병력이 떠난 다음 군전역을 장

[72] 라나지트 구하 지음김택현 옮김, 앞의 책, 313쪽.

악한 후에 밝혀졌다. 예비검속 피해자들은 괭이며 삽을 들고 뱀골재 골짜기로 가족들을 찾아갔다.

> 시체나마 찾기를 애원했으나 그 뜻을 이루지 못하고 가슴 쥐어뜯어며 숨죽이고 있었던 그들로서는 너무나 당연한 일이었다. 그들은 새롭게 복받치는 서러움으로 눈물 쏟으며 서로 다투어 흙을 파헤치기 시작했다. 그런데, 흙을 얼마 파내지 않아 그들을 주춤 물러서게 한 것은 속을 뒤집히게 하고, 숨을 막히게 하는 지독스런 냄새였다. 그것이 무슨 냄새인지 그들은 금방 알았고, 그들의 눈빛은 그때부터 달라지기 시작했다. 그리고 더 빠르게 흙을 파 내려갔다. 시체 썩는 냄새는 점점 더 심하게 진동하고 한 자 남짓 흙을 파내서 시체들이 드러나기 시작했다. 팔이 뒤로 묶여 엎어진 시체들은 하나씩 들어올릴 수가 없었다. 그들은 그때서야 시체들이 줄줄이 엮어져 있는 것을 알았다. 그들의 눈빛은 다시 또 달라졌다. 엮어진 끈을 칼로 끊어서 시체를 하나씩 들어내야 했다. 그러나 삼끈이나 칼로 끊어졌지 전화줄은 칼로 끊기가 어려웠다. 그들의 눈빛은 한층 더 달라졌다. 작두나 펜치로 전화줄을 끊어 시체를 들어냈다. 시체를 하나씩 들어내 산비탈에 즐비하게 눕히고 있는 그들의 눈빛은 이미 사람의 눈이 아니었다.…(중략)…얼굴의 형체를 알아볼 수 없는 시체들은 입성마저도 비슷비슷한 삼베옷들이었다.[73]

예비검속에서 죽은 자들은 대부분이 삼베옷을 입은 일반 백성들이다. 여순봉기 후 반란자들의 일을 도왔던 자들은 소작인들이

[73] 조정래, 《태백산맥》7, 앞의 책, 8~9쪽.

많았고 이들은 생계문제로 일어났던 봉기에 대해 조력했으며 지주나 유지들을 처단하는 일에 앞장섰다. 그러나 전시가 되자 이들은 그때의 일로 가장 먼저 죽음을 맞게 되고, 학살은 그들 가족들의 입으로 세상에 전파된다.

가족들은 학살현상의 목격자로서 소문전달자 역할을 한다. 주요 메시지는 동일하나 수많은 변이형태를 가지고 전달되었을 이야기는 전달자에 따라, 전달의 횟수에 따라 변형되었을 가능성이 많다. 지난 며칠간 소문은 은밀한 비밀의 형태를 띠었다면 가족들이 목격한 이후에는 공공성을 대표하였고 폭로의 성격을 띠었다. 사람들의 귀에 소문을 퍼뜨려 세력을 확장하고 힘을 행사할 준비를 한다. 그리고 이 같은 잔혹한 만행은 전쟁의 지표인 동시에 전쟁의 정신사적 중심을 대변한다.

현장의 참혹함은 가족들을 분노로 몰고 간다. 시체를 발굴할수록 눈빛은 계속해서 달라져 결국은 사람의 눈빛을 잃게 되고 이는 새로운 폭력을 부른다. 소문을 전하는 화자들과 유포자들은 함께 모여 군중을 이루어 경찰가족이나 청년단 가족들에게 보복행위를 가했다. 그들은 예비검속을 통해 자신들이 당했던 것을 의미모방[74]한다. 그들은 자생적이고 심사숙고 없이 반란공동체를 형성하고 폭력을 가한다. 그들은 시체를 파냈던 연장들을 들고 읍내로 몰려가서 경찰들과 청년단원들의 집을 덮쳐 곡괭이로 찍고 삽으로 내려쳤다. 더 죽일 사람이 없는 경우 살림살이를 산산이 때려부쉈

---

[74] 라나지트 구하 지음·김택현 옮김, 앞의 책, 316쪽.

다. 자신이 대처해야 하는 상황 안에서 가장 신속하고 가장 방해를 덜 받는 방법을 선택하여 실행한 것이다. 가족들의 학살이라는 즉각적인 데이터는 보복행위라는 지각 패턴에 성찰이나 분석 없이 이용된 것이다. 그리고 이는 소문의 구조와 유사하다.

② 인해전술과 유언비어

전쟁과 소문과의 관계를 잘 살펴볼 수 있는 사건은 인해전술과 관련된 유언비어들이다. 압록강까지 밀고 올라갔던 연합군과 국군의 전세를 바꾸어 놓은 것은 중공군의 참전 때문이다. 북청에서 현오봉 소대는 중공군을 처음 만나 격전한다. 미군이 있는 한 승리할 수 있다는 자신감에 차 있던 국군은 중공군 부대의 기습을 당해 전멸한다.

> 이미 조명탄은 바닥이 났고, 희부유스름하게 깨어나기 시작하는 어둠을 헤치며 몰려오고 있는 수많은 적들을 멍하니 바라보며 현오봉은 헛소리하듯 하고 있었다. 마치 무엇에 홀리고 있는 기분이었고, 헛것을 보고 있는 기분이었다. 적들의 그런 공격법은 이쪽의 화력을 모두 소모시켜 버리는 한편으로 심리적 교란까지 일으키게 하는 이중적인 것임을 그는 뒤늦게 깨닫고 있었다. 그 천만뜻밖의 전술에 말려들지 않았으려면 첫 번째와 두 번째 방어에서 화력을 아꼈어야 했다. 그러나 때는 이미 늦어 있었다.[75]

중공군은 국군이 화력으로 그들을 물리치면 잠깐의 시간을 둔 뒤 다시 이전보다 두 배의 병력으로 공격해오기를 네 번이나 계속했다. 조명탄 아래에서도 아랑곳 하지 않고 전진을 계속했을 뿐 아니라 쓰러지는 동료를 그대로 두고도 계속 전진했다. 마치 어떤 외부의 상황에도 아랑곳 하지 않고 조용히 전진하는 사람의 물결과 같은 형태를 띤 것이다. 상대편의 조명탄이 바닥이 나고 적들이 죽을 때까지 인력을 무기로 하여 상대방을 무력화시키고 전멸시켰다. 소위 말해 '인해전술'은 '헛것'과 같은 착란의 상태를 만들어 상대편의 화력을 소모시키고 심리적 교란 상태에 빠지게 만드는 것이었다. 소리를 지르며 끝도 없이 몰려드는 중공군은 사람이 아니라 짐승들이라는 착각에 빠지게 만들었다. 이는 중공군에 위력에 대한 신화를 만들었다.

중공군이 참전한 후 인해전술이란 말이 전염병처럼 전선마다 퍼져나가면서 병사들은 중공군에 대한 공포에 사로잡혔다. 소문은 집단적인 상상, 불안, 그리고 희망이 분산된 공간을 새롭고 인상적인 비유적 형상들 그리고 이야기들로 메웠다.

'인해전술에 걸리면 한 사람도 살아남지 못한다.', '중공군들은 마술로 사람을 홀려 정신을 뺀 다음에 몰살을 시켜버린다.', '중공군들은 축지법을 써서 하룻밤에 500리를 간다.'[76] 와 같은 종류의 말들이 진중에 떠돌면서 병사들의 마음을 위축시키고 사기를 떨어뜨렸다. 그 황당한 말들은 특히 미군들 사이에서 번창하고

---

[75] 조정래, 《태백산맥》7, 앞의 책, 380쪽.

[76] 조정래, 《태백산맥》8, 앞의 책, 50쪽.

공포적 신뢰도도 컸다.

소문은 전시에는 착각이나 유탄사격시에 귀가 먹먹해진 전선 군인들의 오청에서 기반한다고 한다. 블로크는 허위소식과 마찬가지로 집단의식이 자신의 고유한 얼굴을 비춰보는 거울이라고 한다. 그러나 이 거울은 최전방 전선이 아니라 전선 후방의 어떤 특별한 해석공간에서 생겨난다. 즉 후방의 야전 취사장, 보급 부대들, 그리고 수송 부대 대열에서 소문은 생겨나기 쉽다. 교전지의 전방과 후방에서 비교적 한가하게 수다를 떠는 일이 발생한다. 야전 취사장, 군사우편, 고향에 온 휴가병, 그리고 전쟁에서 돌아오는 부상병들, 언론 등은 유언비어처럼 놀라운 전선의 소식을 제공하는 것이다. 블로크에 따르면 실제 전투 지역 후방에는 소문이 유래하는 어떤 지역, 즉 '유언비어 형성지대'가 선으로 그려질 수 있는데 이는 해석 공동체에 상응한다. 전쟁의 정보통신 매체들은 현대적이고 이로 인해 프로파간다와 검열의 도구 또한 현대적이었지만 검열과 조작으로 인한 기록문서의 신용실추에 따라 군인은 그 시대의 가능성에 역행해서 신문과 서적 그리고 다른 인쇄 매체들이 생겨나기 이전 시대로 돌아가게 된다. 참호 속에서나 전투지에서 군인은 또 다른 매체인 소문의 한가운데 놓이게 되는 것이다.[77]

소문은 신화의 형태를 띤다. 인해전술에는 마술과 축지법이 등장하고 이에 걸리면 마치 신의 위력이 가해지는 것처럼 한 사람

[77] 한스 J. 노이바우어 지음, 박동자·황승환 옮김, 앞의 책, 162~172쪽.

도 살아남지 못하는 것이다. 사람들은 이 전술에 걸리면 신의 저주를 받은 것처럼 죽음에 이르게 되기 때문에 인해전술에 대해 공포와 두려움을 느낀다. 최첨단 장비를 가진 미군조차 비합리적인 전술에 더욱 가공할 공포를 느끼고 유언비어에 휘둘리게 되었다. 두려움에 사로잡힌 군인들은 두려움을 발산하는 배출구로써 소문 전달자 역할을 했다. 부정적인 심리를 투사시켜 입에서 입으로 소문을 전했고 소문은 전해질수록 다양한 변이형태들이 존재하게 되었다.

사람들은 소문을 전달하는 과정에서 집단적인 상상을 발휘했다. 직접 보았지만 격전 중 착각이나 환각을 통해 전장을 객관적으로 묘사하지 못하고 일부만을 확대 과장해서 전달하거나, 직접 보지 못하고 알려지지 않은 사람들의 입을 통해 전해지는 사건들은 겁에 질린 사람들의 머릿속에서 상상의 형태를 띠게 되는 것이다. 소문은 과거 사건들로 기억되는 전설과 결합하여 현재의 사건들에다 새로운 옷을 입힌다. 즉 중국을 신비의 나라라거나 마술의 나라 등으로 막연하게 알고 있는 대부분의 미군들에게는 인해전술과 마술과 축지법이 황당한 유언비어라기보다는 확실한 사실로 받아들여졌다. 소문을 통제하기 위해 소문을 황당한 유언비어라고 역설하는 장교들의 교육이 오히려 황당한 유언비어로 취급되었다.

소문은 공식적인 이야기의 독자적인 변이형태이다. 정확한 정보가 없을 경우 사람들은 소문에 의지하는 경우가 많으나, 공식적인 발표가 있은 다음에도 사람들의 의심과 상상은 계속되고 이 또한 소문의 전형적인 형태를 이룬다. 정보와 소문이 확산되는 것을 방지하기 위하여 정부나 정보기관은 소문을 통제하고 악성 유언비어 등이 확산되는 것을 막고자 한다. 그러나 중공군과 격전하는 전장에서는 유언비어들이 제거되지 않았다. 병사들은 중대나 대대는 말할 것도 없고 연대까지도 허망하게 전멸했다는 소식을 날마다 듣고 있었고 매서운 바람이 휘몰아치는 어둠 어디에선가 들려오는 애절한 듯 음산한 듯한 피리소리를 병사들은 듣고 있었으므로 소문은 통제되기보다 날개를 단 듯 퍼져나갔다. 그리고 중공군과의 격전 경험은 소문을 통제하려는 정보기관의 노력을 한순간에 허사로 돌렸다. 추위를 뚫고 하루 종일 기를 쓰며 후퇴를 하고 나면 중공군들은 그날 밤으로 앞뒤에서 공격해오곤 했기 때문이다. 경험은 교육 내용을 무위로 만들고 자신의 경험을 사실로 받아들였다.

4. 결론

소문은 양가성을 지닌다. 대부분의 농촌봉기에는 소문이 전복적인 잠재력을 지니고 저항의 구심력으로 작동하는 경우가 많은데, 소문에는 대부분 서발턴들의 정치적이고 경제적인, 사회적인 사건에 대한 해석을 담고 있기 때문이다. 서발턴들은 동일한 메시지를 다수 대중의 입을 통하여 말하는 가운데 다수이면서 하나가 되고자 하는, 즉 부분의 종합이면서 그 이상이고자 하는 모순을 보인다. 서발턴들은 모여 이야기하는 가운데 자신들의 불안을 함께 전달하며 또한 이 기저에는 희망 있는 미래를 기다리는 소망이 담겨 있다.

《태백산맥》에는 서발턴들 사이에 전파되는 소문들이 많이 나온다. 여기서 소문은 서발턴들의 의식을 반영하는 경우가 대부분이며 그들은 목소리를 높이기보다는 소곤거림 속에서 이야기를 전달한다. 그러나 그들은 이야기에다 감정을 덧붙여 전하기 때문에 소문은 여러 가지 변이형태로 나타나며 소문이 서발턴들의 생계나 목숨과 관계되는 것이라면 이는 결국 폭력을 동반한다.

《태백산맥》은 소문이 폭동으로 끝나는 몇 가지 사례를 보여준다. 소문이 있고 이 소문을 뒷받침하는 서발턴들의 봉기가 일어나는 것이다. 미륵석불의 통곡이라는 소문이 서발턴들 사이에서 퍼진 이후에 여순봉기가 일어나고 농지개혁에 대한 소문 이후 소작쟁의가 일어난다. 더 나아가 폭동이 제거되지 않아 전쟁까지 일어나게 된다. 전쟁이 일어나기 전에 서발턴들 사이에서 많은 소문들이 떠돌아 전쟁과 소문은 불가분의 관계에 놓인다는 속담까지 생겨났다. 또한 전쟁에는 수많은 소문들이 따라 다니는데 이를 분석해보면 전시의 서발턴들의 상황을 알 수 있다. 대부분의 서발턴들은 봉기를 통해 혹은 전쟁 중 불안과 두려움에 떨지만 이를 통해 낙관적 유토피아를 상상하는 것이다.

《태백산맥》에 나타난 탈식민주의와 민족운동[78]

1. 서론

『태백산맥』은 벌교에서의 여순봉기[79]가 끝난 직후(1948.10.25)를 시작으로 해서 한국전쟁이 끝난 때(1953. 7.27)까지를 시간적 배경[80]으로 하는 텍스트이다. 외적으로는 미군정에 의한 재식

[78] 『문창어문논집』 52집(문창어문학회, 2015년 12월)에 수록된 논문이다.

[79] 여순봉기는 1948년 10월 20일 여수에서 시작하여 순천, 벌교, 보성, 고흥, 광양, 구례, 곡성 등으로 번지나 여수가 10월 27일 18시에 진압군에 의해 점령됨으로써 종결된다(황남준, 「전남지방정치와 여순사건」, 『해방전후사의 인식』 3, 한길사, 2016년, 1판 17쇄, 456쪽).

[80] 《태백산맥》10권에는 서술의 마지막 시각을 정확하게 알 수는 없으나 짐작하게 하는 표현들이 있다. 대부분의 빨치산이 소탕되었던 53년의 '9월이 저물어가는 어느 날' 이해룡과 김범준이 죽고 염상진도 대원 네 명과 함께 수류탄으로

민화의 기획과 한민족의 국가건설 기획 간의 충돌 양상을 서사화하는 한편, 국내적으로는 반봉건적 토지문제를 중심으로 민중 세력과 지주 세력의 대결 양상을 주요 사건으로 한다.[81]

『태백산맥』은 탈식민적 텍스트이다. 이는 텍스트의 주요 사건인 여순봉기와 한국전쟁을 다루는데 있어서 일관되게 제국과 식민의 문제, 지배권력과 서발턴의 문제를 서사의 초점으로 삼고 있기 때문이다. 그리고 이는 민족운동 서사로 귀결된다. 민족운동은 탈식민 저항의 주체로 지식인 중심의 저항과 서발턴 중심의 저항으로 나타나며 이는 외세와 지배권력에 저항한다.

그러므로 본고에서는 탈식민주의와 민족운동과의 관계를 고찰한 연후에, 텍스트 『태백산맥』 내에서 이 같은 관계가 어떻게 전개되는지를 살핀다. 이후 민족운동 서사가 식민주의서사로 전염되어가는 문제에 대한 극복대안으로서 서발턴 연대를 제기하고자 한다.

자살한다. 그리고 이틀 뒤 벌교역 앞마당에는 염상진의 목이 나무에 걸리고 또 다시 이틀 뒤 염상진의 상여가 나간다. 마지막 시간 표현은 '장례가 끝나고 며칠 지난 후'로 제시되는데, 이 시간은 '9월이 저물어 가는 어느 날'에서부터 계산할 수 있다. '9월이 저물어 가는 어느 날' 표현 바로 앞에는 9월 20일 이현상의 죽음을 알리는 삐라가 뿌려진다. 그렇다면 '9월이 저물어 가는 어느 날'은 9월 21일 이후로 생각할 수 있다. 그리고 '이틀 후'라는 시간 표현이 두 번 나오므로 시간은 다시 9월 25일 이후가 되고 마지막 장면의 시간은 그 시점으로부터 며칠 뒤이므로 가장 짧게 잡으면 9월 27일, 길게 잡으면 10월 4일이 되나 염상진의 장례 이후 하대치 등이 무덤을 찾은 시간을 고려하면 9월 말, 9월 30일을 넘기지 않았을 것 같다. 이로 본다면 텍스트의 종결 시간은 1953년 9월 30일 정도로 잡을 수 있다.

[81] 임성운, 「『태백산맥』의 민족운동」, 『남도문화연구』 제20집, 2011년, 365~366쪽.

2. 탈식민주의와 민족운동

탈식민주의는 '포스트콜로니얼'의 번역이다. 그런데 이 번역에서 문제가 되는 것은 접두사 'post'이다. 'post'는 '이후after'로도 해석할 수 있고, '초극beyond'의 의미로도 해석할 수 있기 때문이다. '이후'로 해석하면 탈식민주의는 식민주의의 연장선에서 해석해야 하고, '초극'의 의미로 해석하면 식민주의의 해체와 극복이라는 새로운 정체성을 획득하게 된다.[82] 그리고 여기서 식민주의 이후란 '누구의 식민주의 이후인가', '누구의 제국주의 이후인가'라는 문제에 봉착하게 된다. 식민주의 이후란 대개 20세기 중엽 영국과 프랑스 제국의 종말이 중심이 된다. 그러나 19세기 초반 라틴 아메리카에서의 스페인 및 포르투갈 통치의 종말 이후, 18세기 후반과 미국의 독립 이후 또한 식민주의 이후에 속한다. 아마드(Ahmad, Aijaz)는 '식민주의'라는 용어를 더 옛날로 거슬러 올라가 사용하면서, 잉카·터키·중국 같은 경우에도 사용하는 등 모든 종류의 국가적 억압을 망라하여 사용하기도 한다. 그러므로 '식민주의'는 초역사적인 것으로서 현재에도 언제나 존재하며, 세계 곳곳에서 항상 붕괴 과정에 있다. 따라서 모든 사람이 시점에 따라 식민자이자 피식민자, 그리고 탈식민자이게 된다.[83]

식민주의의 '초극'이란 개념은 '반식민적'인 의미이다. 즉 탈식

[82] 김희숙, 『황석영 텍스트의 탈식민성 연구』, 부산대출판부, 2017년, 21쪽.
[83] 피터 차일즈·패트릭 윌리엄스, 『탈식민주의 이론』, 김문환 옮김, 문예출판사, 2004년, 18~19쪽.

민의 개념이 옛날에 식민지였던 민족들의 독립 이후의 역사적 기간과 동의어로 사용될 때보다는 오히려 문화 내에 특수하게 반식민적 또는 탈식민적 담론이 자리를 매김할 때 사용되는 의미인 것이다. 이런 가치는 식민권력이 타자들의 신체와 공간 위에 자신을 각인시키는 순간에 시작되며 종종 신식민주의적 국제 관계의 근대적인 무대 안에서도 지속된다.[84]

'post'를 '초극'과 유사한 '벗어난'의 의미로 논자에 따라 번역하여 사용하기도 하는데, 이는 해체론적 관점에 기대고 있으므로 해체론적 후기식민론이라 한다. 해체론적 후기식민론은 문화적 식민성에 대한 담론으로 국한되고 정치·경제적 식민성에 관해서는 도외시한다. 이는 오히려 초국적 자본의 이해와 부합한다. 그러므로 제3세계 근대의 관점에서 볼 때 받이들이기 힘든 문제점들이 내재해 있다. 약소민족에 대한 수탈과 착취로 일관된 자본주의 근대, 곧 자본주의와 식민성에 대한 근본적 비판의식이 결여되어 있기 때문이다.[85]

탈식민주의란 식민지들이 제국으로부터 정치적으로 해방된 이후인 신식민의 시대에도 유효한 비평이다. 그리고 초국적 자본과 이로 인한 종속으로 특징 지워지는 신식민시대에 이를 극복하기 위한 저항의 거점을 확보하는 것은 '민족적'[86] 이념을 내세우는

---

[84] 피터 차일즈·패트릭 윌리엄스, 김문환 옮김, 위의 책, 18~19쪽.

[85] 하정일, 「민족문학론의 역사와 후기시민성」, 『탈식민의 미학』, 소명출판, 2008년, 114~120쪽.

[86] '민족적'과 '민족주의'를 구분해서 사용하는 논자들도 있다. 우선 빌 애쉬크로프트·개레스 그리피스·헬렌 티핀은 『포스트 콜로니얼 문학이론』(이석호 옮김, 민

민족문학의 경우 가능하다. 자본주의는 기본적으로 민중을 착취하고 소외시키는 민중 적대적 체제이며, 민족문학론은 자본주의적 근대의 가능성을 탐문해왔다.[87]

탈식민적 욕망은 탈식민화한 공동체의 정체성을 향한 욕망이고, 이는 민족운동과 긴밀히 연결되어 있다. 공동체는 항상 그렇지는 않다고 해도 종종 민족이기 때문이다. 외부의 지배는 거의 항상 민족운동을 촉진 또는 금지시키는 효과를 가져 온다. 이 같은 결과로 민족성은 단일한 집단적 정체성의 긍정적 표현으로서 식민권력의 고착과 위계서열화에 차이를 표현하고 저항항을 설정하는데 가장 성공적인 전략이다.[88]

음사, 2008년, 35~36쪽)에서 '민족적'인 것과 '민족주의적'인 것을 구분하여, "민족적인 비평은 출판·교육 및 글쓰기 과정의 후원인 제도 속에서 노골적으로 목도되는 영국적이고 미국적인 헤게모니의 건강한 청산을 내포하는 반면, "민족주의 비평은 담론의 개념 변경에 실패함으로써 그들 자신이 그토록 축출하고자 하던 바로 그 제국주의 세력의 통제 담론 속으로 내·외재적 포섭을 당한 비평을 의미"한다고 말한다. 하정일 또한 『탈식민의 미학』(앞의 책)에서 임화의 이식문학론에 내재한 탈식민성을 논하면서 "임화는 민족을 특권화함으로써 결국 민족을 초역사적 존재로 신비화시켜 버리는 민족주의와는 달리 민족이 근대의 산물이고 그 중에서도 제3세계의 민족은 서구 자본주의의 제국주의적 세계지배와 그에 맞선 민족해방운동의 과정에서 형성된 것"이라고 하면서 "민족주의적"인 것과 "민족적"인 것을 구분한다. 그리고 민족문학이란 민족적 이념을 담은 문학이다. 앞의 두 의견을 종합하면 민족주의란 제국주의 담론 혹은 제국주의 담론에 포섭된 배타적 담론이지만, 민족적이란 제국주의 담론에 대항하는 과정에서 형성된 담론이라 할 수 있다. 본 논문에서는 둘을 구분하지 않고 민족주의라는 명칭으로 사용할 것이다.

[87] 하정일은 민족문학이 탈식민적 과제를 수행해내는 문학이념임을 밝히면서, 민족문학론이 탈식민적 지향을 이론화하는데 결정적인 기여를 한 문학비평가로 임화와 백낙청을 꼽는다. 이들은 각기 해방직후와 1970~80년대 민족문학운동을 이끌면서 민족문학이 어떻게 탈식민적 기획이 될 수 있는가를 이론적으로 규명하고자 노력을 기울였다. 이들의 이론에 대한 자세한 내용은 하정일의 앞의 책 121~135쪽을 참조하기 바란다.

베네딕트 앤더슨은 그의 저서 『상상의 공동체』[89]에서 민족주의의 기원에 대해 밝힌다. 그에 의하면 민족은 '상상의 공동체'이다. 그는 유럽 민족이 '프로테스탄티즘과 인쇄-자본주의'로부터 발생했다고 주장한다. 인쇄는 하나의 통신 기술로써, 민족의식의 기원에 근본이 되었다. 인쇄 언어는 하나의 민족을, 특히 하나의 언어로 된 신문과 소설의 독서 대중을 위한 민족을 상상해내도록 만들었다. 즉 그에 의하면 민족의 구성원은 소규모의 공동체에서처럼 동료 구성원을 만나고 상호 교류할 수 없기 때문에 민족을 상정했다. 민족주의는 유럽에서 종교가 쇠퇴하던 18세기에 부상하였지만, 민족주의가 하나의 단어로 널리 쓰이게 된 것은 19세기 후반이다.

민족 담론은 "식민주의와 식민주의의 가치를 향상시키려는 목적"[90]으로 사용되기도 하고, 식민주의와 신식민주의에 대한 저항으로써 사용되기도 한다. 전자가 제국주의 담론과 결부되어 있다면 후자는 제3세계 반식민 저항담론과 연계된다 할 수 있다. 제국주의에서는 식민지를 통치하려는 이론적 근거 중 하나로 인종차별적 태도를 취했는데 식민 모국의 민족적 특성이 식민지인들의 민족적 특성보다 우월하고, 식민지인들은 식민 모국의 지배와 계도에 의해서만 발달 가능하다는 것이다. 영국이 19세기 제국적 통치를 합법화하기 위해서 인도에서 국민 위계를 창출한 것이나,

---

[88] 피터 치일즈·패트릭 윌리엄스, 김문환 옮김, 잎의 책, 411~412쪽.
[89] 베네딕트 앤더슨, 『상상의 공동체』, 윤형숙옮김, 나남, 2002년.
[90] 피터 차일즈·패트릭 윌리엄스, 김문환 옮김, 앞의 책, 412쪽.

일제 식민지하에서 일본인에 의한 조선인의 황국신민화도 이 같은 차원에서 이루어진 것이라 할 수 있다. 제3세계 반식민 민족주의는 서구 사상에서 비롯된 민족주의를 제국에 대한 반식민 저항의 목적을 위해 식민주의자들에 의해 변형된 것을 말한다.

채터지(Chartterjee, Partha)는 서구의 민족주의가 제3세계 반식민 민족주의로 변형되는 데는 다음과 같은 세 단계가 있다고 말한다. 첫 번째 단계는 이탈의 순간(the moment of departure)이다. 반식민 민족주의는 현대 유럽문화는 "유럽인들로 하여금 권력과 진보를 위해 문화적으로 무장하게 하는 특징을 갖추었고 동양의 전통적 문화에는 이런 특징이 없기에 결국 동양의 국가들을 빈곤과 예속에 떨어뜨렸다"는 점을 인정한다. 두 번째 반식민 민족주의는 유럽 문화가 기술적인 면에서 한 발 앞섰지만, 동양문화는 고양된 정신적 측면을 소유하는 것으로 상정한다. 나아가 마지막 단계에서 반식민 민족주의는 서구 기술의 위대함과 동양 정신의 우대함을 접목시키려 한다.[91]

민족주의 문제는 민족주의의 기원이 제국주의의 식민담론을 합리화하는데 쓰였다는 점뿐 아니라, 제3세계 반식민 민족주의의 저항담론에서도 저항의 주체가 엘리트라는 점에서 드러난다. 채터지가 언급한 대로 서구 민족주의가 반식민 민족주의로 변형되는 단계에서도 변형을 시키는 주체가 엘리트이므로 문제가 되지만, 정치적·경제적 식민 상태에 있는 식민국의 경우 저항의 단위

---

[91] 존 맥클라우드, 『탈식민주의 길잡이』, 박종성 옮김, 한울아카데미, 2003년, 113쪽.

가 민족이며 민족의 지도자는 엘리트 지식인인 경우가 많으므로 정치적 식민 상태에서 해방된 이후에도 엘리트 지식인에 의해 재식민화가 많이 일어난다는 것이다.

이같은 점이 스피박과 같은 제3세계 출신 서구 지식인 탈식민주의자들이 민족주의를 비난[92]하는 근거이다. 스피박은 "엘리트 민족주의가 항상 제국의 문화적 국면에 참여할 것이며, 부르주아적 저항의 일관된 서사는 제국주의의 초기 단계에서 -피식민 엘리트의 이익에 봉사하는 민족의 조직적인 저항이 있기 이전에 -제국주의의 강화에 저항한 이들이 바로 서발턴(subaltern)[93]이기 때문에, 토착적 서발턴의 역할을 분명히 무시할 것"[94]이라고 말한다.

---

[92] 바바 또한 민족과 그 구성원을 적절히 포착할 수 있는 단 하나의 통일된 공통서사는 결코 있을 수 없음을 주장한다. 바바는 '가상의 공동체'(베네딕트 앤더슨이 말한 '상상의 공동체'와 동일한 의미이다)에 본질적 일체감을 부여하는 이념적인 책략을 뒤흔들어 놓는 민족의 반서술(count-narratives)에 주목한다. 민족주의 담론이 가능하기 위해서는 본질과 기원, 통일성과 일체감이 필요하며, 상상적 경계 내에 위치한 특정 부류 사람들의 존재와 이야기를 망각해야 할 필요가 있다. 민족을 쪼개놓는 분열된 시간성 때문에 일체감은 잡히지 않는다. 반서술은 수행적 차원에서 자연스러운 민족의 재생산을 방해하며 민족담론을 성립 가능케 하기 위해 배제되었던 상이한 경험들과 역사와 재현을 노출시킨다. 그리고 민족을 양가적으로 만드는 수행적인 면으로 해서 민족 담론 목표는 좌절된다. 그러므로 민족 담론은 모두를 포함시키는 우호적이라기보다는 빈약하고, 모순적이고 분열된 담론으로 제시된다.(존 맥클라우드「제3장 의혹받는 민족 개념」, 박종성외 편역, 『탈식민주의 길잡이』, 앞의 책, 128~132쪽.)

[93] '서발턴(subaltern)'은 국내에서 하위계층, 하위주체, 하위계급, 하층민 등으로 번역되어 사용된다. 그러나 본고에서는 '서발턴'이라는 용어가 내포하는 탈식민적 저항의 주체라는 의미를 더 잘 드러내기 위해 번역어 대신 '서발턴'이라는 용어를 그대로 사용하기로 한다.

[94] 스피박이 『In Other World』에서 한 말을 피터 차일즈·패트릭 윌리엄즈가 『탈식민주의 이론』(앞의 책, 415~416쪽)에서 인용한 것을 재인용한다.

결국 민족주의 문제에서 문제는 저항의 주체가 누구인가 하는 것이다. 민족의 지도자가 되는 지배 엘리트들은 매판성과 부르주아성을 갖기 쉽기 때문에 이들은 공동체의 이익보다 엘리트 계급의 이익을 우선으로 하는 경우가 많다. 그러므로 민족주의에서의 저항의 주체는 서발턴이 되기 쉽다. 파농(Fanon, Frantz)은 독립 이후 사회는 서발턴 중심적 민주사회로 재편성되어야 한다고 밝힌다. 식민지 부르주아지-또는 민족 부르주아지-인 중산층은 식민사회에서 정치적으로 가장 의식 있는 계층이며 혁명의 지도자들이 대개 여기서 배출되지만, 다른 한편으로 서발턴에 대하여 가장 배반적일 수 있는 계층이다. 이들은 식민시기에는 대개 서발턴에 대하여 계몽적 태도를 지니고 이들을 계도하려 하나, 곧 이기적 태도로 돌변하며, 나라의 독립마저 자기네의 개인적 이익을 위해 이용하려 들기 쉽다. 그 결과 신식민주의를 불러들이는 경우가 많다.

파농은 서발턴은 식민주의나 신식민주의와의 투쟁에서 뿐 아니라 민족문화창조와 자유를 위한 투쟁에서도 주체가 되어야 한다고 말한다.[95] 민족문화는 서발턴이 스스로를 창조하고 존속시키도록 묘사하고 정당화하고 찬양하기 위한 모든 노력의 총체

[95] 포스트콜로니얼한 국가에서의 탈식민화는 식민지 이전의 문화와 언어를 다시 회복하는 방법과 그 불가능성을 인정하고 문화적 합병을 제안하는 방법이 있다. 엘리트가 주도하는 문화적 탈식민화는 계몽적이고 혼합주의적 성격을 띠는데 반해 서발턴이 주체가 되는 탈식민화는 식민 모국과 식민지의 문화가 혼합되는 것에 대해 저항한다. 이들은 대체로 식민지 이전의 문화적 욕망 속에서 존속되었던 구비문화예술을 제국의 문학 전통과 동등한 것으로 여기고 복원시키고자 한다.(빌 애쉬크로프트·개레스 그리피스·헬렌 티핀, 앞의 책, 211쪽. 김희숙,「황석영 소설의 탈식민성 연구」, 부산대 박사학위논문, 2014년, 114~115쪽.)

이다. 따라서 저개발국의 민족문화는 저개발국이 전개하는 자유를 위한 투쟁의 중심에 위치해야 한다.[96] 이는 엘리트 지식인들이 역사적 현실 가운데서 자신의 개인적 이익만을 취하는 태도를 지녔기 때문이다. 서발턴 다수가 식민지 상황과 전혀 다른 전통을 그대로 유지하고 기술양식도 전형화된 것을 답습하는 동안, 지식인들은 제국의 문화를 습득하기 위해 온갖 애를 쓰고, 기회만 있으면 자기 민족의 문화를 깎아내린다. 그리고 그 외의 사람들은 자기 민족의 문화에 대해 열정을 가지나 비생산적이고 도피적인 방식으로 보존한다.[97]

파농은 민족문학이 지니는 전투성을 말하면서 서발턴의 빈곤, 민족의 억압, 문화의 억제는 동일선상에 있다고 말한다. 민족의 현실과 민족문화는 상호의존적 관계가 되는 것이다. 그러므로 민족의 자유를 위한 투쟁에서는 그 관계들을 발전시켜 나가야 한다. 또한 민족문학은 민족의식을 담고 있다. 민족의식은 문학의 양식, 주제, 독자를 새롭게 하고 민족문학을 형성해 간다. 그러므로 민족문학은 문학창작의 단계에서 민족적 주체가 채택되고, 전 서발턴에게 민족의 생존을 위해 싸우라고 호소한다. 서발턴은 새 문화와 접촉하면 새로운 삶의 리듬을 만들며, 긴장감을 가지고 상상력을 발휘한다. 서발턴이 문학을 가지고 전투적 역할을 감당

---

[96] 프란츠 파농, 「민족문화에 관하여」, 『대지의 저주받은 사람들』, 남경태 옮김, 그린비, 2007년, 264쪽.

[97] 프란츠 파농, 「민족문화와 자유를 위한 투쟁의 상호적인 기반」, 『대지의 저주받은 사람들』, 남경태 옮김,앞의 책, 268쪽.

한 예로 알제리 혁명에서는 만담꾼들의 역할을 들 수 있다. 만담꾼들은 구비문학에서 투쟁담, 영웅들의 이야기, 무기들의 종류를 현대화시켜 청중들에게 전달한다. 심지어는 혁신에 어울리지 않을 것 같은 소외자들, 즉 고속도로 강도나 반사회적 부랑자들도 수용하여 문화적으로 재구성하였다. 이는 모든 계급의 사람들을 동원하고 이들이 자신들의 욕구를 발산하는 투쟁으로 인도하는 역할을 하였고, 이같이 거의 전적으로 서발턴의 지지에 의지하는 투쟁은 필연적으로 승리한다는 확신을 갖게 하였다.[98]

3. 『태백산맥』에 나타난 탈식민주의와 민족운동

(1) 지식인 중심의 민족운동

민족운동은 탈식민 저항운동의 수단으로 작용할 수가 있다. 탈식민을 위한 저항의 수단으로 '민족'이라는 추상적 개념으로 하나될 때가 많기 때문이다. "민족의식은 우리와 적이라는 이분법적 틀을 명쾌하게 보여"[99] 주기 때문이다. 민족운동은 저항의 주체가 어떤 계급이냐에 따라 성격을 달리하는데, 저항의 주체가 지식인 중심일 때 이는 지식인 중심의 민족운동이라 할 수 있고, 이들은 저항의 수단으로 민중계몽운동 혹은 계급 의식화 교육을 우

[98] 프란츠 파농·남경태 옮김, 위의 글, 267~268쪽.
[99] 임성운, 앞의 글, 364~365쪽.

선시 한다. 둘 다는 민족모순과 계급모순을 자각하고 이를 척결하기 위해 노력하지만 전자가 민족모순을 해결하는 것을 우선시하는데 반해 후자는 계급모순 척결을 우선시 한다.

민족운동은 주체가 지식인일 경우 식민시기에는 민족해방운동에 총력을 다 해 민족 안에서의 계급성은 중요하게 부각되지 않는다. 지식인 엘리트들은 계급적 이익을 추구하지 않고 민족 전체의 이익에 봉사하는 경우가 많다. 그러나 정치적 식민에서 해방된 후에는 매판성과 부르주아성을 드러내 진정한 민족의 이익을 위해 봉사하는 경우는 드물다. 그러나 『태백산맥』에 나타나는 엘리트 민족주의자들의 경우 해방 전 뿐 아니라 해방 후에도 일신(一身)의 영달(榮達)보다는 민족의 자주독립을 위해 투쟁한다.

① 민중계몽

민족모순의 해결을 우선시하는 입장은 외세의 척결을 앞세운다. 일본 식민지, 외세에 의존한 독립을 거치는 동안 우리 민족은 제국에 예속되어 왔으며 결국은 강대국에 의해 분단을 맞는 불행한 역사를 살아 왔다. 그러므로 이같은 종속성으로부터 벗어나 정치적·경제적 자립을 이루는 길은 민족이 하나 되어 새로운 강대국인 미·소를 물리치고 자주독립국가를 수립하는 일이다. 그리고 민족이 하나 되어 단결을 이루는 데는 단결을 이끌어내는 주체가 필요하고 이를 위해 지식인 엘리트들의 역할이 필요하다. 이는 민족의 발견자들이 민족 엘리트들[100]이기 때문이다. 이들은 민중계몽운동을 중요시하며, 이의 실천을 위해 서발턴들에 대하여 애정과 책임

의식을 지닌 지도자를 양성하고자 한다. 『태백산맥』에서 이 같은 입장을 취하는 인물로는 서민영과 김범우를 들 수 있다.

서민영은 일제강점기 때부터 농촌계몽운동을 해왔다. 그리고 이 운동의 공개적 활동이 금지 당하게 되자 음성적 학생 조직을 만들어 이를 계속하였다. 1941년에는 치안유지법에 저촉된 공산주의자로 몰려 1년 6개월의 실형을 받은 적도 있다. 그리고 해방 이후 자신의 농토 전부를 공동농장화 했다. 농토의 공동농장화는 그가 꿈꾸던 이상 농촌의 건설이다. '다 함께 농사짓고 다 함께 먹고 산다'는 목표의 가독교 사회주의 정신 아래 세워져 모든 소작인들은 이 정신 아래 생활했다. 그는 또한 야학을 개설하여 많은 지도자들을 배출했는데 염상진, 안창민, 김범우, 손승호 등이 그의 영향 아래 있었으며, 심재모 또한 서민영의 영향으로 사회주의와 외세의 문제에 대하여 인식의 전환을 하게 된다.

서민영은 일제강점 하에서 탈식민의 수단으로써 농민투쟁을 중요시했다. 그는 농민의 문제를 나라의 문제로 알고 농민들을 계도하는 것을 투쟁의 목표로 삼았다. 이는 일본의 경제 식민화와 그 궤적을 같이한다. 일본은 조선을 식민화하가 위해 조선의 경제권이라 할 수 있는 토지권을 소유하고자 했다. 이를 위해 땅의 확보, 일본인의 이주 등을 정책적으로 추진하여, 1907년 3월에 100,280명의 일본인이 이미 우리나라에 거주하고 이들이 소유한 토지가 대략 129,300여 정보(3억 8,790만평)에 이르렀다[101]는 것

---

[100] 임성운, 앞의 글, 371쪽.

[101] 조정래, 『태백산맥』 3권, 앞의 책, 169쪽.

은 일본의 식민화 정책 가운데 조선의 토지 소유가 얼마나 중요한지를 단적으로 보여준다. 토지의 수탈을 담당했던 기관인 동양척식주식회사는 토지조사사업을 실시하여 식민지인의 토지를 강탈하고 일본의 자본유입을 가져와 식민화의 토대를 이루게 하였다.

토지조사사업이 가속화됨에 따라 농촌 사회는 분해·파탄되었으며, 중·소지주는 자작농으로, 자작농은 자작 겸 소작농으로, 자작 겸 소작농은 소작농으로 몰락하는 과정을 거쳤다. 이에 반하여 이들의 땅을 모아들인 식민성 대지주가 탄생하여 지주세력을 확대 강화되고 수탈은 극대화하였다.

이들에 대한 서발턴들의 봉기는 1920년부터 해방 이후까지 전국도처에서 소작쟁의 형태로 나타났다. 소작쟁의는 농민들의 토지투쟁이었을 뿐 아니라 일제에 저항하기 위한 탈식민의 형태를 취했다. 이들은 전형적인 서발턴 봉기에서 볼 수 있는 주재소·동척지사·군청·면사무소 습격 등과 같은 관공서 습격[102]을 함께 했다. 그리고 이 같은 서발턴 봉기의 지도자들로 서민영과 같은 민족주의자이면서 사회주의 사상을 가진 이들이 활동했는데, 이들은 뜻 있는 학생들을 이끌고 야학운동을 통해 독립정신을 길렀다.

서민영은 전라도 고흥의 대지주 집안의 자손이었으나. 그의 집

---

[102] 서발턴 봉기의 특징은 '부정-모호성-양상-연대-전파-영토성'으로 전개되는데, 논자는 황석영의 텍스트 『장길산』(김희숙, 「황석영 소설의 탈식민성 연구」, 부산대 박사학위논문, 2014년.)과 유현종의 텍스트 『들불』(김희숙, 「『들불』에 나타난 서발턴 저항 양상 연구」, 앞의 글.)에서 이를 분석한 바 있다. 이 중 '양상'의 단계에서 보면 서발턴들은 봉기가 거듭될수록 범죄의 맥락에서 혁명적 성격으로 옮아가는데, 이의 특징으로 '관'에 대한 공격이 나타난다.

안은 특이한 이력을 가졌다. 양반이며 조선 왕조의 고위 벼슬을 지냈으나, 식민화 과정에서 토지가 강탈되지 않고 경제적 부를 이루었다. 100마지기의 논을 가졌을 뿐 아니라 효과적인 영농법을 개발하고 실천하여 주위 사람들을 계도(啓導)하였다. 그의 선조들의 이 같은 업적은 후일 서민영이 일으킨 농촌계몽의 토대를 제공하였을 뿐 아니라 해방 후 공동농장화 하는 토대가 된다.

서민영은 해방 이후 우리 민족이 해내야 하는 과제 또한 일본제국주의의 지배를 받던 시대와 마찬가지로 탈식민을 위한 농민투쟁에 두었다. 그러나 그는 사회주의 사상은 견지하되 공산주의자들의 투쟁과는 노선을 달리 하고 여전히 민족을 최우선시하였다. 외세는 일본에서 미소 강대국으로 바뀌었을 뿐 대한민국의 주권은 여전히 유린당한 상태로, 남과 북 모두 미국과 소련식 정권 세우기에 급급하였을 뿐이기 때문이다. 그러나 이북은 소련식 정권세우기에 앞서 친일파·민족반역자들의 숙청을 통하여 자주독립을 위한 기반을 마련한 반면 이남은 오히려 이들을 옹호하고 이들을 중심으로 정권을 세워 나가 식민시기를 청산하지 못한 채로 있었다. 더욱 문제가 되는 것은 친일반민족자들이 남한 정권의 핵심이 되는데 가장 큰 힘으로 작용한 것이 미군정이란 점이다. 미군정은 행정의 편리성만을 내세워 일제시대 관료들을 대부분 그대로 사용하였고 이로 인해 남한은 친일파 숙청에 실패하게 된다. 결국 이북은 절대다수의 서발턴들이 권력기반이 된 반면 이남은 극소수의 반(反)서발턴들이 또 다시 다수 서발턴들을 재식민화하여 사회를 뒤흔들 수 있는 근간이 되었다.

해방 후에도 서발턴들의 생활은 여전히 어려움에 처하고, 친일반민족 세력의 횡포는 날로 심해져, 대대적인 서발턴 봉기가 활발하게 되는데, 대구에서 발생한 10·1 서발턴 봉기가 그 한 예이다. 10·1 봉기는 친일반민족 세력의 반대에 부딪쳐 농지개혁을 단행할 수밖에 없었던 미군정에 대한 불신감이 터진 형태로 나타난 봉기이다. 이 봉기의 성격은 봉기의 대상이 미군정이라는 데서 단적으로 드러난다. 그리고 이는 서발턴들이 내세운 구호를 통해 더욱 분명해진다. 그들은 첫째, 미곡수집을 없애고 토지개혁을 단행하고 둘째, 조선은 미국의 식민지가 아님을 인지시키며 셋째, 친일반민족 세력을 척결하라는 슬로건을 내걸고 투쟁하였다.

해방 후 대한민국과 같은 제3세계는 정치적 식민지에서 독립한 후에도 여전히 강대국들의 식민 상태에서 벗어나지 못 했다. 그러나 해방 이후에는 제국에 대한 예속성에 대처하는 단결된 힘이 부족하였다. 정치적 식민상태에서는 '민족'이라는 공동체의 힘으로 단결되었으나, 해방 이후에는 지도층이 양분되어 매판성과 부르주아성을 갖는 변질된 민족주의자들이 있는가 하면 이전 시대처럼 그 무엇보다도 '민족'이라는 이름으로 단결하여 진정한 주권국가를 건설하고자 하는 지도층이 있는 것이다.

김범우와 같은 이들은 후자의 민족주의자들에 속한다.

> 김범우가 민족의 발견과 그 단결이 우선해야 된다고 생각을 굳힌 것은 식민시대를 살아내서만이 아니었다. …(중략)… 윌슨의 민족자결주의가 약소민족들의 자존이나 독립을 철저하게

우롱하고 기만하며 강대국들의 상호 이익보호를 위한 연극적 대사였듯 연합국이라는 존재들이 해방된 한반도를 위해 과연 무엇을 할 수 있을 것인가를 깊이 회의하게 만들었다. 민족이라는 추상적 개념이 공동의 삶을 방어하고 옹호하는 집단이어야 한다는 구체적 개념으로 바뀌어 있었다. 미국이 그런 식으로 대했는데 소련이라고 다를 리 없는 것이고, 그 불신의 의식 속에서 소생하는 것은 민족뿐이었다.[103]

김범우는 정치적 식민지에서 벗어난 국가들이 가장 먼저 해내야 하는 것이 '민족'의 발견이라고 말한다. 강대국들의 민족주의가 자국의 팽창주의를 옹호하고 약소국들의 주권을 각국의 책임 아래 두는 것이라면 약소국들의 민족주의는 자국민의 단결과 보호를 위해 우선적으로 중요시되어야 한다는 논리이다. 그래서 지금 우리에게 필요한 것은 "미국이다, 소련이다, 민족주의다, 사회주의다"[104]하는 정치적 택일이 아니라 민족의 발견이고 민족의 단결인 것이다. 강대국들의 이념 팽창주의가 단적으로 드러난 것이 한반도의 분할 점령이고 보면 분단된 국가를 통일하는 것은 바로 제2의 독립운동[105]과 다를 바 없다. 그리고 이를 위해 '민족'이라는 이름으로 일치단결하여 외세를 척결해야 하는 것이다.

김범우는 순천 중학 시절, 지주의 아들로서 소작농들의 헐벗고 굶주리는 비참한 생활을 보고 인간다운 삶을 영위할 수 있는 이

---

[103] 조정래, 『태백산맥』 1권, 앞의 책, 169쪽.
[104] 조정래, 『태백산맥』 1권, 위의 책, 85쪽.
[105] 조정래, 『태백산맥』 2권, 위의 책, 303쪽.

상적 평등사회를 이룩하기 위해서는 필연적으로 봉건적 계급제도를 없애야한다고 인식한다.[106] 그러나 그는 미군 포로가 되어 OSS훈련을 받는 도중 민족모순을 계급모순보다 선결해야 하는 문제라고 생각하게 된다. 그리하여 해방 후 좌·우익 어디에도 가담하지 않으며 순천중학 선생이 되어 제자들에게 이데올로기보다 민족이 중요함을 가르치게 된다. 김범우가 선생의 길을 선택한 것은 학생들에게 민족의식을 고취시키고 서발턴들을 계몽할 수 있는 지도자를 양성하가 위해서이다.

이남에 주둔한 미군정은 민족주의 세력을 경원하고 공산당 활동을 불법화했으며 친일반역 세력을 옹호하였다. 그리하여 대구 10·1 봉기, 제주도 4·3 봉기, 여순봉기 등과 같은 서발턴 봉기를 야기 시켰으며 그때마다 서발턴들은 치열하게 대항하였다. 그리고 이는 제3세계의 탈식민 문제가 중층적 성격을 지닐 수밖에 없음을 잘 보여준다.

김범우는 민족의 단합을 위해 김구와 같은 엘리트 민족주의자들이 반드시 필요하다고 생각하고 김구를 열열이 지지하였다. 김구는 해방된 조국이 정치적 혼돈과 사회적으로 혼란한 속에서 민족의 현실과 장래를 염려하고, 외국 군정 하에 있는 정권을 배척하였다. 또한 통일된 조국을 건설하기 위해 일신의 안일을 구하지 않겠다고 '3천만 동포에게 읍고함'과 같은 글을 써 민족의 단결을 고취하였다. 결국 김범우가 공동체의 단결을 위하여 단결의

[106] 최좌훈, 「『태백산맥』의 인물 유형별 이데올로기 형성 과정」, 전남대, 석사학위논문, 2010년, 39쪽.

핵심이 되어야 한다고 주장하는 민족에는 주체가 지도자 엘리트임을 내포하고 있다.

② 계급의식화 교육

주체들의 차이를 인식하고 계급모순의 해결이 민족문제의 핵심이 되어야 한다고 주장하는 이들이 있는데 염상진과 이학송이다. 이들은 서발턴의 역량을 과소평가하지 않고, 그들이 새로운 세상의 주체가 되어야 한다고 생각한다. 그러나 이들 또한 서발턴이 혁명을 감당하기 위해서는 사회주의 교육이 필요하며 이를 통해 거듭나야 한다고 생각한다. 이들의 의식화 교육이 전자의 서민영, 김범우와 차이가 있다면 전자가 지도자 양성을 통한 서발턴 계몽을 중시한 반면 이들은 서발턴 의식화 자체를 중시하고 중간단계의 지도자 양성을 하지 않는다.

염상진은 민족운동의 주체를 서발턴으로 본다. 염상진의 눈에 비친 남한 사회는 지주계급을 보호하고 서발턴으로부터 경제적 약탈을 통해 그들의 정치적 경제적 구조를 유지한다. 그러므로 김범우와 같은 이들의 민족운동은 이상적 구호에 불과한 것처럼 보인다.[107] 그는 서발턴을 민족운동의 주체로 보고 다음과 같은 혁명론을 내세운다.

> 봉건적 계급이든 사회주의 계급이든 이미 형성되어 있는 계

[107] 최좌훈, 앞의 글, 42쪽.

급체제 아래서 계급의 상승이란 있을 수 없는 일이다. 계급의 본질과 속성은 무엇인가. 계급은 수평적 구분이 아니고 수직적 체계인 것이다. 하층계급이 상승을 꾀하면 꾀할수록 상층계급이 억누르는 압력은 상대적으로 커지게 된다. 그것은 영원히 풀리지 않는 수직구조의 역할이었다. 그러나 그 해결의 유일한 방법이 있다. 그것이 바로 혁명이다. 혁명은 완전히 새로움의 창출이고, 완벽한 새로움의 건설이다. 그 세계의 전개를 위하여 인간의 의식은 새롭게 탄생되지 않으면 안 된다.[108]

현 체제 하에서 고통 받고 수탈당하는 서발턴들이 현재의 상태에서 벗어날 수 있기 위해서는 계급 혁명이 필요하다. 이미 형성되어 있는 계급 체계 아래서 계급 상승이란 거의 불가능하기 때문이다. 상층 계급은 서발턴 계급이 상승을 꾀할수록 더 강한 힘으로 억압하려 든다. 그러므로 현 체제를 무너뜨리고 새로운 체제를 이루기 위해서 서발턴 계급이 단결하여 서발턴 계급이 억압받지 않는 세상을 만들어야 한다.

그러나 현재의 서발턴들은 혁명의 주인이 되기에는 혁명 의식이 부족하고 몸에 배인 나쁜 습관들은 그들이 혁명 전사가 되는 것을 방해한다. 그러므로 염상진과 같은 인물들은 서발턴 계급의 교육을 무엇보다 중시하여 의식교육을 시키며 못된 습관에 대해서는 처벌을 한다. 그들의 의식교육은 공산당사(共産黨史)와 언문교육을 중심으로 이루어지며 서발턴들은 이를 통해 혁명전사

[108] 조정래, 『태백산맥』 4권, 앞의 책, 173쪽.

로 변화되어 간다. 작품 내에서 하대치, 강동식, 천점바구, 솥뚜껑, 외서댁과 같은 서발턴들이 사회주의 건설을 위해 기꺼이 목숨을 바칠 수 있는 전사들로 변화되어 가는 과정은 의식교육의 힘이 얼마나 큰 것인가를 보여준다.

염상진은 사범학교 졸업생으로, 거기서 사회주의 사상에 심취하고 농민조합을 결성한다. 사범학교를 나왔으나 김범우와는 달리 교사의 길을 포기하고 사회주의 혁명운동에 나선다. 그는 여순봉기 때 벌교지부 위원장으로 일하였다. 사회주의 이상 사회를 건설하기 위한 기본단계로 '무상몰수 무상분배'를 실시하여 잠시나마 서발턴들이 주인 되는 사회를 건설하는데 핵심적 역할을 한다.

염상진이 목표로 삼은 사회주의 이상 사회 건설은 해방구 건설로 구체화 된다. 그는 서발턴을 '생활적 존재'로 보며 서발턴이 혁명전사가 되고 혁명투쟁에 복무해야 하지만 그들의 생활을 도외시하지 않는다. 그러므로 그들은 어느 곳에서 투쟁을 하든 해방구를 건설하여 자급자족을 도모한다. 작품 내 율어에 건설된 해방구는 이들이 이상 사회로 삼는 모델로서의 역할을 한다. 율어 해방구는 여순봉기 이후 함께 산으로 들어온 안창민, 하대치, 강동식 등과 함께 건설한 이상 지역이다. 이곳에서는 율어 농민들이 혁명 전사들과 함께 율어 지역의 농토를 공동경작, 공동분배한다. 즉 해방구 서발턴들은 국가 기구의 존속을 위한 최소한의 세금인 전체 수확의 2할만을 내고 나머지는 자신들이 차지한다. 전체 서발턴들이 평등한 삶을 살아가는 착취가 없는 혁명의 그날을 율어에서 먼저 실천하고자 한 것이다.

이학송은 『해방일보』 기자이자만 혁명의 주체는 서발턴이어야 한다고 말하는 인물이다. 서발턴이 혁명의 주체가 되는 것은 그들에게는 '한'이 있기 때문이고 '한'은 핍박받고 착취 당하고 살아온 계급들의 체험의 응축이고 정신의 응결이다. '한'은 피지배계급들끼리 통하는 사상이다. 그러므로 혁명의 실천자는 서발턴이 되어야 한다. 서발턴은 체험적 사상의 덩어리인 한에 분석적 이론이 덧입혀지고 실천적 논리를 배우게 되면 열렬한 혁명세력이 된다. 갑오년의 농민 봉기도 소련과 중국의 혁명 성취도 결국 그들의 '한'이 혁명의 불씨가 된 것이다.

> …(중략)… 백범은 새로운 민족의 개념을 정립하고, 그것을 정치이데올로기로 실천할 수 있는 민중조직을 구성하고 확대해야 했던 거요. 다시 말해, 백범은 민족주의를 정치이념으로 부르짖었으되 민중을 동감으로 자각시키고, 그 자각으로 민족이 동질의 연대감을 갖게 하고, 그 연대감으로 자발적 실천력을 갖게 하는 민중조직으로 민족을 창출하지 못했단 말이오. …(중략)… 그 훌륭한 강령을 위로는 깃발로 세우고, 아래로는 민중을 상대로 조직적 선전을 펼쳐, 사람들의 입에서 좌익에 대한 최소한의 대답이 나오듯이 그렇게 만들어야 했다 그 말이오. 그 민중조직을 이끄는 민족주의도 그냥 '민족주의'라고 할 것이 아니라, '민중민족주의'라거나 '혁신민족주의'라거나 하다못해 '신민족주의'라고 해서라도 그전의 혈연 일체감만을 나타내는 비논리적이고 감상적인 민족주의와 확실하게 구분해야 했던 거요.[109]

[109] 조정래, 『태백산맥』 5권, 앞의 책, 242~243쪽.

이학송은 서발턴 조직으로 민족을 창출하는 것이 새로운 역사를 창출하는 기반이 되어야 한다고 말한다. 이를 위해 민중을 동감으로 자각시키고, 민족이 동질의 연대감을 갖게 하여 자발적 실천력을 갖게 해야 하는데, 이는 곧 의식화교육을 통해 가능하다. 서발턴의 의식화교육을 통해 서발턴 민족운동 혹은 혁신 민족운동, 신민족운동은 달성될 수 있는 것이다. 그리고 이학송이 서발턴의 의식화 교육을 위해 내세운 것은 '시'이다. 그에게 '시'는 조직적으로 민족의식을 고취하고 외세를 축출하기 위한 수단이었다.

이학송은 민족적 사회주의자로 학생 때부터 일본에 저항하며 사상 서적을 많이 읽었다. 그는 해방 전에 공산주의자로 몰려 징역을 살다 해방을 맞았는데, 해방 후 고향 강진으로 가 젊은이들을 모아 자치대를 만들고 민족반역자들을 가려내어 처단했다. 모든 반민족적인 요소를 제거한 사회주의 사회의 건설만이 민족이 살 길이고 민족을 복되게 하는 방법이라고 믿은 그는 6·25 전쟁 또한 '우리를 주체'로 해서 바라본다. 6·25 전쟁은 사회주의 혁명에서 성공한 북한이 외세와 반민족세력을 동시에 척결하기 위해 일으킨 전쟁이다. 남한에서 주둔한 미군정은 친일 반민족 세력을 발호(跋扈)시켜 우리 민족에게 씻을 수 없는 죄를 지었다. 그들에게 정치권력을 만들어주고 권력유지를 위해 민족을 강제 동원하여 결국 전쟁 상태에 이르게 하였다. 그리고 이 가운데 무고한 서발턴들은 억울한 피를 흘리게 된 것이다. 그러므로 6·25 전쟁은 우리 민족의 갈등과 모순을 척결하는 계기가 되어야 한다.

(2) 서발턴 중심의 민족운동

탈식민을 위한 민족운동은 저항의 주체가 서발턴일 때 이를 서발턴 중심의 민족운동이라 할 수 있다. 이들은 계급모순을 타하파기 위해 일어난 계급이지만 이들이 교육을 받아가면서 의식화됨에 따라 이들은 민족모순을 인지하게 된다. 현재의 모순된 사회구조가 결국은 일본, 미국 등과 같은 외세가 자신들의 정책상의 편의를 위해 지주계급, 경찰, 관리 등을 착취구조로 형성해왔다는 것을 깨닫게 되는 것이다.

이들은 작품 속에서 여순봉기, 소작쟁의, 빨치산 투쟁 등을 거치면서 의식화, 전투병력화 되어 간다. 그들은 작품 초반에는 단순한 투쟁세포에 불과하지만 시간이 지나고 사건들을 겪음에 따라 투쟁을 이끌어가는 지도자로 성장해 간다. 텍스트 속 서발턴 지도자로서 뚜렷한 성장을 보여 주는 인물로는 하대치, 항미소년 돌격대가 있다.

서발턴의 전투성은 비단 화선전투에서 뿐 아니라 민족문화의 계승이라는 측면에서도 살펴볼 수 있다. 하층민은 민족문화를 통해 민족의식을 고취하고 민족혼을 계승한다. 민족문화는 지배층에 대한 대항문화로 역할을 수행할 때가 많으나 민족의 단결을 이루어내고 타민족의 문화와 경쟁, 공존하는 역할을 하기도 한다. 또한 민족문화는 이민족의 재배 하, 혹은 신식민적 상황에서는 제국의 문화를 일방적으로 수용하는 것을 거부함으로써 문화적 식민 상태를 벗어나는 주요 방편으로 사용된다. 민족문화계승이라는 측면에서 서발턴의 목소리를 찾을 수 있는 것은 소화의 씻김굿, 19명의 부녀자들의 몸씻기 마을굿을 통해서이다.

① 생존권 투쟁

서발턴들이 계급모순을 인지하는 것은 대개가 생존권 문제에 부딪혔을 때다. 전형적인 피지배 계급으로 오랜 동안 지배층의 착취와 약탈의 대상으로 살아온 이들이 구조적이고 제도적인 모순을 인지하고 저항을 시작하는 것은 생존이 위기에 처하는 상황에서이다. 이들은 평범한 상황에서는 고통을 인내하고 감수하며 살아가나 도화선이 제공 되면 들불과 같이 일어나 걷잡을 수 없는 세력을 형성하게 된다. 텍스트 내 서발턴들의 소작쟁의나 탄광에서의 생존권 운동 또한 생존의 위기에 직면한 농민들과 광부들이 지주와 광산주, 관에 대항하여 일으킨 봉기라 할 수 있다.

《태백산맥》에서 서발턴 지도자로서 소작쟁의의 선봉에 선 인물은 하대치이다. 하대치는 출신성분부터 서발턴의 조건을 완벽하게 갖추고 있다. 증조 할아버지는 나주벌의 대지주 송진사댁의 가복(家僕)이었고, 할아버지 역시 종이었다. 그러나 할아버지는 여느 서발턴들과는 달리 글을 깨치고 있었고 동학도의 선봉에 나서서 투쟁하다가 청과 일제의 진압에 의해 죽었다. 하대치는 일본인 지주를 상대로 소작쟁의를 벌이면서 서발턴 투쟁에 나섰다. 처음 투쟁할 때의 목적은 "뺏긴 지 밥그릇 찾아묵는" 일을 위해서였다. 그러나 소작쟁의에 참여했던 12명 전원은 북해도 탄광으로 징용을 갔다.

하대치의 아버지 판석영감은 벌교포구에서 방죽 쌓는 일을 하여 일본인 중도로부터 소작지를 배당받았다. 6할을 지주에게 바치고 나면 나머지 4할로 농지세, 물세, 비료대, 종자대, 기본 소작료 등을 감당해야 했다. 소작인들은 누구나 불평하였지만 판석영감은 농사짓기에만 전념했다. 그러나 아들 대치는 지주 중도를 상대로 소작쟁의를 벌이고 결국은 북해도로 징용간 것이다. 하대치의 투쟁은 해방 후에도 계속되어 여순봉기 때 10일 간을 벌교지역을 장악하는 중심 세력이 된다.

하대치는 텍스트에서 서발턴 지도자로 가장 돋보인다. 그는 민중적 순진성과 변혁적 자발성의 통일체로 일상생활에서는 누구보다도 순박한 농민이면서 변혁운동의 원칙 앞에서는 가장 투철한 전사이다. 그는 민중적 영웅의 전형으로 그려지고 있으므로, 텍스트에서 그를 보는 독자들은 변혁운동에 민중이 주도적인 것이 당위가 아니라 역사적 필연임을 깨닫게 된다.[110]

> 땅, 땅, 그것은 무엇인가. 그건 먹고사는 근본이었다. 농사꾼에게 그것은 분명 명줄이었다. 그런데 이 세상의 농토라는 농토는 모두 자신이 태어나기 전에 이미 임자가 결정되어 있었다. 그래서 소작인이 될 수밖에 없었고 소작인으로 제 아무리 피땀 흘려도 평생 소작인 신세를 면할 수 없었다. 지주들이 제멋대로 만들어 놓은 땅이라는 것이 그렇게 돼 먹어 있었다. …(중략)… 그런데 소작인으로 산다는 것은 캄캄한 절벽이었다. 멀리 볼 것

[110] 하정일,「태백산맥론」,『민족문학의 이념과 방법』, 태학사, 1993년, 441쪽.

도 없이 아버지의 신세가 바로 자신의 신세였던 것이다. …(중략)… 마르크스가 어쩌고 무산자 인민대중이 어쩌고 하는 장광설을 한마디로 뭉뚱그리면 '지주계급 쳐 없애고 소작인 세상 만들자'가 아니냐고 나름대로 정리하고 있었다.[111]

하대치는 염상진을 따라다니며 소작쟁의를 일으켜 투옥되고 쫓기는 생활을 하며 새 세상을 만들고자 했다. 그러나 그에게는 마르크스 사상에 대한 투철한 역사의식은 아직 형성되어 있지 않았다. '밥 그릇'을 위하여 '지주계급을 쳐 없애'는 일만이 그의 투쟁 목표였다. 그러나 그는 타고난 머리가 있고 건강한 몸에 용기까지 갖춘 충직한 전사로 무슨 일을 맡겨도 신뢰할 만한 인물이었다. 그리고 투쟁이 거듭되고 지위가 올라가면서 지도자로서의 면모도 보이는데, 텍스트 말미에 가면 자신의 투쟁에 대한 뚜렷한 역사의식을 드러낸다.

대장님, 편안허니 먼첨 가시씨요. 지도 대장님한테 배운 대로 당당허니 싸우다가 대장님 따라 깨끔허게 갈 것잉께요. 대장님 근디 지가 남치기 역사투쟁얼 허고 죽기 전에 똑 한가지 허고 잡은 일이 있구만이라. 지 말대로 혀불기 전에 대장님헌테 먼첨 말심 디릴라고라. 고것이 먼고 하니, 지가 할아부지헌테 받은 이름얼 지 손자놈한테 전허고 죽을랑마요. 대장님, 우리넌 아직 심이 남아 있구만요. 끝꺼정 용맹시럽게 싸울 팅께 걱정 마시씨요.[112]

---

[111] 조정래, 『태백산맥』 2권, 앞의 책, 137~138쪽.
[112] 조정래, 『태백산맥』 10권, 앞의 책, 348~349쪽.

하대치는 빨치산 투쟁이 미군과 토벌군에 의해 끝나가는 시점에 자신들의 투쟁이 역사투쟁으로 남을 것임을 확신한다. 빨치산들은 자신들이 생전에 전인민의 해방을 보지 못할지라도 자신들의 목숨은 그날을 위하여 바쳐지고 역사에 남을 것이다. 하대치는 그것을 두려워하여 토벌군에게 투항하려 하지 않고 끝까지 용감하게 싸우려 한다. 그리고 자신의 이름 '대치(大治)'를 자신의 손자에게 남김으로써 이 같은 투쟁은 목적을 달성할 때까지 영원히 계속될 것임을 다짐하는 것이다.

화순군당의 항미소년돌격대는 서발턴 투쟁의 치열성을 단적으로 보여준다. 항미소년돌격대는 모두 30여명으로 모두가 14~15살에서 16살 소년으로 이루어져 있다. 이들은 모두 광부의 아들들로 1946년에 있었던 화순탄광 생존권 투쟁과 관계있는 인물들이다. 해방 1주년 기념식을 겸해 3명의 광부들이 1차로, 10월 30일 2차로 봉기했다. 미군정은 이를 진압하기 위해 거듭 무력을 행사했고 광부들은 피를 흘리며 죽어 갔다. 저공비행, 탱크의 직사포 등의 위협으로 광부들의 광주 진압을 몰아낸 그 사태에서 공식화된 사상자는 3~5명이었으나 집계되지 않은 수 십 명의 부상자들은 하나 둘씩 죽어 갔다. 전쟁이 일어나고 인공이 되자 광부의 아들들은 모두가 소년선봉대로, 후퇴하는 길을 따라 입산하게 되었다.

항미소년돌격대는 계급의식 없이 부모들의 생존권 투쟁을 보며 막연히 광산주와 미군에 대한 증오심으로부터 그들에 대한 대항 의지를 가지게 되었고 이것이 구체화되어 나타난 것이 소년선봉대, 빨치산 투쟁 등이다. 그러나 의식화교육을 받고 이태식 연대와의 공동투쟁을 통해 전투화 되면서 계급투쟁에 대한 의식을 갖게 되었으며 죽음 앞에서도 혁명 정신을 잃지 않았다.

이같이 항미소년돌격대가 계급투쟁의 대열에 함께 할 수밖에 없었던 것은 미군정의 횡포가 남한 사회 전역에 만연해 있었기 때문이었다. 그리고 그들이 전쟁이라는 미명 하에 폭력을 마음껏 행사할 수 있었던 것은 제국주의적 오만 때문이다. 제국주의는 식민지에 자신들의 우월성을 마음껏 과시하며 인종적·문화적 폭력을 가하는데 그들에게 한국과 같은 제3세계는 미개하고 열등한 민족에 불과했다.

> 지금 한국전쟁에 참가하고 있는 모든 미군들에게는 적을 증오하게 하는 생각을 고취시키고 있소. 적을 증오하는 생각을 갖게 하기 위해서 먼저 이렇게 가르칩니다. '아시아인은 미국과 동등하지 않다. 아시아인은 인간이 아니며, 인간 이하의 존재다.' 이런 정의를 내려놓고, 그러므로 아사아인은 물건과 같이 취급할 수 있다. 또한 그들은 동물과 다르지 않다. 우리는 동물을 죽이는 것과 같은 이유로 그들을 죽이는 것이며, 우리는 동물을 죽일 때 마음이 동요되지 않는 것과 마찬가지로 결코 그들을 불쌍하다고 생각할 필요가 없다.[113]

미군의 잔혹성의 근거는 아시아인은 인간이 아니며 물건 또는 동물에 다르지 않다는 생각에 있다. 오리엔탈리즘이나 인종차별주의에 근거한 제국주의적 우월성은 전쟁에 참여한 아시아인에

[113] 조정래, 『태백산맥』 8권, 앞의 책, 58~59쪽.

대하여 살상, 고문하기를 서슴지 않는다. 그리고 남한에서 일어난 서발턴 봉기에 대한 대처에서도 이 같은 사고에 근거를 둔 폭력들이 자행되어 항미소년돌격대와 같은 소년 전사들을 만든 것이다.

② 민족문화계승

《태백산맥》 내에서 민족문화는 서발턴의 삶을 드러내는 좋은 도구로 사용되고 있으며 탈식민화를 위한 대항문화의 역할을 한다. 텍스트 내에서는 전설, 민요, 굿 등의 구전문학을 통해 지배계급에게 학대당하고 착취당하는 서발턴의 애환을 드러낸다. 특히 소화의 '씻김굿'과 마을의 '몸씻기굿'은 지주계급과 제국에 의해 수탈당하고 강간당한 서발턴 젠더의 한풀이 굿이며, 이를 통해 중심의 폭력을 극복하는 서발턴의 삶의 모습을 볼 수 있다.

작중 인물 소화의 '씻김굿'은 소작쟁의에서 소작인에 의해 죽은 정현동을 위한 굿[114]이다. 그러나 이는 정현동을 위한 굿으로 국한되지 않고, 지배계급에 대항할 뿐 아니라 소작인들의 목숨을 구하는 역할을 한다.

> "듣소 듣소 내말 듣소. 이내 몸이 죽어서도 저승길을 맥혀서 나 암흑 천지 망망창공 끝도 없이 떠도는 건 낫에 찍힌 비명횡사 그 까닭이 아니라네. 임자임자 내 말 듣소. 듣고 나서 명심허

[114] 김정자는 「거대한 '굿판'으로 본 『태백산맥』의 한(恨)과 그 진정성」(『현대소설연구』 30, 2006년, 306쪽)에서 "소화의 씻김굿은 정현동을 위한 굿으로 국한되는 것이 아니라 두 개의 이데올로기를 초월한, 민족 전체의 원망과 한의 고리를 풀어"주는 역할을 한다고 논한다.

고, 명심혀서 실행해야 이내 몸이 죄 면혀서 옥황상제 알현하고 왕생극락 원 푼다네."

…(중략)…

"나가 죽은 그 연고가 나가 지은 죄업인디, 그 죄업을 안 풀면은 왕생극락 못 이루네. 임자임자 내 말 듣소. 염전 헐란 그 논배미 처분 말고 두었다가 농지개혁 허거들랑 작인헌테 넘게주소. 그 죄업을 풀어야만 왕생극락 이루는디, 임자 맘은 워쩌는가. 나 소원을 들을랑가."[115]

정하섭의 아버지이지만 악덕 지주였던 정현동을 위한 '씻김굿' 가운데 '손대잡이' 대목이다. '손대잡이'는 무당의 입을 빌어 망자의 소원을 말하는 굿의 절차 가운데 하나이다. 소화는 이지숙의 청으로 굿을 하는 도중 '손대잡이' 대목에서 혼을 받는 대신 소작쟁의에서 문제가 되었던 논을 농지개혁을 할 때 소작인들에게 넘겨주라고 아내에게 말한다. 정현동의 아내는 비명횡사한 남편의 진혼을 위해 개간 중이던 땅을 소작인에게 나누어 준다. 그리하여 정현동의 49제 때 열렸던 '씻김굿'은 죽은 사람과 산 사람을 화해시키고 산사람과 산사람을 화해시키는 역할을 수행했다.[116]

소화의 이 같은 행위는 무녀로는 적합하지 않았지만, 빨치산인 정하섭을 연인으로 두었기에 가능했다. 소화는 무당 월녀의 딸로 17세에 대물림을 받는다. 소화는 정참봉의 딸로 어머니 월녀가 정하섭의 할아버지 정참봉과의 관계에서 낳은 딸이다. 그리고 소화

[115] 조정래, 『태백산맥』 6권, 앞의 책, 136~137쪽.

[116] 권은미, 「조정래의 『태백산맥』 연구」, 울산대 박사학위논문, 2013년, 72쪽.

는 다시 정참봉의 손자 정하섭과 관계를 맺게 된다. 월녀의 굿은 신통력이 높기로 근동에 소문이 높았으나 해방되기 2년 전 소화에게 대물림 굿을 하게 된다. 그리고 중풍을 맞고 쓰러져 말을 제대로 못 하는 상황에서 소화가 정하섭과 근친상간 관계인 것을 알게 되어 병을 앓다가 결국 죽는다. 월녀와 소화가 모녀관계인 것과 그녀들의 사랑의 대상이 조손관계(祖孫關係)에 놓인 근친상간의 모티프가 '굿'이라는 서사무가의 형식 속에 녹아 들어가 비극미를 자아내고 있으며, 이는 다시 지배문화에 대하여 서발턴 전통문화가 대항문화로써 나타나고 있다.

소화는 텍스트 초반에는 봉건적 여인으로 나온다. 그녀는 모든 일을 '신령님의 뜻'에 따라 행하고자 한다. 그러나 정하섭을 만나게 되고 그녀는 이데올로기를 알게 된다. 그리고 그를 사랑하게 되자 그가 신봉하는 이데올로기를 그녀도 따라 믿고자 한다. 소화가 의식화 되는 데 통과의례[117]적 역할을 하는 것은 앞서 언급한 정현동의 '씻김굿'이다. 이지숙은 무력투쟁만이 투쟁사업은 아니며 "억압받는 사람, 착취당하는 사람, 그래서 억울하고 가난하고 비참하게 살아야 하는 수많은 사람들의 편"[118]이 되려는 자각으로 굿판을 이용한 것 또한 계급투쟁이라고 말한다.

그녀는 공산주의자가 된 후 세상을 보는 눈을 새롭게 갖게 되었다. 공산주의는 머슴, 백정, 대장장이, 무당, 선소리꾼과 같은

[117] 전영의, 「조정래 『태백산맥』의 서사담론 연구」, 전남대 박사학위논문, 2012년 8월, 97쪽.

[118] 조정래, 『태백산맥』 6권, 앞의 책, 144쪽.

기본출들이 당당한 사람대접을 받게 하는 사상이다. 소화는 지주의 아들이었던 정하섭과의 사이에서 난 아이에게 '민중'이라는 이름을 붙인다. 그리고 이는《태백산맥》에서 작가가 지향하는 바가 무엇인지를 상징적으로 보여준다 할 수 있다. 작가가 지향하는 민족운동은 지배계급과 서발턴이 하나가 되어 외세에 대항하는 것이다.

《태배산맥》에서 볼 수 있는 또 하나의 굿판은 '몸씻기 마을굿'이다. 이는 미군들에게 강간당한 21명의 부녀자 중 자살한 2명의 처녀를 제외한 19명의 부녀자를 위한 정화와 치유의식이다.

> 당산나무 가까운 집에서 여자들이 줄지어 나왔다. 당산나무를 겹으로 에워싸고 있던 여자들의 얼굴이 일제히 그쪽으로 돌려졌다. 그리고 모든 여자들이 다 함께 놀라는 소리들을 짧게 토했다. 한 줄로 서서 이쪽으로 걸어오고 있는 여자들은 모두 흰 치마저리를 입었는데 머리에는 삼베자루를 써 얼굴을 가리고 있었다. …(중략)… 이에 함께 당한 우환은 함께 풀어 그 일을 잊는 것이 최선의 방책인즉 오늘 이리 몸 씻는 마을굿을 함께 올려 천지신명께 빌고 그 용서를 받자와 우리 다 함께 우환으로 입은 상처가 덧나지 않고 아물어 새 광명으로 살기를 축수하는 바이올시다.[119]

무당과 영감의 주도 하에 행해진 마을굿은 마을 여성들이 치욕을 씻고 이를 이겨내게 하여 새 광명으로 살기를 축수한 것이다.

---

[119] 조정래,『태백산맥』7권, 앞의 책, 262~268쪽.

두 번의 정화의식은 처음에는 좌로 54번, 우로 54번 모두 108번 저은 소금물통에 두건을 쓰고 속곳 없이 흰 치마저고리만을 입은 여성들이 들어앉아 아래를 담그게 하는 것이고, 두 번째는 통에서 나온 여성들이 다시 흐르는 강물에 들어가는 것이다.

익명으로 행해진 이 의식은 민족문화의 한 전형을 보여준다. 천지신명과 제왕제신의 힘에 의지해 정화된 몸과 마음을 갖고자 하는 서발턴 젠더들을 위한 이 구비문화는 전화(戰火)를 겪을 때마다 여성들이 겪은 고통을 해소시켜 주는 역할을 한다.

'몸씻기' 모티프는 중세 '환향녀(還鄕女)' 담론에서도 볼 수 있다. 병자호란 때 청나라에 인질로 붙잡혀갔던 조선 여성들은 속환가(贖還價)를 지불하고 귀환한다. 임금은 이들이 서울로 들어오는 길목에 있는 홍계천에서 목욕하게 하여 오랑캐에게 유린당한 정조가 정화 되었다며 각 가정에서 받아들이라고 했다.[120] 이 담론에서 보면 여성들의 몸씻기는 더럽혀진 정조를 정상화하기 위한 정화작용이었다.

여성들의 '몸씻기'는 제국주의 혹은 남성의 지배에 대한 식민지인의 극복 방안이라 할 수 있다. 무력투쟁과 같은 적극적인 저항담론은 되지 못하지만, 지배자의 폭력을 극복할 수 있는 단초가 자신의 몸에 각인된 폭력의 흔적을 지우는 것이라면 '몸씻기'를 통한 정화의식은 이와 같은 역할을 담당했다 할 것이다.

[120] 안숙원, 「『태백산맥』에 나타난 민족주의 여성상」, 『여성문학연구』 9, 2003년, 52쪽.

4. 결론

《태백산맥》을 탈식민주의적 관점에서 살펴보았다. 《태백산맥》은 피상적으로 보면 공산주의와 민주주의 이데올로기 대립을 다룬 것 같지만 텍스트의 기본 정신은 이 땅의 분단과 대립이 결국은 외세로 인한 것임을 말한다. 그리고 외세에 대한 대항 무기로 '민족'을 내세운다.

민족 담론은 제국의 식민 상태에서 해방된 제3세계가 1차적으로 취할 수 있는 식민주의에 대한 대항 이데올로기이다. 이는 '민족'이 주체가 되어 외세를 배격하자는 이데올로기로 초기에는 지배 엘리트들이 중심이 되어 계몽·계급의식화 교육의 형태를 띠게 된다. 그러나 사회가 발전하고 해방정국이 안정되어 갈수록 '민족'의 주체는 서발턴이 되어 간다. 이는 지배 엘리트들이 지닌 매판성이 그들을 외세와 쉽게 결탁하도록 하고 그들이 지닌 권력욕이 점차 서발턴들을 착취하는 형태를 띠어가기 때문이다.

서발턴 민족주의자들은 이중의 투쟁을 하게 된다. 외세와 외세와 결탁한 지배계급과의 투쟁이다. 서발턴들의 투쟁은 생존권과 직결된 경우가 많아 이들의 투쟁은 치열하나 초기에는 이론적인 무장이 안 되어 있는 경우가 많다. 그러나 이들은 투쟁을 해나가면서 전투력만 길러나가는 것이 아니라 사상적으로도 무장되어 간다. 그러므로 이들은 어떤 전장(戰場)에서도 그 어느 누구보다 용감하게 투쟁한다. 또한 서발턴들의 대항무기는 민족문화계승로도 나타난다. 서발턴들은 식민이전의 문화, 혹은 이전 역사로부터 계승되어오던 서발턴 문화를 통하여 민족혼을 담아낼 뿐만 아니라 자신들의 의식과 문화를 발화한다.

《태백산맥》에 나타나는 민족담론 또한 탈식민적 관점에서 해석할 수 있다. 텍스트 내에 나타난 민족운동은 지식인 중심의 민족운동과 서발턴 중심의 민족운동으로 대별될 수 있다. 지식인 중심의 민족운동은 서민영, 김범우, 염상진, 이학송 등의 인물을 통해서 확인할 수 있다. 서민영은 기독교 사회주의자로 외세의 배격과 공동농장건설을, 김범우는 민족의 발견과 단합을, 염상진은 공산주의 사회건설을 위한 혁명론을, 마지막으로 이학송은 혁명의 주체는 서발턴이 되어야 한다고 주장하는 인물들이다. 이들은 민족모순과 계급모순을 인지하지만 어느 문제를 우선적으로 해결해야 하는가 하는 관점이 다를 뿐이다. 그러나 이들 모두 두 문제의 해결이 해방정국에서 나타나는 중층적 사회문제를 해결하는 관건이라고 생각한다. 또한 서발턴 중심의 민족 운동 또한 확인할 수 있는데 이는 하대치, 항미소년돌격대, 소화, 19명의 부녀자들을 통해 알 수 있다. 하대치는 종복(從僕)의 후손으로 공산주의 운동으로 역사투쟁을 할 것임을, 항미소년돌격대는 사회모순의 근본원인이 미국에 있음을, 소화는 제국에 대한 대항문화로써 전통문화의 한 면을, 19명의 부녀자들은 제국이 가한 몸에 대한 폭력을 구비전승을 통해 치유함을 보여준다.

제2부

서발턴의 저항으로서의 봉기

《들불》에 나타난 서발턴 저항 양상 연구[121]

1. 서론

본 논문은 유현종의 《들불》에 나타난 서발턴의 저항 양상을 연구하고자 한다. '서발턴'에 대한 연구는 '서발턴'이라는 용어보다는 민중문학이라는 용어가 일반적으로 사용되어져 왔다. 그러나 본 논문에서는 '민중'이라는 용어 대신에 '서발턴'이라는 용어를 사용하고자 한다.[122] 이는 탈식민적 기획의 측면에서 유현종의 《들불》을 다시 보고자 하기 때문이다.

---

[121] 『한국문학논총』 66집(한국문학회, 2014년 4월)에 수록된 논문이다.
[122] '서발턴'과 '민중'에 대한 비교 고찰은 이 저서의 제1부에 있는 '서발턴이란 무엇인가'를 참고하기 바란다.

'서발턴'이란 용어는 인도의 식민지 근대사에서 '서발턴'을 연구했던 연구자들이 사용한 데서 보편화되었다. '서발턴'은 '하층민'을 의미하는 것으로 이 용어의 본격적인 사용은 인도의 서발턴 연구 집단의 문제의식을 드러내는데 사용되어졌다. 그러나 이 용어는 그람시의 용어를 차용한 것이며, 용어의 사용 범주도 시대나 지역에 따라 다소 다르다.

서발턴의 저항은 '봉기'로 나타난다. 이는 식민 인도의 농민봉기에서 한 예를 찾아볼 수 있다. 인도에서의 엘리트담론들, 즉 식민주의나 민족주의가 영국지배의 은덕 혹은 인도 민족주의의 승리를 주장한 반면, 농민 봉기는 팍스 브리타니카(Pax Britannica) 신화가 허구임을 드러낸다. 외부 엘리트 권력이든 토착 엘리트 권력이든 민중에 대한 지배의 합법성의 증표로써 헤게모니늘 열망했으나 거부의 증표로 나타난 것이 농민 봉기라 할 수 있다.

《들불》에 나타난 서발턴의 저항 양상을 고찰하기 위해 우선 '서발턴'의 개념을 규명하고[123], 이후 서발턴 저항으로 나타나는 서발턴 봉기의 양상을 텍스트 속에서 규명하고자 한다. 이는《들불》을 탈식민적 텍스트로 재해석하려는 일련의 시도가 될 것이며, '지배-대항'의 패러다임은 서발턴 중심으로 어느 곳에서나 유사한 형태로 존재함을 확인하는 작업이 될 것이다.

---

[123] 이 논문은『한국문학논총』66집에 실렸다. 원 논문에는 '서발턴의 개념'을 규명하면서 서발턴의 개념과《들불》에 나타난 서발턴을 나누어 고찰하였으나, 이 책에서는 '서발턴의 개념' 부분은 편의상 책의 가장 앞부분에 실었다.

2. 《들불》에 나타난 서발턴

유현종의 《들불》은 동학농민전쟁을 서발턴의 입장에서 다룬 소설이다. 동학농민전쟁은 근대민중항쟁사의 획기적인 사건이다. 이 사건은 당시의 지배층에게 민중의 결집된 힘이 갖는 추동력을 확인시켜 주었으며, 역사가들에게는 최대의 민중운동이자 근대적 민권자각운동으로 기록되 사건이었다. 그러나 이 운동은 실패로 돌아갔는데, 이는 동학농민전쟁을 이끈 대부분의 지도층이 전봉준을 제외하고는 제 이름 석자를 쓰지 못하는 무식꾼이어서, 이들의 뜻을 계도하고 발전시킬 수 있는 지식인층의 침묵과 방관 때문이었다.[124]

작가는 소설 《들불》을 쓰는데 있어서 역사적 기록을 추적하기도 하지만 서발턴적 관점에서 사건을 다루기 위해 "내 고향 내 어머니의 주름이고 품속이었으며 내 형제자매와 고통받는 이웃들의 모습"[125]을 충실히 그려내고자 한다. 그리하여 마을의 전설적인 영웅으로 사랑방에 구전되어 오고 있는 임여삼이란 인물을 주인공으로 설정하여 그를 중심으로 사건을 조망한다.

동학농민전쟁의 민중들을 서발턴으로 재해석하고자 하는 것은 이들의 저항 대상이 지배계층뿐 아니라 외세가 주 세력이기 때문이다. 텍스트 내에서 서발턴들은 두 세력으로 인한 식민성에서 벗어나고자 한다. 이는 동학군이 표방한 두 가지 슬로건에 잘

---

[124] 유현종, 「작가의 말」, 《들불》, 세종출판공사, 1977년(6판), 476쪽.
[125] 유현종, 위의 글, 476쪽.

나타나는데, 첫 번째 슬로건은 '권귀진멸(權貴盡滅)이고 두 번째 슬로건은 '왜이축멸(倭夷逐滅)'이다.[126] 첫 번째 슬로건인 '권귀진멸'은 권문세가와 귀족을 모두 진멸하여 없앤다는 의미이다. 삼정의 문란과 관리와 양반의 서민 학대가 동인(動因)이 되어 발생한 동학군의 봉기 목표는 지배층과 피지배층이 동격의 인간이며 따라서 지배와 피지배의 관계는 평등해야 한다는 것이다. 관의 학정에 더 이상 참을 수 없다는 분노는 권귀를 모두 진멸하는 것을 첫 번째 목표로 삼은 것이다. 이는《들불》에 동학군이 점령한 곳곳에서 시행된 정책과 개혁과정으로 나타난다. 탐관오리의 치죄로부터 노비제의 폐지와 과부의 개가허용, 토지의 균등분배, 지벌(地閥) 타파에 이르기까지 광범위한 동학도의 폐정개혁안(廢政改革案)[127]은 당시 서발턴들을 예속적인 상태에서 벗어나게 하여 주체화시키고자 한 것이었다. 소설의 발단부분은 계층 간의 불화와 억압을 드러내는 것으로 시작한다. 과거제도의 부패, 견딜 수 없을 정도의 지나친 조세 징수와 노동력 착취, 인신 매매, 지방관리의 탐욕적 축재 등이 여진반란을 유발하고, 이 가운데서 철저하게 예속화되어 있던 주인공 임여삼은 주체화되어 간다. 작품 초반에 노예근성에 사로잡혀 자신을 학대하고 착취하는 지배층에게 전혀 항거하지 못하던 주인공은 역사의 소용돌이 속에서 이진악을 만나면서 인간으로서의 주체성을 인식하게 되는 것이

[126] 한우근, 「동학농민의 봉기」, 『한국현대사』, 신구문화사, 1973년. 김병익, 「시대상의 발견과 한의 재현」, 『현대문학』, 1974년 6월.
[127] 김병익, 앞의 글, 405쪽.

다. 그리하여 결국 폭력적 저항의 중심부로 이동하게 된다.

동학군의 두 번째 봉기목표는 '왜이축멸(倭夷逐滅)'이다. '왜이축멸'은 일본과 서양을 물리쳐 없앤다는 의미로, 민족 주체성을 역설하는 시국관이다. 대원군의 척화정책에서 비롯된 '왜이축멸' 사상은《들불》에서 척화의 정신으로 나타나, 왜상과 기독교에 내장된 침탈의 야욕을 폭로한다. 왜상과 기독교는 나라를 빼앗으려는 외세의 실질적이며 상징적인 앞잡이로 설정되며, 여삼이 전풍(田豊)의 상점에서 일본선장으로부터 고문당하며, 곽무출이 기독교를 통해 왜상의 하수인이 되어 출세주의자로 전신(轉身), 결국에는 왜인의 첩자로 전락하는 모습은 이를 뒷받침한다.[128] 그러나 동학농민전쟁의 서발턴들은 식민지 시대 인도의 엘리트 민족주의자들에 의해 주변화된 그들처럼, 지배 담론 안에서 규범화되지 않는다. 그러나 자신들의 주체를 복원하기 위해 엘리트 담론의 외부로 나가지 않고 내부로 들어가고자 했고, 이들은 지배담론 안에서 '하나의 비판적 포지션' 또는 '일종의 저항적 차이'를 형성했다.[129]

텍스트《들불》에서 민족주의자의 전형으로 등장하는 인물은 대원군과 손자 이준용이 대표적 인물이라 할 수 있다. 이들은 모든 외세를 축출하고 영광의 조선을 건설해야 된다고 주장하며 날마다 모여 토론하고 세도가를 질타하며 국가의 장래를 걱정한다. 그러나 이들은 일제의 힘으로 대원군이 권력을 장악할 기회를 얻

[128] 김병익, 위의 글, 405~406쪽.
[129] 김택현,『서발턴과 역사학 비판』, 박종철출판사, 2003년, 242~243쪽.

자 외세를 등에 업게 되고, 다시 서발턴들은 담론 내에서 주변적 존재가 되었다가 결별하게 된다. 서발턴의 전형으로 나오는 주인공 임여삼이 텍스트의 말미에서 동학군 지도부가 아니라 김계남을 찾아나서는 것은 서발턴들이 지지하고 옹호하는 것은 지배담론이 아니었음을 보여준다. 김계남은 전봉준과 달리 농민혁명의 목표를 왕조타도와 새 세상 건설에 둔 과격한 인물이었다. 농투성이 출신으로 대범한 영웅의 기질을 가지고, 탐관부호들에 대해 보복과 약탈을 허용한다. 백성들의 원한과 욕망을 잘 이해하여 전주 화약에 대해 반대하기도 했다. 이는 전봉준과는 차이를 보이는데, 전봉준은 우선 출신부터가 선비사상을 지닌 양반 유자(孺子)들이다. 동학농민봉기의 목표는 역성혁명이 아니라 당시의 봉건제도와 현 정권을 유지하면서 백성들의 고통을 덜어주고 조정이 동학지도부의 요구 조건들을 수락하지 점진적 개혁을 주장하여 전주화약에 응한다.[130] 김계남 등은 지배담론과 저항적 차이를 보여주고 있으며, 전봉준 등은 지배담론과 유화적(宥和的) 관계를 유지하고자 하는 서발턴 유형이라 할 수 있다.

《들불》에 나타나는 서발턴들은 '들불'로 상징화된다. '들불'은 농투성이나 상놈의 죽은 혼백들이 모여 들판으로 몰린 것이다. 들불은 풍년이 들거나 먹고 사는데 곤고하지 않은 시절에는 안 보이고, 시절이 수상(殊常)할 때 나타난다. 즉 풀지 못할 한이 있으면 나타나는 것이다. 그러므로 들불은 "민중의 분노와 한을 상

---

[130] 박은숙, 「반항과 각성, 그리고 주체성 인식-유현종《들불》연구」, 『한국문학이론과 비평』 38집, 2008년 3월, 336쪽.

징하고, 이 민중의 분노와 한이 응축되어 언젠가 폭발될 것임을 암시하고 예고하는 서사적 장치"[131]이다.

'들불'은 또한 동학농민 자체를 가리킨다.

> 여삼은 절룩이면서 정신없이 걷기 시작했다. 문득 정신을 차리자 자신이 은진 쪽으로 걷고 있음을 깨달았다. 그는 쑤시는 다리의 아픔을 참으며 잠시 두리번거렸다. 그리고 오던 길을 되돌아보았다. 아직도 들녘에 연기가 솟고 있었다. 꺼지는가 싶으면 다시 솟고, 이곳에서 솟는가 싶으면 다른 곳에서 푸썩 일고 있었다. 언젠가 본 들불과 같았다. 아니 여삼의 눈에는 익산 왕궁을 지날 때, 십만 대군의 앞장을 서서 행군할 때 떠올랐던 십만의 들불이 어리는 듯하여 재빨리 고개를 돌렸다.[132]

동학 봉기가 마지막 전투에서 패하고, 여삼이 들판에서 본 장면이다. 패전 후 들판에서 솟는 연기는 언젠가 본 들불처럼 여기저기서 일고 있다. 서발턴의 혼백인 들불은 패전 후 서발턴의 시신에서 솟아오르는 것으로 상징화되어 나타난 것이다. 이는 '십만의 들불'로 구체화되어 나타나는데, '십만의 들불'은 곧 십만의 동학군을 의미한다.

여삼의 자각 과정은 곧 서발턴들의 각성을 대표한다. 여삼은 언제 어디서 오는지 모르게 재물(財物)에 붙는 들불이 서발턴의

[131] 공임순, 「한국근대역사소설의 장르론적 연구」, 서강대 박사학위논문, 2000년, 117쪽.

[132] 유현종, 앞의 책, 336쪽.

한과 분노의 폭발이었음을 동학혁명을 몸소 겪으면서 깨달았고, 이 깨달음은 동학혁명이 현실적으로는 실패하였으나 서발턴의 각성을 통해 영원히 살 아 남는 사건으로 남게 되었다.[133]

3. 《들불》에 나타난 서발턴 저항 : 봉기

라나지트 구하에 따르면 서발턴 봉기는 하나의 패러다임을 갖는다. 이는 식민 인도에서 일어났던 1783년부터 1900년까지의 서발턴 봉기를 분석한 것을 바탕으로 하나의 규범을 형성한다.[134] 본 논문에서는 이를 바탕으로 《들불》에 나타난 서발턴 저항으로서의 봉기를 분석하고자 한다.

① 서발턴의 저항과 부정의 대상

《들불》에 나타난 부정의 대상은 지배계층과 외세이다. 이는 동학혁명의 성격을 반봉건 반외세로 특징짓는 역할을 한다. 반봉건에서 봉건 세력은 수구세력으로 나타난다. 특히 부정부패한 탐관오리들이 폭력의 대상이라 할 수 있는데, 피지배계층인 농민과 노비 등 서발턴 민중들은 이들과 대항하기 위해 파괴하고 약탈한다.

---

[133] 공임순, 앞의 글, 119쪽.

[134] 라나지트 구하 지음·김택현 옮김, 『서발턴과 봉기-식민 인도에서의 농민 봉기의 기초적 측면들』, 박종철출판사, 2008년.

"곡간에 가서 짊어지고 갈 만큼 곡식을 꺼내고 이 집에서 빨리들 나가시오. 재산을 꺼내 간 뒤엔 불을 싸 질러 버려야 헐 테닝께!"

…(중략)… 그리고 부하들에게 김도사의 재물과 곡식을 마당으로 모조리 꺼내다 놓으라고 일렀다. 잠시 후 마당에는 50여섬의 쌀과 9천 냥의 현금, 진귀한 패물 등이 쌓였다.[135]

서발턴들은 폭력의 대상을 신중히 선택하여, 탐학에 의해 치부한 양반 부호들의 집을 약탈하였고, 이는 전라도 전체로 확산되었다. 이 과정에서 봉기는 지배자들의 권위의 기호를 파괴하는 관례적 전도의 과정이 나타난다. 늘 가장 낮은 서열에 있던 자들이 다른 모든 사람 위의 서열에 있게 되는 것이다. 지배와 종속의 관례를 역사적으로 통제하고 있는 기본적인 코드를 침해하여 권력관계의 기호들이 파괴되는 것이다.

이는 임여삼의 행위를 통해 확인할 수 있다. 임여삼은 지난 날 당했던 인간적 학대를 양반층에게 그대로 돌려주는 한 전형을 보인다. 여삼은 약탈과 방화가 벌어지고 있는 공격 현장에서 김도사의 바지를 벗기고 샅 밑에 불화로를 채운 뒤 바지를 다시 입게 한다. 이는 지난 날 사또가 자신들의 심부름으로 돈 보퉁이를 짊어지우고 허벅다리에 뜨거운 질투가리를 매달고 200리 길을 다녀오라고 한 학대를 그대로 지배층에게 돌려주는 행위이다. 지배층의 착취를 자신의 운명으로 생각하며 순종하는 노예근성을 지닌

[135] 유현종, 앞의 책, 345쪽.

피지배층이었던 여삼은 계층간 위계질서를 전도시켜 약탈하고 복수하는 것이다.

또 다른 부정의 대상인 외세는 작품 속에는 대표적으로 '일본'과 '기독교'로 나타난다. 일본의 침략은 주로 경제적 약탈의 측면에서 다루어지고 있다. 소설은 서두에서부터 소금·비누·광목·비단 등 약간의 소비재로 쌀과 문화재를 빼앗으며, 조선인을 학대하던 왜인의 침투상으로 당시의 흉흉한 분위기와 시국[136]을 묘사한다. 특히 이들은 가렴주구, 수탈을 기반으로 하는 봉건권력과 결탁하여 봉건지배를 유지시키면서 경제적 약탈을 일삼는다.[137] 임여삼의 고향에서도 쌀을 매점매석하여 백성들을 대상으로 폭리를 취하고, 고급 사치품·패물·비단을 사들여 감사 묵인하에 서울 장사를 한다. 이는 백성들의 원성을 사게 되고 폭동을 일으키는 계기가 된다.

기독교에 대한 부정은 곽무출의 동선을 통해 잘 드러난다. 의식적인 서발턴이었으나 절박한 생존의 문제에 부딪쳐 탈옥하는 과정을 통해 기회주의자로 변하는 그가 결국 탈출구로 잡았던 것은 기독교도가 되어 전도사로 살아가는 것이었다. 이는 봉건 국가였던 조선과 같은 곳에 기독교를 전파하고 식민화하려했던 서양 열강이 조선을 침탈하는 과정이기도 했다. 즉 "기독교와 왜상인들은 곽무출과 같은 인물을 통해 서양 종교를 조선에 전파하고

[136] 김병익, 앞의 글, 401쪽.

[137] 황국명, 「유현종의 《들불》 연구-동학농민전쟁과의 관련성을 중심으로」, 『한국문학논총』 16집, 1995년, 422쪽.

문화적·경제적 침략"[138]을 노린 것이다.

약삭빠른 왜인들은 다른 서구인들의 흉내를 내어 조선 침탈의 한 방법으로써 기독교사업을 했다. 이교(異教)를 전파함으로써 백성과 관리 사이를 이간시키고 어지럽게 하여 혼란을 틈타 자상의 뿌리를 내리고 자신들의 불법 불의를 합법화할 수 있는 동조세력을 키우려고 하였다.[139] 곽무출은 성서를 판매해 돈을 벌고 부를 축적하게 되자, 결국엔 일제의 무기 밀매자, 첩자가 되어 자기계급을 배반하고 민족을 배반한다.

위에서 언급한 부정의 대상은 동학도들의 폐정개혁안을 통해서도 확인할 수 있다. "이는 당시의 체제와 관습으로 비추어 거의 혁명적이었으며 기울어져 가는 조선왕조를 되세우고 내적 구조의 모순이 막바지로 폭발하려는 위기를 타개하려는 유일한 대안"[140]이었다.

1. 동학교도(東學教徒)와 정부(政府)는 과거지사를 불문에 붙이고 국정(國政)의 쇄신(刷新)에 협력한다.
2. 관리 채용에 있어 문벌(門閥) 제일주의를 타파(打破)하고 인재를 등용한다.
3. 토지(土地)를 평균적(平均的)으로 분(分)하여 경작(耕作)케 한다.
4. 노비(奴婢)를 해방(解放)시킨다.

---

[138] 박은숙, 앞의 글, 333쪽.
[139] 유현종, 앞의 책, 289~290쪽.
[140] 김병익, 앞의 글, 405쪽.

5. 청상(靑孀) 과부의 개가(改嫁)를 허가(許可)한다.
6. 칠반천인(七班賤人)의 대우를 개선하고 백정(白丁)이 쓰는 패랭이(平涼子) 사용을 금한다.
7. 공채(公債)와 사채(私債)를 막론하고 기왕의 것은 일절 없던 것으로 한다.
8. 탐관오리(貪官汚吏)는 그 죄목(罪目)을 조사하여 일일이 엄벌한다.
9. 잡세(雜稅), 잡부금(雜賦金)의 징수는 일절 폐지(廢止)하여 엄금한다.
10. 횡포한 부호배(富豪輩)를 엄징(嚴懲)한다.
11. 불량(不良)한 유림(儒林)과 양반배(兩班輩)를 징습(懲習)한다.
12. 왜(倭)와 통첩(通牒) 내통(內通)하는 자를 발본하여 엄중 처단한다.[141]

국정에 대한 기본적인 원칙을 천명하고 있는 제1항을 제외하고는 2항부터 11항까지가 지배층인 양반과 서발턴 백성들과의 관계를 평등하게 만드는데 기여하는 조항들이다. 여기에는 계급대항과 민족대항이 잘 드러난다. 각 항목들을 종합하면 이는 양반 지배층들만을 위한 출세의 통로를 막고, 부의 세습과 서발턴들의 착취를 금하며, 노비들을 해방시키고 삶의 기회를 제공하는 것이다. 마지막 12조항은 외세 부정과 관계된 조항이라 할 수 있다. 민족을 침탈하려는 왜와의 내통을 막고, 첩자들을 근절시켜 부국강병을 이루기 위해 설정된 것이라 해석할 수 있다. 특히 이는 기독

[141] 유현종, 위의 책, 418~419쪽.

교 부정과도 관련된 해석으로 볼 수 있는데,《들불》에 나타나는 기독교의 침투양상은 왜를 통해서이며, '동학혁명'의 중요한 동인(動因) 중 하나가 서양 종교인 '기독교'에 반대되는 전통종교인 '동학'을 일으켜 서발턴들이 희망하는 세상을 만들고자 하는 것이기 때문이다.

동학은 이천 여년의 전통을 갖는 서민 사상인 진사상에 닿아 있다. 단군으로부터 내려오는 진민족 고유의 신앙 및 사상, 밝음과 태양을 숭배하는 샤먼사상이 풍류도에 이르며, 불교 유교 등 외래의 사상에 짓밟혀 참다운 진사상이 망쳐졌다.[142] 그러므로 동학란은 "단순한 백성들의 항쟁 혹은 농민혁명으로만 볼 것이 아니라 서구의 기독교 문화와 전통적인 풍류도 사상과의 싸움, 거기에서 내 것을 지키기 위한 투쟁"[143]으로 볼 수 있다.

부정의 대상은 제의적 전도로써 풍자되기도 한다. 서발턴들은 봉기 이후 약탈물을 분배하고 잔치를 벌인다.[144] 탈을 쓴 양반과 말뚝이가 등장해 재담을 벌이는데, 재담 속에는 양반을 비판하고 비웃으며 희롱하는 말들이 언어유희로 표현된다. 이는 서발턴들이 탈을 통해 지배자들의 권위의 기호들을 파괴하는 경우에 해당되는 것으로, 서발턴들은 가장 낮은 서열에서 다른 모든 사람들 위의 서열에 있게 된다. 그리고 공동체사회에서 인간관계를 지배하는 규칙들에 도전하고 도덕성을 훼손시킨다. 그러나 이는 농민

---

[142] 유현종,《들불》2부 (상), 지양사, 1992년, 271쪽. 황국명 논문에서 재인용.

[143] 유현종,《들불》, 앞의 책, 272~274쪽.

[144] 유현종, 위의 책, 161쪽.

봉기와는 그 목적을 달리한다. 제의적 전도가 사회의 정치적·도덕적 질서의 연속성을 보장하고 그것을 신성시하는데 기본 의도가 있는 것이라면 서발턴 봉기는 그것을 분쇄하고 모독하는데 있기 때문이다.

② 범죄와 봉기의 모호성

서발턴들의 폭력을 범죄가 아닌 봉기로 해석하는 주요 키워드는 '빈곤'이다. 기아로 인한 범죄는 농촌 사회의 대항 전통으로 자리 잡는 경우가 많고, 이는 흔히 반란으로 전환되는 경우가 많다. 《들불》에는 빈곤으로 인해 고통 받던 백성들의 쌓인 한과 원이 삶에 대한 포기와 새 세상에 대한 막연한 소망으로 형상화[145] 된다. 그리고 이 같은 마음은 농민들의 울분과 분노의 폭발로, 투쟁의 필연성으로 나타난다. 백성들은 막다른 위치에 놓이면 마침내 들고 일어나며, 투쟁의 봉화는 삽시간에 요원의 불길처럼 번진다.[146]

> ……참을 수 없는 것을 참는 것이 인내라 하지만 참는 데도 한도가 있었다. 넘치면 흘러내린다. 바위나 돌은 누군가 움직여 주지 않으면 언제나 그 자리에 그대로 있는 법이다. 그러나

---

[145] 유현종, 앞의 책, 161쪽.

[146] 정현종, 「투쟁의 진리와 민중의 힘을 보여주는 유현종의 장편소설《들불》」, 《들불》, 앞의 책, 497쪽.

일단 바위나 돌이 절지(絕地)에 놓이면, 아니 위지(危地)에 놓이면 급히 움직인다.

급전직하 떨어져 내리며 격수(激水)에 밀려 내닫는다. 한 개씩 떼어 놓으면 바위나 돌은 아무런 힘이 없다. 그러나 위지에 놓이면 대단한 힘을 내뿜으며 돌변한다. 게다가 개개의 소리는 우매하고 보잘 것 없이 치졸하지만 뭉쳐서 나는 소리는 가장 진실 되다.……[147]

빈곤과 수탈로 인하여 고통 받는 백성들의 인내는 절지나 위지에 놓이게 되면 돌변하여 분노로 폭발한다. 봉기는 이로 인하여 필연성을 획득하며, 범법적 행위들이 사회적 대항 행위로 달리 해석된다. 그리고 이때 수동적이고 운명론적으로 자신의 처지를 받아들이던 일반 백성들은 능동적이고 적극적인 역사의 주체로, 서발턴 대중으로 탈바꿈한다.

여진민란의 동인(動因)은 관청 나졸과 농민인 강진달 사이에서 벌인 유락비(遊樂費) 싸움 때문이다. 관청 나졸은 보리 두 말을 요구했고, 강진달은 이를 거부하고 나졸을 논바닥에다 물구나무로 처박고 욕을 하고 구타했다. 초근목피로 겨우 살아가며 더군다나 호열자로 죽어가는 생명이 많은 때에 나졸의 요구는 강진달을 분노케 했다. 이십 여명의 나졸이 강진달을 잡으러 왔고 강진달은 임호한의 집으로 도망갔다. 임호한과 나졸들이 실랑이를 벌이고 있는 사이 대여섯 명이 강진달을 잡아내 초주검이 되도록

[147] 유현종, 위의 책, 223쪽.

뭇매를 때리고 개처럼 끌어갔다. 임호한은 나졸들과 맞붙어 싸우고 동네사람들의 공분(公憤)을 일으켰다. 강진달이라는 한 개인의 분노가 공분으로 확대된 것은 반란이 법으로부터 개별적이거나 소집단적인 일탈의 코드를 벗어나 집단적이고 사회적인 저항의 코드로 전환된 것을 의미한다. 그리고 이는 범죄에서 봉기로 코드전환이 일어난 것을 의미하기도 한다.

민요가 일어났다. 마을 사람들은 현청으로 몰려갔고, 가는 사이 이웃 사람들까지 동원되었다. 군종은 7,8백이나 되었고 현감은 도주하고 좌수가 군중들을 회유했다. 군중들이 집으로 향하는 사이 관의 보복이 있었다. 어른, 애 할 것 없이 구타당하자 군중들은 무기를 들고 동헌으로 쳐들어갔다. 2천여 명의 성난 군중은 현감, 좌수, 이방을 살육했다. 말로써 진정시킬 수 있었던 소요가 민란으로 번진 것은 '지배-종속'의 코드가 전복되는 것을 관이 용인하지 못하고 가혹행위를 가했기 때문이다. 서발턴 대중이 코드로부터 돌연히, 광범위하게 일탈하자 관은 놀라지 않을 수 없었고 본래의 코드를 회복하기 위해 보복행위를 가한 것이다.

서발턴 봉기를 용인할 수 없었던 지배층은 더 큰 대가를 치러야만 했다. 관 지배층의 살육이후 서발턴들은 자신들이 '지배'코드를 점유하여, 좌수를 석방하고 현감과 이속(吏屬)들의 재산을 몰수하여 빈자에게 분배했을 뿐 아니라, 현청의 내창(內倉)과 외창(外倉)을 열어 곡식도 고을의 빈자들에게 나누어주었다. 고을의 청장년은 무장하고 고을의 치안을 맡았다.

봉기가 우연적·돌발적·자연발생적 성격에서 벗어나 조직화·

계획화 되어 가는 것은 무장관아 습격에서부터 볼 수 있다. 이는 전형적인 범죄 코드 중의 하나로 해석되어지는 것인데, 반란 또한 발전해나가면서 이 같은 성격을 띤다. 원징희와 여삼 등 20여 명은 무장관아를 계획적으로 습격한다. 방화·살육·약탈·파옥 등 관아에 대한 습격은 사전 계획 하에 치밀히 이루어지고, 이는 전봉준이 이끄는 동학군이 무장관아에 들어오게 하기 위해 한 내용이 주목적이었다. 관아, 벼슬아치들의 집, 토호들의 집이 공격의 대상이 되어 화염에 싸이고 동학군 만 여 명이 입성하게 된다. 해석자의 관점에 따라 범죄 코드로 해석되어질 수 있는 앞의 행위들은 사후 처리와 습격의 목적에 의해 반란의 코드로 해석된다. 관아를 습격한 후 탈취한 재물들은 백성들의 손에 나누어지고, 이는 농민 반란군인 동학도들의 입성 발판이 되기 때문이다.

봉기는 범죄와 달리 계급 성격 또한 분명히 드러낸다. 왜냐하면 기존의 사회에서는 범죄로 인식되던 것들이 새로운 사회적 맥락 안에서 포괄적인 도전 체계의 필수적인 부분을 의미하는 것이 되기 때문이다. 이는 즉 코드를 변화시켜 새로운 언어 체계 안에서의 하나의 발화를 의미한다. 즉 사건의 의미는 한 공동체내에서 일탈자의 범죄 행위로 해석되기 보다는 서발턴들의 생존권적 결단으로부터 나온 아래로부터의 '근대적 시민혁명'과 같은 성격을 띤다고 할 수 있다.

③ 서발턴 봉기의 양상

반란자의 폭력은 대중적, 공동체적 측면을 띠며 이는 공개적이고 공적인 성격에서 나오는 것이다. 《들불》에는 봉기의 양상이 상의, 계획, 집회, 공격 등의 순서로 진행된다. 텍스트에 등장하는 봉기는 여진민란, 고부민란, 무장관아 습격, 전주성 함락 등이다. 각 사건별 봉기 양상은 다음과 같다.

단계	내용 / 사건	여진민란	고부민란	무장관아 습격	전주성함락
상의	불만들을 정식화, 행동방향을 결정	현감을 만나서 억울함과 진상을 호소	탐관오리들을 응징하고 대적	무장관아를 습격하여 자금 마련	전주성 탈취건을 의논
계획	곧 이어질 전쟁을 준비하는데 중요한 역할	우발적	전봉준, 김도삼,정익서 등이 장꾼들을 선동	염탐, 소두목3·졸개 20여명이 변복하여 삼삼오오 짝지어감	전라도 남쪽 지방탐관오리 징계로 전투훈련 쌓은 후 전주성 전령
집회	실제폭력이 발생하기 전의 광범위한 모임	맨손으로 현청문앞에서 7,8백명이 모임	없음	공터에 무기를 들고 모임	전주성 근처 대청산골짜기에서 관군과 전투 후 모임
공격	때려부수기, 불지르기, 먹기, 빼앗기의 투쟁방법 동원	무기를 든2천여명의 군중이 동헌을 쳐들어가 살육, 약탈	성난 농민들이 만석보를 허물고 군수의 관아를 습격, 무기고와 내외창고 약탈·불지름	동헌, 외창을 습격·약탈·방화·살인	무기를 들고 13자 주문을 외우는 동학군이 전주성 함락·약탈·방화

텍스트 속에 나타나는 봉기는 경제적 이해관계 때문에 발생한다. 봉기의 근본적 이유가 탐관오리들의 수탈과 빈곤이기 때문이

다. 그러나 서발턴들의 봉기는 횟수를 더해갈수록 정치화되어 가는데, 이들은 점차 자신들의 행동을 자신들의 권리에 대한 의식, 즉 정치의식을 바탕으로 표출하기 때문이다. 그리하여 이들은 지배 권력이 지닌 권위의 표지를 파괴하게 되는데, 대표적인 것이 관아, 성 등이다. 텍스트 속에 나오는 4가지 봉기 중 여진민란, 고부민란, 무장관아습격 등은 모두 부호나 양반들을 공격 대상으로 삼은 것이 아니라 관아와 그곳에서 일하는 권력자들은 목표로 한다. 그리고 이들의 주요 봉기 원인은 경제적 수탈 때문이다. 그러나 전주성 함락은 지배자들의 영토라 할 수 있는 '성'을 공격의 대상으로 삼은 것이며, 여기에서는 성내에 거주하는 양반 부호들의 집에 대한 약탈과 방화가 같이 행해진다. 이 봉기는 경제적 원인에서 시작되었으나 점차 정치적 성격을 띠어 가며 혁명적으로 변해간다.

봉기의 투쟁형식들은 총체적이고 통합적으로 나타난다. 때려부수기, 불지르기, 먹기, 빼앗기 등 4가지 유형의 파괴행위들은 개별적 정체성을 잃고 단일한 복합체의 상호연관 된 요소들로서 기능한다. 그러므로 봉기는 집단 폭력의 상호작용과정, 규모와 속도 등으로 인해 일종의 체계와 비슷하다. '불지르기와 약탈과 살해의 체계', '약탈과 분노의 체계' 등으로 나타나 계급투쟁의 성격을 띠는 것도 이 같은 측면에서이다. 앞에서 언급한 봉기들에도 '살육-약탈의 체계', '약탈-방화의 체계', '약탈-방화-살인 체계' 등을 확인할 수 있다.

'먹기'는 정치적 과정의 필수적 구성요소이다. 반란자들은 먹기를 일종의 전복의 도구로, 공적 봉사에 대한 보상으로 활용하고자 했다. 이들은 약탈 후 공적 자금을 둔 후 분배를 했으며 이는 잔치로 행해지기도 했다. 전주성 함락 후 동학군 수뇌부는 서발턴들의 사기를 위해 약탈을 허락한다. '한이 맺힌 자들'을 위한 보복의 수단으로 이를 허락하자 임여삼 등은 10여 명의 부하를 이끌고 감영의 도사 김치원의 집으로 가 약탈·방화하게 되는 것이다. 이 같은 음식, 술, 분담금 등의 할당은 최고의 권위로부터 주어지는 승인, 축복, 격려, 또는 지지로서의 의미를 갖는다.

④ 서발턴과 연대 세력

봉기의 연대 여부는 우선 '모방'을 통해 확인할 수 있다. 어떤 것을 모방한다는 것은 봉기 내부에 있는 '봉기정신'이 동일하다는 것을 의미하며, 이는 추상적 차원의 연대라 할 수 있는 것이다. 《들불》에 나타나는 봉기는 두 가지 모방 형태를 띤다. 첫째는 서발턴들의 봉기는 사료에 나타나는 이전 봉기들을 모방하는 것이다. 우선 이 봉기는 '임꺽정'의 반란을 모방한다. 이 반란은 봉기의 정신이 동학혁명의 정신과 맞닿아 있다. 두 텍스트 모두 민중의 목소리를 충실히 담고자 했고 그리하여 민중 편에서 지배층과 대결하는 혁명정신이 잘 드러나 있다. 그리하여 두 텍스트는 민중들의 삶을 충실히 그려낸다. "다양한 토속어·방언의 발굴과 활용, 경쾌하며 리드미컬한 문체의 개발, 생활관습과 향토지리에 대한 해박한 지식"은 민중들의 생활상을 잘 그려내고 있다. 임꺽정이 등장하던 사회상과 임여삼이 동학도가 되어갈 수밖에 없는 사회상이 공통적으로 그려

짐으로써 봉기의 필연성을 피력하고 있는 것이다.

다음으로는 홍경래의 난을 모방한다. 이 난은 동학란이 일어나기 40여 년 전에 일어난 것으로, 비슷한 양상을 띤다. 가산 난리는 지방 관리의 차별 대우, 탐관오리의 숙청 등으로 먹고 살기 힘들어진 백성들이 관을 향하여 책임져달라고 궐기한 난이다. 봉기의 동인, 봉기의 양상 등이 유사하나 봉기의 최종 목표가 달랐다. 홍경래의 난은 왕조를 부정하고 새 세상을 이룩할 것을 주장한 반면 동학란은 평등한 세상을 구하나 왕조는 긍정한다. 또한 이번 난에서는 외세가 주요 적대세력으로 등장한다는 점이 앞의 난과는 다르다.

두 번째 유형의 연대는 텍스트 내 봉기들 사이의 모방이다. 텍스트 내에 나타나는 4개의 봉기들은 모두 동학도들이 주도가 된 민란이며, 이들이 민란을 일으키는 방식은 봉기정신, 봉기양상 등이 거의 동일하다. 그들은 다른 사람들이 민란을 일으키는 것을 보거나 들었기 때문에 동일한 상황 하에서 유사한 방식으로 봉기를 일으키는 것이다. 결국 모방은 민요를 고무하거나 봉기의 자극제가 되었고 폭력은 보편화되고 새로운 의미를 획득하게 되는 것이다.

텍스트 내 동학도들의 연대는 수뇌부들을 갖춘 조직을 통해서도 이루어지지만, 이들이 이동하거나 전투할 때마다 동원되거나 합류되는 일반 민중들이 합류하는 전염을 통해서도 이루어진다. 굶주리고 학정에 시달린 백성들은 동학도들을 따라다니면 배를 곯지 않는다는 것을 알게 되자, 이들 부대가 나타나면 자신들이 식기를 들고 따라다니며 합류하여 동학도가 되었다. 지배자들이 보기엔 들불이 일 듯 일어나는 동학도들의 무리는 질병과 부도덕과 부정의 징후로 보이는 전염을 연상시킨다. 그러나 이 전염은 피억압자들에게는 저항권에 기초하는 건강과 영적 재활의 긍정적 기호가 된다.

텍스트 내 연대는 앞에서 언급한 것과 같은 계급적 연대가 폭넓게 타나난다. 그러나 민족연대 또한 때론 계급연대를 전위하여 나타나기도 한다. 대원군과 동학도들의 연대가 우선 그러하며, 이들이 다함께 왜상과 기독교세력에 적대적 태도를 취한 것이 이에 해당된다. 대원군은 외세를 축출하고 재집권하기 위해 수구세력을 모으는 한편, 노도(怒濤)와 같이 세를 이루어가는 동학도들과 연합한다. 이를 위해 이진악은 대원군과 동학도들 사이에서 계층연합을 이루기 위해 노력한다. 그는 "대원군을 국난을 극복할 수 있는 지도자로 숭배하면서 자주국가 건설의 사명의식에 사로잡히는가 하면 천민인 여삼이와 의형제를 맺기도 하는 등 반상의 신분차이를 극복하고자 하는 근대적이고 진보적인 평등사상을 표출하기도 한다."[148] 이를 통해 두 세력 간은 연대의 통로가 이루어지나, 대원군 측에서 일본을 등에 업고 재집권하게 되자 동학군의 해산을 종용하게 되고, 연대는 끊어진다.

대원군과 동학군의 공통된 주요 목표는 '척사'이며 이는 민족주의 정신의 발로라 할 수 있다. 대원군 측의 '위정척사' 정신은 전봉준에게 보낸 밀지를 통해서 잘 전해져 동학도들의 또 하나의 투쟁 목표가 된다. 그러나 동학도들은 왜상과 기독교의 조선침탈을

[148] 박은숙, 앞의 글, 329~330쪽.

자력으로도 체득하고 있다. 갱갱이포의 왜놈 장사꾼들의 장사수완, 고을의 사또들과 제휴하여 백성들을 수탈하는 행위, "저희 교만 믿으면 당장 운수대통 한다고 조상들 대대로 가지고 있는 이름까지 빼앗고 공짜로 병을 고쳐주면서 정신머리를 빼내"[149]는 양귀자들에 대해 그들은 민족의식을 가지고 해석하며 저항한다.

이 작품에는 농민봉기의 커뮤니케이션으로 우선 격문이 등장한다. 고부민란 당시 백성들을 동원하기 위해 동학도들은 격문을 붙인다.

> 우리가 이에 의거(義擧)한 것은 그 본의(本意) 타에 있는 것이 아니라 오로지 창생(蒼生)을 도탄(塗炭)에서 건지고 국가를 반석(盤石) 위에 두며, 안으로는 탐학한 관리들의 머리를 베이고 밖으로는 횡포한 강적(强賊)의 무리를 구축하려는 것이다. 양반과 부호들의 밑에서 고통을 받는 민중(民衆)과 방백(方伯), 수령(守令) 밑에서 굴욕을 당하는 소리(小吏)들은 우리와 같이 원한이 깊은 자이다. 주저하지 말고 시급히 일어서라. 기회를 놓치면 후회 막급하리라.[150]

이는 '익명의 위협편지'가 비밀스럽고 사적인 내용을 다루는 것과는 달리 공개적이고 공적이며 통고, 회람, 빠르와나(parwana: 명령문, 지령서)의 형식을 취한다. 이는 모든 부류의 동요하거나 관망하는 자들을 단호하게 그리고 필요하다면 강제적으로 동원하겠다는 무장 서발턴 대중의 의지의 공적 표출이다. 이는 칙서의

[149] 유현종, 앞의 책, 125쪽.

[150] 유현종, 앞의 책, 239~240쪽.

형식을 취하고 명령문들을 자유롭게 사용하며 집단적 성격을 표방하기 위해 주어는 '1인칭 복수'로 표기된다.[151]

동학도들의 격문 또한 문자로 표기되는 일반적 봉기 커뮤니케이션과 마찬가지로 공개적이고 공적이다. 백성들이 많이 다니는 길가 주막 옆 버드나무에 공개적으로 내걸어 보게 하고 봉기 동참을 권유하고 있기 때문이다. 이는 관망하는 자들에게 '주저하지 말고 시급히 일어서라', '기회를 놓치면 후회 막급하리라'고 명령하고 위협한다. 그리고 이는 '호남창의대장(湖南倡義大將)'의 이름으로 내건 것이지만 주체는 엄연히 '우리'라는 1인칭 복수로 표기되어 집단의 의사임을 분명히 밝히고 있다.

이들은 봉기 대상을 분명히 하기 위해 봉기 참가를 위한 격문만 붙이는 것이 아니라, 봉기 대상자들에게 자신들의 의지를 밝히고 명령하는 격문을 사용하기도 한다. 대표적인 것이 한양 성내 각처에 붙은 괴벽보 중 하나로, 이는 왜국 공사관 담벽에 붙은 벽서이다.

> 왜국상인(倭國商人)들은 보아라.
>
> 전략(前略). 마땅히 자기 나라에서 생업에 힘쓰고 국토를 길이 보전하되 위로는 군(君)과 장(長)을 받들고 아래로는 자손을 양육해야 하거늘 망령되게 탐욕한 마음으로 안방을 침범하고 공격을 일삼고 살육에 힘쓰니 그 무슨 마음이며 장차 어찌하려는 거냐, 그 옛날 임진란 때에 우리에게 무슨 허물이 있어 너희들이 국력을 다하여 내침하였으며, 너희들이 패해서 돌아간 후

[151] 라나지트 구하 지음·김택현 옮김, 앞의 책, 235~238쪽.

우리들의 참화는 눈으로써 볼 수 없었다. 동국의 성스러움을 너희들은 아느냐 모르느냐. 서산대사(西山大師)의 가르침과 사명대사(四溟大師)의 술법을 너희들은 벌써 잊었느냐. 하늘이 너희들을 미워하고 스승이 너희들을 경계한다. 너희들의 생사의 안위와 길을 너희 자신들이 택하라. 후회하지 말고 너희 나라로 시급히 돌아가라.[152]

동학도의 소행으로 알려진 벽보이다. 앞의 벽서와 마찬가지로 공적이고 공개적인 성격을 띠었으나, 이는 주어가 2인칭 복수 주어 '너희'이며, 벽서를 쓴 주체인 '우리'는 '너희'에게 명령하는 명령문으로 되어 있다. 조선 말기의 왜국 상인들의 침투를 과거의 역사적 사건을 들어 비난하며 본국으로의 귀환을 촉구한다.

⑤ 서발턴 봉기의 전파

동학란의 전파과정은 '들불'로 잘 상징화된다.

……불이 난 것일까. 마을도 없는 가없는 들판 중앙에 연기가 뭉클뭉클 솟아나고 있었다. 연기가 솟는 곳은 한 곳뿐이 아니었다. 그 근처 여러 곳에 모락이면서 피어나고 있었다. 그러자 순간 이상한 현상이 일어났다. 분명히 연기가 솟아오르던 처음의 지점이 언제 타고 있었냐는 듯이 말끔해졌다. …(중략)…들판에 도깨비불이 일어난 것도 같았다. 그러나 도깨비불이라면 불의 모습이라도 있을 텐데 연기만 나고 있으니 종잡을 수 없었다.

---

[152] 유현종, 앞의 책, 224쪽.

푸썩, 연기만 일어났다가는 꺼지고 그리고 그것이 움직여서 다른 쪽으로 옮아가며 풀썩 연기를 냈다.[153]

들불은 농투성이나 상놈의 죽은 혼백이 모여 이루어진 것이다. 들불은 외부의 인위적 자극 없이 발생하며, 불꽃은 보이지 않고 연기만 여기 저기 솟아오른다. 연기가 솟아오르던 지점이 돌연 사라지며, 이내 다른 지점에서 또 다른 연기가 솟아오른다. 들불의 특징은 '푸썩임'으로 표현될 수 있다.

이 같은 들불은 봉기의 특징을 잘 드러낸다. 서발턴 봉기는 돌발적으로 발생하며, 신속하게 확산되어 경계를 순식간에 넘어서서 여러 곳에서 동시적으로 일어나는 것처럼 보인다. 전라도 내에서 동학의 전파도 '들불'의 속성을 그대로 갖고 있다. 전라도 삼례에서의 포덕에서는 많은 입도자들이 몰려, 입도식을 갖추지 못하고 '마당포덕'을 시작했다. 이는 입도식을 갖추지 못하고 마당에 세워놓고 청수(淸水)를 올리는 것으로 입도식을 거행한 것이다.[154] 동학도들의 입도자가 늘어나는 것은 세(勢)의 확장을 의미하고, 이들은 금구, 원평, 부안, 고부, 순창, 태안 등지에서 민란을 일으키는 주역이 되는 것이다.

반란자의 메시지는 글보다는 발회된 언설을 통해 더 많이 전달된다. 무장에 입성한 동학군의 지도자 전봉준이 2만 여명의 군중에게 연설을 하는 장면은 카리스마를 형성했다. 장중하고 큰 목소리

---

[153] 유현종, 앞의 책, 68~69쪽.

[154] 이이화, 「동학농민전쟁과 역사소설」, 『현대문학』, 1974년 6월, 391쪽.

가 군중들을 향하여 연설했을 때, 군중들의 눈에는 그가 불가능을 모르는 신처럼 보였다. 황토치에서 부안, 고부, 정읍, 흥덕, 태인 등등을 돌아오는 사이 쉰 목소리는 봉기의 체험적이고 실천적인 영역뿐 아니라 그 너머에 있는 어떤 세계를 지시했고, 현 세계의 조건들을 변화시키려는 욕구를 일종의 다른 세속성으로 재현했다. 그리고 그 같은 담론의 지시적 불투명성은 신화에 의한 봉기의 실천적, 사회적 측면들의 매개인 종교에 의한 계급투쟁 이데올로기의 매개로 표현되었다. 동학농민봉기의 지도자로서 그는 "예언가와 개혁가의 영감어린 언어"[155]로 서발턴들을 선동하고 격려했다.

그는 수많은 농군들을 동학에 입도시키는데, 동학에의 입도는 곧 동학군이 되는 것을 의미한다. 그에 의하면 동학군은 신군(神君)으로 하늘이 점지하고 하늘님이 내려주신 귀신 군대이다. '시천주 조화정 영세불망 만사지' 13자 주문과 '궁궁을을' 부적은 신군의 표적으로, 동학군을 관군과의 싸움에서 이기게 하고 총알조차 피해가는 불사신이 되게 한다. 신력(神力)과 부적이 동학군에게 있음은 천운이 도래했음을 알리는 표징이 되고, 흉악한 탐관오리와 인도에 어긋난 천륜을 바로 잡는 것은 하늘의 명이다. 그의 이같이 명백한 동기를 지닌 메시지는 농촌대중을 동원했고, 의미론적 미끄러짐이 없이 서발턴들에게 전달됐다.

동학도들은 봉기를 선동하고 봉기참가자들의 전의(戰意)를 다지기 위해 노래를 부르기도 한다. 동학도들이 부르는 검가가 이에 해당되는데, 이는 검무라는 춤동작과 직결되며, 동학의 의식

---

[155] 라나지트 구하 지음·김택현 옮김, 앞의 책, 301쪽.

에 주로 사용된다. 검가를 부르는 것은 동학의 종교적 의식의 하나로서 칼이 지니는 상징적 의미를 포함하며, 동학이 지향하는 '후천개벽'의 새로운 사상을 위해 구체적이고 직접적으로 나서겠다는 일련의 의지를 드러낸다.[156] 텍스트 속에는 동학군이 마지막 출정을 앞두고 교주의 접전 아래 제사를 지내고 마지막 순서로 검가[157]를 부르는 장면이 나타난다. 공동체적 제의 이후의 전투를 위해 이들은 죽음을 불사하고 구국의 싸움에 온몸을 바치겠다는 결의를 다지는 것이다. 또한 이 검가는 작품 전반부에도 여삼의 아버지 임호한이 동학도였음을 알려주는 단서로 나타난다. 여삼은 아버지가 여진민란을 주도하여 마을을 떠나기 전 집에서 가끔씩 불렀던 노래가 동학도들이 부르는 '검가'였음을 의식이 개혁되어 가는 도중에 깨닫게 된다. 아버지로부터 아들에게로 전해지는 '검가'는 공동체의 결속을 상징하는 한 수단이자 종교적 의식을 일깨우는 수단으로 나타나는 것이다.

동학의 전파에도 주요 수단으로 등장하는 것은 익명의 발화라 할 수 있는 소문이다. 문맹의 서발턴들이 많은 시대에는 이들의 봉기가 소문을 통해 폭발적으로 확산된다. 하나의 거대한 소문은 공포를 확산시키며, 많은 서발턴들이 봉기에 참가하게 된다. 소

[156] 윤석산, 「동학가사 《검결》 연구」, 『동학사상과 한국문학』, 한양대출판부, 1999년, 166쪽.

[157] "시호(時乎), 시호(時乎), 부재래(不在來)라 만세일지장부(萬世一之丈夫)로서 오만년지시(五萬年之時)로다. 용천검(湧天劍) 드는 칼 아니 쓰고 무엇하리! 용천검 날랜 검(劍)은 일월(日月)을 희롱하고 게으른 무신장유(無信長孺) 우주(宇宙)에 덮여 있네! 자고명장(自古名將) 어디 있노 장부당전(丈夫當前) 무장사(無壯士)……"(유현종, 앞의 책, 452쪽).

문은 지역 주민들을 사회화시켜 봉기의 대의를 알게 하고 선동하는 역할을 하게 한다. 특히 시장이 이 같은 소문의 전파지로써 중대한 역할을 하는 경우가 많은데《들불》에서도 예외가 아니다. 삼례 장터는 동학꾼들이 '인내천(人乃天) 사상'을 사람들에게 전파하는 공공장소로써의 역할을 한다. '인내천'은 '사람이 곧 하늘이고 하늘이 곧 사람'인 만민평등사상으로 동귀일체(同歸一體)를 의미한다. 장터에서 동학에 관한 소문을 들을 백성들은 동학에 관해 사회화되어, 봉기가 시작되면 동학교도가 되고 동학군이 되어 봉기 참가자로 전환되기 쉽다.

소문은 백성들과 지배층에게 양가적 의미로 해석된다. 백성들에게는 새 세상에 대한 기대와 불안으로 작용하는가 하면 지배층에게는 오로지 공포로 작용한다. 특히 백성들은 현재의 고통으로부터 벗어나게 해줄 반란지도자를 갈망하며 그를 신격화하고, 혼란된 상황을 불안으로 대처한다. 그러나 지배권력자들은 봉기 세력이 커감에 따라 소문에 민감하게 반응하며, 공포에 떨게 된다.

이 과정에서 소문은 윤색되고 개정되며 때론 메시지가 수정되기도 한다. 소문은 전이되어감에 따라 '첨가·삭제·비틀기'[158]의 과정을 거치는데 이는 이데올로기나 민중적 표현양식을 반영한다. '열아홉 마당 부활한 전봉준'에는 전봉준을 둘러싼 소문의 변이양상을 볼 수 있는데, 이는 전봉준을 신격화하는데 기여한다. 전주성을 내주고 고향으로 돌아가는 서발턴 군사들에게 '전주성 싸움에서 대포탄의 파편에 맞아 죽었다던 전봉준 장군이 살아 있

[158] 라나지트 구하 지음·김택현 옮김, 앞의 책, 313쪽.

다'는 놀라운 소문이 들린다. 소문은 입에서 입으로 전해져 메시지가 첨가되고 비틀어진다. 소문의 전파과정은 다음과 같다.

> ㉠ "……두령들만 나중에 모여 각고 그 상여를 떠매고 장지를 찾어갈라고 허니께 상여 속에서 사람 소리가 나더라."
> ㉡ "어이고 답답허다! 누가 날 이 속에다 넣어 놓았냐! 어서 나 좀 끌어내다오, 그러더라네!"
> ㉢ "그리서 두령들이 놀래 각고 상여를 내려놓은 뒤에 늘짝 뚜껑을 여니까 녹두장군이 벌떡 일어나 앉으시더라 그런 말 아닝가베."
> ㉣ "그려? 허, 워너기 그 냥반은 신인(神人)이시고 불사하신다더니만 사실이었고만? 그래 살아나신 것을 누가 봤다등가?"[159]

소문 전파자는 소문의 신빙성을 강조하기 위하여 자신이 알고 있는 정보를 점점 더 확실한 표현으로 변형시키고 첨가한다. 전봉준이 살아 있음을 드러내기 위한 표현은 '사람 소리가 나더라'에서 '나 좀 끌어다오'로, 급기야는 '벌떡 일어나 앉으시더라'로 바뀌는 것이다. 소문 발신자의 이 같은 발언에 소문 수신자는 '누가 봤다등가?'라고 반응함으로써 상대방의 말의 사실성을 재차 확인한다.

소문은 전봉준의 신성을 전파하여 이데올로기를 확산시키고 군사행동을 촉발시키는데 기여했다. 종교적인 성격을 갖는 모든 사고방식의 경우처럼 농민은 자신의 행위 당위성의 의미를 매개물에 부여하여 봉기는 세상의 모든 권위들까지 포함하는 천상의 왕권이 허락하여 합법적인 것이라고 생각하는 것이다.

---

[159] 유현종, 앞의 책, 402~403쪽.

⑥ 봉기의 영토성과 영토적 유대

텍스트 내 설정된 동학농민봉기는 전라도 지역을 경계로 한다. 네 봉기 모두 전라도 지역에서 궐기한 봉기일 뿐 아니라, 앞서 일어난 두 봉기는 특히 지역적 경계를 넘지 않는다. 그리고 이는 농민봉기의 한계로 들 수 있다. 그들에 의하면 가장 강력한 농민 봉기조차 지역적 관계와 지역적 경계를 넘어서지 못했는데 이는 혈연성과 인접성에 기초한 그들의 삶의 토대 때문이기도 했다. 봉기의 범위는 해당 농민들의 경제생활과 관련된 전체적인 물질적 조건들, 그들의 싸움이 벌어진 지형, 적들에 대항했던 그들의 무력과 인력 등에 의해 좌우되는 것이 일반이다.

여진민란은 여진지역에서의 계급 투쟁적 성격이 짙다. 여진민란의 주동자는 여진 지역에 사는 일반 백성들이다. 이들은 자신들을 착취하는 관에 맨손으로 항거하다 관의 보복에 몽둥이와 낫 등을 들게 된다. 즉 여진 관아를 상대로 한 이들의 투쟁은 생존권이 위협 당하게 되자결국 무장 항쟁으로 가게 되고, 관아를 점령하고 치안권까지 획득하게 된다.

그러나 이들의 봉기는 계급 투쟁적 성격뿐 아니라 민족 대항적 의미도 내포하고 있다. 이들이 거주하는 인근에 있는 갱갱이포에는 왜상들이 양반들과 짜고 백성들의 고혈을 짰다. 이들은 광목으로 쌀을 헐값으로 사들여 본국으로 가지고 가서 고리대금업을 했으며, 고을 사또는 이들을 돕고 이(利)를 취했다. 이러한 가운데 서발턴들은 외지인들 또한 적으로 보고 대항해야 하는 세력으로 여겼다.

봉기자들의 이방인들에 대한 적대감은 시간상으로 볼 때 그들이 일으킨 봉기보다 훨씬 앞서 존재한다. 금강의 줄기인 갱갱이포가 있는 탄현지역은 오랜 외침의 역사를 갖고 있다. 백제의 사비성을 물리쳤던 소정방의 수병 15만도 이곳을 짓밟았으며, 임진왜란과 정유재란 당시 왜의 살육과 노략질이 있었으며, 1890년대부터는 왜의 상선이 나타나 자신들의 상품으로 조선인들을 식민화해갔다. 그러므로 봉기세력은 서발턴 백성들을 착취하는 양반지배층뿐 아니라 백성들을 침탈하려는 외부세력에도 대항하는 의미를 지녔다.

봉기는 영토성으로 한계 지워지는 경우가 많은데, 때론 영토적 유대로도 나타난다. 1894년의 동학농민혁명은 전봉준의 주도하에 남접 지도자들에 의해 수행되었다. 이때 북접의 대도소에서는 남접의 봉기를 만류·제재하였다. 그러나 최시형은 끝내 주위의 압력 때문에 2차 봉기에 와서는 논산에서 남·북접이 회합, 공주 공방전에 참여하게 된다.[160] 소설 속에는 전주성 공격이 동학 남접 세력의 유대에 의해 이루어졌으며, 동학 세력의 2차 공격이라 할 수 있는 공주성 공격이 남·북접 세력의 유대로 이루어지는 장면이 나온다. 이들은 공공의 적[161]에 맞서 싸우기 위해 유대하는 것이다.

이 같은 영토적 유대는 공통된 정신적 지주를 소유함으로써 이

[160] 이이화, 앞의 글, 391~392쪽.

[161] 공공의 적은 동학군의 '집강 12목'에 잘 나타나 있다. 이 글 '3. ① 서발턴의 저항과 부정의 대상' 참고.

루어진다. 동학의 인내천 사상이 이에 해당된다. 인내천(忍耐天)은 '사람이 곧 한울'이라는 뜻으로, 사람은 누구나 자기가 모시고 있는 한울님을 깨달으면 곧 자기 자신이 한울님이 될 수 있다는 사상[162]이다. '사람이 곧 한울'이라는 사상은 '양반이고 상놈이고 원래 모두 하늘처럼 귀한 사람'으로 해석되어 양반층에 대한 저항정신의 토대가 된다. 작중에서 남접 지도자 김계남은 남원부사에게 "백성 없는 나라와 상감이 어딨으며, 성의 부사가 어디 있더란 말이냐!"라고 절규하며 "백성이 곧 하늘이요 하늘이 곧 백성"[163]이라고 말하고 서발턴 봉기의 목표가 만민평등세상임을 밝히고 있다.

4. 결론

유현종의 《들불》에서는 서발턴의 저항이 하나의 패러다임으로 드러난다. 텍스트 속에 나타나는 서발턴은 외세와 지배권력에 대해 저항한다. 이들은 처음에는 생존적 동기에 의해 충동적으로 봉기에 참여하나 차츰 주체화되어 간다.

서발턴의 봉기는 일반적 패러다임에 의해 진행되는데, 이는 억압과 착취의 전통에 비례하여 저항과 폭동의 대항 전통이 형성되기 때문이다. 《들불》에 나타나는 봉기의 부정의 대상은 지배층과 외세이다. 지배층은 양반 관료들이며 외세는 기독교와 일본으로

---

[162] 임금복, 앞의 글, 160~162쪽.

[163] 유현종, 앞의 책, 415쪽.

동학교도들의 폐정개혁안에 잘 나타난다. 《들불》에 나타나는 서발턴 봉기는 빈곤과 수탈이 동인(動因)이다. 이로 인하여 봉기는 필연성을 획득하며 범법적 행위들도 사회적 대항 행위로 해석된다. 이 지점이 봉기가 범죄와 구분이 불분명한 모호성으로부터 벗어난 곳이다. 또한 봉기는 범죄와 달리 외세에 대한 민족대항의 측면을 지니고 공동체 내에서 일탈자의 범죄 행위로 해석되기 보다는 서발턴들의 생존권적 결단으로부터 나온 아래로부터의 혁명의 성격을 지닌다. 다음으로 《들불》에 나타나는 봉기는 상의, 계획, 집회, 공격의 양상으로 진행된다. 여진민란, 고부민란, 무장관아 습격, 전주성 함락 등에서 나타나는 모든 봉기에서 동일한 양상이 나타난다. 서발턴 봉기의 연대는 추상적 모방과 구체적 연대를 들 수 있는데 모방은 '봉기 정신'이 동일한 이전 봉기들을 따르는 것이며, 구체적 연대는 동학 집단이 일으킨 봉기들 사이의 유사성을 말한다. 서발턴 봉기의 전파는 발화된 언설에 의해 신속하게 확산된다. 전봉준의 연설은 대표적인 발화된 언설로서 그는 민중들을 선동하고 격려했다. 또한 익명의 발화라 할 수 있는 소문도 문맹의 서발턴들에게는 봉기를 폭발적으로 확산시키는 촉매제 역할을 하였다. 마지막으로 《들불》에 나타난 동학농민봉기는 전라도 지역을 경계로 한다. 네 봉기 모두 전라도 지역에서 궐기한 봉기일 뿐 아니라 앞서 일어난 여진민란, 고부민란 등은 특히 지역적 경계를 넘지 않는다. 그러나 봉기가 확산되면서 봉기는 영토성을 넘게 되는데, 이는 봉기정신이 동일하므로 지역 간 경계를 넘어 연대하게 되는 것이다. 남북접의 연대는 이에 해당된다.

《태백산맥》에 나타난 서발턴의 저항 양상 연구

1. 서론

《태백산맥》은 해방정국에 있었던 서발턴 저항 양상을 잘 드러내고 있는 텍스트이다. 《태백산맥》이 시간적 배경으로 하고 있는 1948년 10월 25일에서 1953년 9월 말일 경은 우리나라 역사에 있어서 서발턴들의 저항 양상이 두드러진다.

해방 후 남한의 경제는 구조적 위기를 맞게 된다. 300만에 달하는 귀환동포 및 월남동포의 유입, 물자부족에 따른 매판 자본가들의 매점·매석, 누적된 미군정의 재정적자 및 통화팽창, 북으로부터의 단전 등으로 대부분의 서발턴들은 높은 물가상승, 실업난,

식량문제 등에서 허덕였다. 특히 당시 인구의 80퍼센트에 달하던 농민들은 미군정의 미곡수집정책, 저곡가정책 등에 의해 기아와 착취 등과 싸워야 했다. 한 마디로 서발턴 저항의 근본에는 미곡 문제가 있었다. 이들은 1946년 가을항쟁, 1948년 단정단선반대투쟁에서도 공출반대를 외쳤으며 습격대상도 쌀창고나 공출과 직접 관련을 맺는 경찰, 관리, 지주 등이었다.[164]

《태백산맥》에도 이와 같은 서발턴들의 저항이 잘 나타나는데, 대표적으로 여순봉기[165], 소작쟁의, 빨치산 투쟁 등을 꼽을 수 있다. 6·25전쟁 또한 이 같은 측면에서 다루어지고 있으나 6·25전쟁이 봉기에서 더 나아가 국토 전반에 걸친 전면적인 싸움인 것을 감안해 봉기에서 제외시킨다면 크게는 앞에서 언급한 세 가지 저항으로 압축할 수 있다. 텍스트는 4부로 구성되는데, 제 1부에서는 여순반란을 여순 반란 종결 시점인 10월 25일부터 1948년 12월까지의 구빨치의 투쟁을 중심으로, 제2부에서는 소작쟁의를 여순

---

[164] 황남준, 「전남지방정치와 여순사건」, 『해방전후사의 인식』 3, 한길사, 2016년(1판 17쇄), 442~426쪽.

[165] 여순봉기는 제주 4·3사건'을 계기로 미군정이 숙군을 단행하던 중 갑자기 14연대에 제주도 출동명령을 하달하자 명령을 불복하고 무기고와 탄약고를 점령한 뒤 '동족상잔의 제주도 출동'을 거부한 데서 비롯되었다. 출동부대는 반란군으로 돌별해 다른 부대, 민간인 등이 합류해 10월 19일 23시 30분 경 여수읍내로 진격한다. 경찰서, 관공서 등 주요기관이 점령되고 보안서 및 인민위원회가 구성되며 거리에는 인공기가 게양된다. 그리고 이는 순천, 구례, 곡성, 남원, 벌교, 보성, 화순, 광주, 광양, 하동 등으로 확산된다. 이 반란은 14연대 병사들이 주축이 된 무장력뿐 아니라 민간인 폭동가담자들인 남로당원, 지하좌익 청년, 학생단체, 농민, 노동자 등이 함께 하게 된다. 이들의 부정의 대상은 경찰, 미군정 등이었다.

사건 이후 10개월간 있었던 농민투쟁을 중심으로 묘사하고 있다. 제3부에서는 6·25전쟁을 1949년 10월부터 1950년 12월까지 있었던 사건을 중심으로 다루고, 제4부는 1950년 12월에서 1953년 9월말까지의 빨치산 투쟁을 다룬다.

서발턴의 봉기는 일정한 저항 양상을 띤다. 라나지트 구하는 그의 저서 『서발턴과 봉기:인도에서의 농민봉기의 기초적 측면들』[166]에서 서발턴 봉기는 '부정-모호성-양상-연대-전파-영토성'의 구조로 나타난다고 말한다. 이들의 저항은 지역 문화, 지배집단의 성격에 따라 다소 다르게 나타나기도 하지만 봉기의 일반적 형식과 일치하는 경향이 있다. 억압과 착취의 전통에 맞선 폭동의 대항 전통은 하나의 패러다임으로 나타나는 것이다.

《태백산맥》에 나타나는 서발턴 저항을 구하가 말한 서발턴 봉기의 패러다임에 따라 분석해보도록 하겠다. 인도의 서발턴 봉기와《태백산맥》의 서발턴 봉기의 유사점을 통해 서발턴들은 세계 어디서나 폭압적 지배권력에 대항하며 이들의 저항은 일정함 패러다임을 따름을 확인할 수 있을 것이다.[167] 그리고 이는 한 국가 혹은 한 사회가 문제를 진단하고 전체적으로 통합을 이루려할 때 가장 먼저 고려해야할 사항이 될 것이다.

---

[166] 라나지트 구하지음·김택현 옮김, 앞의 책.

[167] 김희숙, 앞의 책, 101쪽.

2. 《태백산맥》에 나타난 서발턴 저항 : 봉기

① 서발턴 봉기의 부정

《태백산맥》에 나타난 서발턴들의 부정의 대상은 미군정, 지주나 유지들, 군·경과 같은 권력을 지닌 자들이다. 부정의 대상으로서의 미군정은 《태백산맥》에 나타나는 세 반란 모두에 드러나며 세 반란이 발생한 근본원인이다. 특히 여순반란에는 봉기의 원인과 진압과정에서 서발턴들이 직접적으로 싸워야 하는 대상은 미군정이었다.

미군정은 해방정국에서 정치적으로는 혁명세력의 말살로, 경제적으로는 미곡수매정책으로 서발턴들을 괴롭혔다. 미군정은 공산주의세력을 완전히 제거하고자 조직적인 세력이 필요했고 그것은 곧 일제강점기의 경찰조직과 끄나풀 노릇을 했던 집단이었다. 경찰조직은 중앙집권적 조직이었다. 서울에는 사령부를, 각 도마다 도경찰국을, 그 아래에는 군경찰서, 또 그 아래에는 읍과 면 단위의 지서가, 마을에 따라서는 파출소를 두었다. 경찰조직은 행정조직과 완전히 분리된 채 자체의 통신시설과 운송시설까지 갖추고 무력식민통치를 극대화하고자 했다. 일제는 경찰조직을 이용하여 모든 정치성을 띤 단체나 회합에 대해 등록·통제·감시했으며 인쇄물이나 신문, 영화, 우편물 등에 대한 사전 검열을 실시했다. 곡물의 공출을 강요하고 감시했으며 고도의 훈련을 거친 비밀경찰과 정보원 조직을 갖춰 그것을 활용했다. 미군정은 그런 경찰의 수를 급속히 확대시키는 한편 장비의 강화도 꾀해 통신망을 강화했다.

미곡수집정책은 1946년 10월말부터 본격적으로 실시되었다. 소작료 미곡을 전량 공출하고 쌀을 배급받는 과정에서 경찰이나 관리에 의한 소작농이나 빈농들의 착취가 심했다. 미군정은 1948년도에 괄목할 만한 미곡수집의 실적을 올렸으나 이와 반대로 농민은 낮은 미곡수집가격으로 심각한 식량문제가 야기되었다. 농민들은 이로 인해 시위하고, 지주 집이나 쌀 창고 등을 습격을 하였다.

이와 같이 군정은 정치와 경제 양면 모두를 반민족세력에게 넘겨줌으로써 남한을 속국화시켰다. 미곡수집정책으로 쌀값을 500배까지 올려 인플레와 함께 대중경제를 파탄에 몰아넣었고 미국의 각종 잉여상품과 잉여농산물을 풀어놓았다. 점령지를 자기네 경제에 예속시킴과 동시에 자기네 시장으로 확보한 것이다. 그들은 귀속재산을 장악한 다음 기업이윤을 빼먹고 그것을 반민족세력에게 넘겨주었다. 서발턴들에게 해방은 되나마나한 것이 되고 사회모순은 새롭게 야기되었으며 그 결과 민족모순은 더욱 심각해졌다.

미군정에 대한 부정은 텍스트 전반에 걸쳐 나타난다. 김범우, 이학송 등의 지식인의 현실인식에서 뿐 아니라 서발턴들도 이들이 해방의 걸림돌임을 안다.

"…해방이 되고 지금꺼지 워디 요것이 사람 사는 시상이여? …지대로 된 해방이란 것은 양코배긴가 양귀신덜인가 들어오기 전꺼전 두 달 남짓이 아니었드라고? …지주들이 새 기운 얻어 되살아나고, 순사질 해묵은 … 도망질혔든 눔덜이 도로 그 자리 차고 앉고, 그 일 잘허든 인민위원회럴 공산당 못자리판이라고 몰아때려 … 근디 그 다음 시상이 또 워찌 돌아가등가? 쌀값이 하늘 밑구녕 쑤심서 치올르고, 일정 때허고 똑겉은 공출제 아니었드라고? 쌀얼 택도 읎이 싼 값에 폴아넘겨야 허고, 그 담에 배급 타묵는 배곯는 시상으로 안 돌아갔냐 그것이여, 그 임시에 나돈 말이 머시등가? 양귀신덜이 일본눔덜보다 더 숭악허고, 해방이 아니라 일정 때보담 더 못한 시상이 되얐다는 것 아니었는감? 양코배기덜이 우리 가난하고 불쌍한 사람덜 편이 아니란 것은 초장에 폴세 알아뿌렀고, 고것덜이 하는 짓거리가 날이 날마동 못사는 사람덜 지름짜기로 변해가는 판인디, … 남정네덜이 … 고런 잘못된 시상얼 막자먼 대거리럴 하고 나서는 … 경찰에서는 … 좌익으로 몰아때리지 않더라고? …"[168]

여순봉기 이후 우물터에서 왕주댁이 외서댁, 샘골댁에게 한 말이다. 외서댁과 샘골댁의 남편은 구빨치로 염상진 등이 읍내를 장악했을 때 앞장섰던 강동식과 유만복이다. 봉기가 군경에 의해 진압된 후 그들의 가족들은 처형되거나 끌려가 맞는 등의 보복을 당하게 되었는데 외서댁만이 보복을 피해가자 샘골댁은 자신의 남편을 공산주의자가 되게 한 강동식의 아내 외서댁을 비난하고

[168] 조정래, 《태백산맥》2, 앞의 책, 43~44쪽.

왕주댁은 그런 샘골댁을 나무란다. 지금의 어려움은 미군정이 친일파들을 재등용하고 쌀공출을 하며 공산주의자들을 몰아내기 때문이지 남자들이 공산주의를 했기 때문이 아니라는 것이다. 남자들은 이런 세상에서는 싸워야 하며 공산주의자가 될 수밖에 없다는 것이다. 자신의 이름으로 불리지 못하고 택호로만 불리는 서발턴 여성인 왕주댁이 가진 생각은 대부분의 서발턴들의 생각을 재현하고 있다고 할 수 있다.

염상진, 하대치, 강동식은 여순봉기가 실패로 돌아가자 10월 25일 벌교에서의 후퇴작전을 감행하고 조계산으로 들어간다. 율어면을 점령하고 해방구로 만들어 무상몰수 무상분배를 실시하는데 이 해방구는 미군정이 실시한 미곡수매정책과는 대조적으로 경자유전(耕者有田)의 원칙에 입각하여 함께 잘사는 공동체를 만들고자 함이다. 이는 북조선이 감행한 토지개혁의 취지에 맞춘 것으로 미군정하에서 시작된 남조선이 해방 후 3년이 되도록 토지개혁문제를 단행하지 못한 것과 대조된다.

텍스트에서 두드러지게 나타나는 두 번째 봉기인 소작쟁의에서의 직접적 부정의 대상은 지주이다. 지주는 토지를 중심으로 기득권을 놓치지 않으려는 지배계급을 말한다. 소작인들은 지주들에게 땅을 빌려 농사짓는 대신 수확의 반을 소작료로 바치며 그 나머지에서 온갖 종비를 제하고 나면 다음 절기까지 식구들 입에 풀칠조차 하기 힘들다. 그건 땅을 빌려 쓴 대가의 지불이 아니라 생살을 뜯기는 빼앗김이다. 나라에서는 3·7제나 4·6제를 권하나 지주들은 배짱을 부리며 5부제를 요구했고, 그들에게 빌리는 장리 빚조차 5부로 굳어져 소작인들은 빈곤의 악순환 속에서 허덕여야 했다.

《태백산맥》 내에는 지주인 정현동과 윤부자집에 대한 소작인들의 부정행위가 폭행·살인·시위 등으로 나타나는데 이것들은 모두 농지개혁법이 기폭제가 된다. 농지개혁법은 소작인들이 기대하던 바와는 달리 유상몰수 유상분배였다. 지주에게는 돈을 주고 농지를 몰수하며, 소작인은 돈을 내고 농지를 분배받는다는 것이다.

> "…요것이 지주눔덜 땅장시 시켜주자는 것이제 농지개혁은 무신 빌어묵을 농지개혁이냔 말여. 씨부랄 눔덜이 사람을 워찌케 보고 허는 잡지랄덜이여, 시방."
>
> "… 소작 부쳐묵고 사는 것들이야 보나마나 썩은 홍어좆이고 똥통에 구더기제. 눈꼽쨍이만치라도 사람으로 여겼음사 요런 가당찮은 짓거리 혔겄어?"
>
> …(중략)…
>
> "싹 때레뿌시어뿔고 엎어뿌러야제 워째. 옛날 옛적 임금이 다시리든 때에도 백성 없는 나라가 없다고 혔는디. 민주주의다 머시다 험스로 선거헐 적에는 우리 위해 간이라도 빼줄 디끼 허든 눔덜이 국회의원 되고 나서는 우리럴 똥 친 작대기로 취급헌 것잉께. 그눔덜부터 다 때레쥑여야 써."[169]

---

[169] 조정래, 《태백산맥》5, 앞의 책, 213쪽.

농지개혁법에 대한 소작인들의 반응이다. 이들은 지주들에게만 유리한 농지개혁법을 권세 잡은 이들이 돈 있는 놈들 편만 드는 법으로 보며 오랫동안의 기다림이 수포로 돌아간 것에 대해 분노하고 좌절한다. 그리고 이들의 분노와 좌절은 지주들뿐 아니라 위정자들까지 싹 다 때려 부수어야 한다고 말한다. 법 제정자들은 혁신을 기했으나 이는 새로운 권력관계의 기호로 작동했을 뿐이다.

소작인들은 지주 집에 난입해서 집단폭행, 기물파손, 방화 등을 하였는데 벌교에서는 정현동네 작인 네 사람이 소작권과 관련해 정현동의 처남 한갑수를 폭행하고 정현동에게 땅을 산 서운상을 삽으로 찍는 행위로 나타난다. 정현동이 땅을 팔 경우 소작권까지 같이 넘겨줄 것을 부탁하였으나 땅을 매매한 정현동과 서운상이 이들의 요구를 무시하자 벌어진 사건이다. 마삼수, 김복동, 노덕보 등은 수감되고, 강동기는 율어로 도망가 공산주의자가 된다.

정현동은 회정리 3구의 땅을 사 바닷물을 끌어 들여 염전을 만든다. 염전은 농지개혁대상에서 제외되므로 논을 용도변경하여 자신의 소유로 그대로 두고자 한 것이다. 그러나 자신이 소작 부치던 땅의 임자가 바뀐 줄 모르는 소작인들은 '논에 딸린 목숨이 수백'이므로 그 목숨들 불쌍하게 생각해서 용도변경을 재고해달라고 하나 정현동은 부탁하는 소작인을 논바닥으로 밀어 나둥그러지게 한다. 그러자 한 농부가 정현동을 낫으로 찍어 죽인다. 생계의 위협 앞에 지주와 소작인들 사이의 인간관계를 지배하는 규칙들은 도전받았으며 분쇄당했다. 나아가 소작인들은 이들을 전복시키고 뒤집어엎기를 원했으며 지배와 종속의 관례적 코드를 침해하길 원했다. 분배우선권과 매매조건의 타결이 무산되자 400여명의 사람들을 선동해 '악질지주 처단하고 우리 땅을 내 놓으라'고 읍사무소 앞에서 시위를 벌인 윤부자집의 소작인 다섯 명의 행위도 이에 해당한다.

빨치산 항쟁에서의 부정의 대상은 군·경이라 할 수 있다. 여기에서의 빨치산이란 여순봉기 직후 입산하여 투쟁하였던 구빨치를 제외하고 6·25전쟁 막바지에 국군에 의해 수세에 몰려 북으로 올라가지 못하고 지리산으로 입산하였던 공산주의자들을 가리킨다. 빨치산들의 부정의 대상은 미군정과 친일반역자, 지주, 군·경이라 할 수 있다. 그러나 앞의 두 대상은 앞에서 다루었으므로 군·경에 대해서만 언급하겠다.

6·25전쟁 발발 후 급조된 국민방위군은 51년이 되면 빨치산 섬멸에 투입된다. 그들은 빨치산을 죽이기 위하여 작전 지역 내에 있는 사람은 전원 총살하고 공비의 근거지가 되는 가옥은 전부 소각하며 식량은 다른 지역으로 옮기게 했다.

탄량골 학살장면은 빨치산 토벌 과정에서 국민방위군이 행한 학살의 현장을 보여준다.

> "군경 가족과 방위대 가족이 있으면 나오시오!"
>
> 지서주임이 소리쳤다. 열댓 사람이 다투어 뛰어나갔다. 뒤를 이어 군인들이 사람들과 일정한 거리를 두고 골짜기에 뺑 둘러

섰다. 그때 어느 남자가 팔을 치켜들며 벌떡 일어났다.

"대장님, 죽어도 말 한마디 하고 죽읍시다. 국민 없는 나라가 무슨 필요가 있소."

따앙!

총소리가 울리고, 그 남자가 푹 고꾸라졌다. 그 총소리가 골짜기에 겹겹이 울리며 긴 꼬리를 끌었다. 그리고 그것이 신호이기나 한 듯이 일제히 총소리들이 터지기 시작했다.

…(중략)…

총소리들과 온갖 비명들이 뒤엉키고, 사람들이 벌떡벌떡 솟구쳤다가 서로 얽히고설키며 엎어지고 뒤집어지고 고꾸라지고 처박히고 있었다.

…(중략)…

"확인하라!"

메마른 목소리가 다시 울렸다. 간격을 두고 둘러섰던 군인들이 간격을 좁히며 뒤엉킨 시체들을 향해 다가들었다. 조명탄 불빛 아래 각양각색으로 죽어 넘어진 100여명의 모습들이 숨김없이 드러났다. 피비린내가 진동하고 있었다. 땅, 땅, 총소리가 몇 방 울렸다. 확인사살이었다.[170]

빨치산들에게 지서와 면사무소가 기습당하자 경찰과 방위대원들은 신원면의 주민들을 총살하고 가옥들을 불태웠다. 그들이 공비들의 동조세력이 되는 것을 막기 위해서였다. 빨치산과 군경의 대립은 탄량골 주민 500여명이 죽임당하는 결과를 가져왔다. 국민방위군 사건은 경찰력이 동원한 강압으로 수많은 양민을 학살

---

[170] 조정래, 《태백산맥》8, 앞의 책, 174~175쪽.

하는 결과를 가져왔으며 이는 이승만 정권에 대해 국민들이 원성을 터뜨리는 계기가 되었다. 빨치산 항쟁은 기존의 권위를 전복하고자 지서와 관공서 등을 습격하였고 무모하게 이들을 소탕하려는 군·경의 진압작전은 오히려 무고한 양민들의 희생을 가져왔다. 그리고 이는 지배 권력의 권위를 위협하는 기제로 작동했다.

빨치산들은 군·경이 고립섬멸작전으로 압박해오자 소조분산투쟁으로 맞섰다. 고립섬멸작전은 산골마을의 소개를 통해 실시되고 있었는데, 이를 통해 새로운 서발턴들이 형성되었다. 벌교의 고읍들 둘레나 회정리 3구와 장양리의 산자락에도 소개당한 사람들이 자리 잡아 하늘만 겨우 가린 급조한 움막들을 쳤다. 움막 안은 한데나 다름없었고 구들이 없는 바닥에도 짚이나 가마니만 깔려 있었다. 그들은 고구마, 도토리가마니, 산나물말림 등과 같은 식량도 가져오지 못한 채 움막에서 겨울을 나야 했으므로 추위와 배고픔으로 두고 온 고향을 그리워하며 새로운 저항 세력으로 만들어지고 있었다.

빨치산들의 소조부산투쟁은 이 같은 소개 작전에 맞서는 최선의 투쟁방법이었다. 부대를 분산시켜 싸우는 것은 군경을 기습하고 마을을 보존하기에 좋은 작전이었다. 그러나 수적으로 우세한 군경은 여기저기서 작전을 폈고 일단 불붙기 시작한 집들은 손쓸 길이 없어 빨치산들은 겨울투쟁에서의 임시거점들을 잃어갔다. 소개지에서의 불타는 집들은 빨치산에게 적들에 대한 증오심과 혁명의 의지를 들끓게 했다. 피와 불길은 살아 있는 생명체와 같았고 불길은 살아 있는 생명이 무형의 재로 변해가는 마지막 모습이었다. 그리고 이는 혁명의 상징이었다. 혁명을 위해서는 피가 필요한 것이고 불길은 서발턴 봉기의 모습과도 닮아있기 때문이다.

② 서발턴 봉기의 모호성

봉기와 범죄는 초기 단계에는 폭력의 코드를 구분하기가 모호하다. 특히 지배권력은 기존 사회에 대항하는 모든 폭력을 범죄로 읽는 것에 익숙하고, 처음에는 하나의 코드에 의해 다른 코드로 전환해버린 폭력조차 범죄라는 동일 기호로 읽는 경향이 있다. 그들에 의하면 봉기란 음모가 낳은 더 큰 타입의 범죄로 오인된다.

《태백산맥》에 나오는 세 가지 봉기인 여순봉기, 소작쟁의, 빨치산 항쟁 등은 발생 초기에는 지배권력에게는 범죄로 인식되었다. 세 봉기 모두 기존 질서를 전복시키며 범법을 행하는 폭동이었기 때문이었다. 그러나 이 봉기들은 홉스봄에 의하면 '사회적 산적질'[171]에 해당된다. 여순봉기가 14연대의 하극상과 명령불복종이 발단이 되어 일어났지만 봉기가 발생한 근본적인 원인은 같은 동족(제주도 4·3관련)과 싸울 수 없다는 민족의식의 발로였고, 폭동이 전국적으로 확산되어 가는 도중에는 서발턴들의 생존문제와 미군정의 강경진압이 원인이 되었으므로 이는 범죄의 코

[171] 라나지트 구하 지음·김택현 옮김, 앞의 책, 121쪽.

드를 일탈한 것이라 할 수 있다. 소작쟁의 또한 마찬가지이다. 농지개혁법이 공포된 이후에 일어난 쟁의만 하더라도 이는 범죄에서 봉기로 쉽게 코드변경 한 것을 알 수 있다. 소작쟁의는 표면적으로 보기에는 소작인들이 지주들을 폭행하거나 방화하고 살인한 범죄행위로 보인다. 그러나 이는 소작인들의 생존권과 관련되는 문제이므로 개별적으로 보아 범법 행위로 해석하기보다는 이 폭동이 갖는 근본적 문제에 초점을 맞추어 사안을 보아야 한다. 그리고 이 봉기 또한 전국적으로 확산되고 동시다발적으로 일어나는 것으로 보아 단순한 범죄로 보기 힘들다. 빨치산 항쟁도 투쟁의 성격이 전면적이고 집단적이며 생존의 문제가 빨치산이 생기게 된 원인으로 작용한 것을 본다면 반란적 성격을 띤다고 할 수 있다.

위에서 언급한 세 봉기가 범죄로서의 성격보다는 봉기로 읽히는 이유들을 각 봉기별로 살펴보도록 하겠다.

우선 여순봉기에서는 봉기 참가자들에 대해 서발턴들은 범죄자로 인식하기보다는 '인물'이나 '영웅'으로 여긴다. 서발턴들의 인식은 그들은 미군정에 의해 좌익이나 빨갱이로 몰리고 있지만 좌익은 나쁜 것이 아니다. 좌익은 공평한 세상을 만들고자 하는 사람들이며 가난한 농사꾼들은 모두 그런 세상을 바란다는 것이다. 좌익보다 오히려 지배권력의 하수인인 관공서나 순사가 쫓겨나야할 권력이다. 그들은 쌀을 억지로 공출시키고 바른 소리 하는 사람이면 잡아다 패고 좌익으로 만든다. 그러므로 남자들이 제대로 생각하는 사람들이라면 이런 세상을 엎기 위해 나서야 한다. 서발턴들의 인식에는 잘못된 세상을 엎기 위해 나서는 것은 범죄가 아니라 마땅히 해야 하는 일이다. 당국이 범죄자로 잡으려하는 염상진이나 하대치는 오히려 서발턴들에게 희망을 가져다주는 대상이다. 계엄군의 감시망을 뚫고 지주들에게서 쌀을 빼앗아 읍민들이 설을 쇠라고 소화다리 위에 쌀을 가져다 놓은 염상진은 뛰어난 '인물'이며, 경찰들과의 싸움에서 신출귀몰한 하대치는 '영웅'이다.

서발턴들은 여순봉기를 민족적 입장에서 보기도 한다. 지금과 같이 먹고 살기 힘든 세상을 만든 것은 일본에게 붙어 잘 먹고 잘 살았던 양반과 지주들이 또 미국에 붙어 잘도 돌아가기 때문이다. 미국은 절대권력이며 미국 이야기를 잘못하기만 하면 좌익으로 몰려 모진 괴로움을 당한다. 여순봉기만 성사되었더라면 지주도 없어지고 지금은 살기 좋은 세상이 되었을 텐에 양코배기들이 지주 편을 들어 봉기가 실패로 돌아갔다. 가장 큰 원수는 순사나 악질 지주들보다 양코배기들이다. 농사꾼들이 힘 모아 일시에 일어나기는 갑오난리 이후 처음이었는데 군정 때문에 실패한 것이다. 여순봉기는 서발턴들이 일시에 일어났다는 점뿐 아니라 외세에 의해 패한 것에 있어서도 동학혁명과 유사한 것이었다.

여순봉기가 범죄라기보다 반란인 것은 반란 진압의 도구로 예정되었던 14연대가 서발턴 봉기의 선봉적 역할을 한 것을 보아도 알 수 있다. 미군정은 14연대에 제주 4·3 사건을 진압하기 위해 10월 19일 20시를 기해 1개 대대를 제주도로 출동시키라고 명령했다. 제주도 폭동 진압을 위해서는 미군으로부터 M1기관총과 61mm 박격포와 많은 탄약·포탄이 지급되었다.[172] 14연대는 '우리는 같은 민족을 죽이러 갈 수 없다'며 제주도 출동을 거부하고 반란을 일으켰다. 연대 내 소수의 좌익은 지휘관을 총살하고 부대의 지휘권을 장악함으로써 군부 내 반란을 일으켰다. 이같이 출동군은 반란군으로 돌변했다. 반란의 주력부대인 14연대에 4연대 일부, 15연대까지 합세 했는데 이는 봉기가 범죄적 성격을 지니기보다 민족적 대의명분을 내세운 것이었기 때문이다.

또한 서발턴 봉기의 지도자는 범죄자라기보다는 서발턴들과 연결된 사람들이 많다. 이들 중에는 현존하는 권력구조에서 스스로 탈구된 사람들도 있다. 더러는 대토지 소유 가문 출신도 있었는데 이로 본다면 서발턴 봉기는 범죄로서의 성격에서 코드변형된 반란이라 할 수 있다.

여순봉기에서 서발턴 봉기의 지도자들은 염상진, 안창민, 손승호, 이지숙 등이다. 염상진과 손승호는 사범학교를 졸업한 사람들로 이들의 출신 성분은 비록 숯장사의 아들, 재래식 무쇠공장의 노동자의 아들 등으로 무산계급이만 이들은 교육을 통하여 권력의 중심 혹은 권력의 중심과 공생관계를 유지하며 살아갈 수 있는 이들이었다. 그러나 이들은 새로운 세상을 위해 자신의 지위를 버렸다. 안창민은 몰락한 대지주의 아들이었으나 5명의 소작인을 데리고 있는 초등학교 교사였고, 이지숙 또한 담양 지주

[172] 황남준, 「전남지방정치와 여순사건」, 앞의 글, 446쪽.

의 딸로 초등학교 교사였다. 그러나 안창민은 자신의 땅을 무상으로 소작인들에게 나누어주고 교사로서의 지위를 버리면서, 이지숙은 공공학교교사에서 야학교사로서 지위를 바꾸고 소작인들을 뒤에서 선동하면서 서발턴들의 지도자로서의 역할을 감당했다.

소작쟁의는 해방공간에서 민족모순뿐 아니라 계급모순까지 첨예하게 대립되어 있음을 보여주는 봉기이다. 봉기는 빈번하게 발생되고 코드체계는 중복되어 나타난다. 소작쟁의는 일제말기 적색농민운동에서부터 서발턴 봉기의 주축이 되어 왔지만 해방 후 농지개혁법을 전후로 하여 또 다시 한 분수령을 이룬다.

소작쟁의 또한 폭력을 바라보는 두 개의 상이하고 모순적이 방식이 있었다. 지배권력이 봉기를 바라보는 방식은 범죄이고 사회질서를 위협하는 대상이지만, 봉기 참가자가 폭력을 바라보는 방식은 반란이다. 봉기참가자에게는 토지 문제가 생존의 문제였으며 거듭되는 착취와 압박 아래, 또 이것을 묵인하고 돕기까지 하는 권력 앞에 싸워서 생존권을 보장받아야 하는 대상이었다.

봉기에서의 반란자는 기존 사회에서 범법행위를 하는 경우가 많았지만 반란이 성공할 경우 범죄자에서 영웅이 되기도 한다. 봉기가 성공하지 못하는 경우에도 반란의 지도자는 서발턴들에게 영웅으로 여겨지기도 하는데 이는 그가 투쟁한 대의가 서발턴들이 소망하는 세상을 이룩하는데 있기 때문이다. 《태백산맥》에서 염상진은 반란자들 사이에는 영웅으로, 일반 서발턴들 사이에서도 '인물'로 여겨진다. 염상진은 노비의 후손으로 광주사범을 졸업하고 잠시 교직에 있었지만 교직을 그만 두고 농사일에 뛰어들었고 적색농민운동을 주도하게 된다. 토지소유를 둘러싼 지주계층과 소작인의 갈등관계를 인식하고는 프롤레타리아가 지배계급이 되는 사회주의 세상을 꿈꾼다. 그는 농민계급의 일원으로 적색농민운동을 주도하면서 일제 지배 세력과 결탁해 있는 지주들에게 대항하였고 그 같은 투쟁은 계급모순의 척결일 뿐 아니라 민족의 독립을 위한 길이라 믿었다. 소작회 사건으로 징역을 살았으며 일제 말기의 징용을 피해 자취를 감추었다. 또한 해방직후 공산당 활동이 불법화되면서 1년 형을 살았다. 1948년 여순봉기 때 5일 동안 벌교를 장악하였으며 이후 지리산으로 퇴각하여 빨치산 활동을 시작한다.[173] 염상진은 일제말기 소작회 사건에서부터 하대치 등 벌교 서발턴들의 지도자였으며 선망의 대상이었다. 이는 그가 소부르주아로 살 수 있는 기득권을 포기하고 지도력과 인품을 갖추고 감옥생활을 하였기 때문이기도 하지만 탁월한 투쟁력을 갖추고 있었기 때문이다. 그리하여 그는 구빨치들 사이에 카리스마를 형성하며 그에 대한 기이한 소문이 따라다녔다.

염상진은 구빨치들 사이에 지도력을 갖춘 인물일 뿐 아니라 벌교에 있는 일반 서발턴들 사이에도 뛰어난 '인물'로 평가받았다. 여순봉기 직후 활빈을 위해 벌교를 2시간 장악한 후 쌀을 소화다

[173] 권영민, 「소설의 인간상, 그리고 《태백사맥》의 인간상」, 『《태백산맥》 다시 읽기』, 해냄, 2006년(2판 5쇄), 146쪽.

리 위에 두고 사라지자 서발턴들의 입은 지주들과 계엄군들을 비난하는 대신 그를 칭송했다. 그동안에도 염상진과 그의 투쟁에 대해 남몰래 인정하며 그들이 투쟁에서 성공해 공평한 세상이 오기를 바라던 서발턴들은 염상진의 '활빈'이 범죄행위로 읽혀 이에 동조할 경우 처벌받을 것을 두려워했지만 선동당했고 마침내는 반란의 조짐까지 보였다.

지배권력은 농민 서발턴들의 급속한 기질변화를 쉽게 감지하지 못한다. 왜냐하면 농민 서발턴들은 역사의 변혁기에 변혁의 중심세력이 되기도 했지만 대개는 정체되고 변화를 두려워하는 집단이기 때문이다. 그들은 반(半)봉건적인 사회질서의 안정성을 파괴하기 보다는 적응하려 애쓰고 지배와 종속 코드를 동의하며 수용하려 하기 때문이다. 그러므로 서발턴 농민이 이 코드를 광범하게 일탈하려 하자 지배권력은 이를 이해하고 적응하기 보다는 범죄로 취급하여 진압하는 경우가 많다.

서발턴 봉기 지도자로서 이지숙은 독특한 위치를 차지하는데, 그녀는 서발턴들을 교육하는 입장에 있을 뿐 아니라 전면에 나서지 않은 채 봉기를 일으키도록 선동하는 역할을 한다. 이지숙은 야학교사로서 학교에 다니지 못하는 학생들에게 이야기로 의식화교육을 시키고 염상진이 활빈 행위를 할 것이라는 소문을 유포시키고 소작인들이 봉기하도록 선동한다.

윤부자네 소작인인 서인출, 김종연, 유동수, 장칠복 등은 농지개혁법이 공포된 이후 시위에 나서게 되는데 시위가 성사되도록 선동한 사람은 이지숙이다. 이지숙은 농지를 무상으로 받은 안창민네 소작인들을 이용해 소작인들이 지주들의 불법행위에 대해 더 이상 앉아 있지 말고 구체적으로 행동하도록 한다. 방서방은 김종연을 찾아가 안창민이 공산주의자들이 주장하던 대로 소작지를 무상몰수 무상분배해 주었다고 말하며 김종연 등이 소작하던 윤부자네 논이 반 넘게 딴 사람 앞으로 이전되었다고 말한다. 들몰의 또 다른 지주인 최익달의 집에는 노서방이, 윤삼걸의 집에는 임서방이 방서방과 같은 일을 하도록 했다.

김종연 등은 400명 되는 사람들을 이끌고 읍내 안통을 다니며 땅을 내놓고 악질 지주를 처단하라는 구호를 외친다.

> 임만수의 명령에 따라 대열을 에워싸듯 하고 있던 군인·경찰·청년단원들이 개머리판과 몽둥이를 휘두르며 대열 사이사이로 뛰어들었다. 아우성과 비명이 뒤엉키며 제재소 앞은 순식간에 수라장으로 변했다. 구경꾼들이 골목으로 피해 달아나고, 제재소의 톱 돌아가던 요란스러운 소리가 뚝 멎었다. 불시의 공격인데다가, 소작인들은 맨주먹이었으므로 일방적으로 당할 수밖에 없었다. 개머리판에 찍히고, 몽둥이에 얻어맞고, 구둣발에 짓밟히며 나둥그러지고 거꾸러져가는 소작인들의 모습을 구경꾼들 속에서 지켜보고 있는 이지숙의 눈에서는 눈물이 주르륵 흘러내리고 있었다. 10월 중순의 투명한 햇살 속에 핏방울들이 여기저기서 튀겨오르고 있었다.[174]

임만수를 비롯한 계엄군과 경찰은 시위대를 질서를 교란하고

[174] 조정래, 《태백산맥》5, 앞의 책, 348~349쪽.

폭동을 일으키는 범법자로 판단하고 이들을 폭력으로 진압하고 경찰서 유치장과 동척 쌀창고에 감금했다. 그리고는 주모자를 색출해 법원에 넘겨 감옥살이를 하게 한다.

그러나 이지숙 등은 시위가 빈곤과 착취에 대한 사회적 저항임을 분명히 하는데, 2차 시위를 선동하는 과정에서도 이 같은 것이 드러난다. 이지숙은 안창민네 소작인들을 통해서 '죄 없는 사람들을 빨리 석방시키라'는 구호로 다시 시위를 일으키도록 작용했다. 갇혀 있는 사람들의 부인네들이 시위에 참가해 남편을 빨리 풀어달라고 부탁하도록 했다. 동일한 시위를 벌였을 경우 진압의 폭력이 전보다 가혹해질 것이므로 시위의 내용을 바꾼 것이다. 그러나 시위의 근본 의도는 여전히 생존문제의 해결에 있었다. 시위투쟁은 단번에 목적을 달성하기 어려운 것이었으므로 지속적으로 전개될 필요가 있었다.

빨치산 투쟁은 투쟁의 성격이 범죄로서보다는 반란으로서의 성격이 짙다. 신빨치가 생긴 과정 자체가 6·25전쟁의 후반부에 북으로 가지 못했던 잔류 세력이 지리산으로 들어가면서 형성된 것과 관련 있고 이들 집단은 조직력과 투쟁력을 갖추었기 때문이다. 남반부에는 6개 도당[175]이 있었으며 군사조직을 통해서는 싸움과 병기보급을 하고, 신문발행을 통해서는 조직 간의 활동보

[175] 전남도당은 50년 10월이 되면 도당 아래 6개 지구로 편성된다. 동부에 백운산지구, 서부에 불갑지구, 남부에 유치지구, 북부에 노령지구, 중부에 조계산지구, 북동부에 백아산지구이다. 각 지구 아래 군당들이, 군당 아래 읍·면당이 있다.

고와 대민선전·선동공작을 했다.

구빨치들의 투쟁이 토지문제의 해결을 가장 중요한 과제로 삼았다면 신빨치들의 투쟁은 미제국주의의 배격과 남북통일이 목표이다. 빨치산들은 대자적 계급으로서의 자신들의 정체성을 깨닫기 시작한 인물들이다. 이들은 공통의 목표를 가졌을 뿐 아니라 전투적이고 집단적인 행위를 통해 자신들의 처지가 개선될 가능성이 있다고 믿는 하나의 공동체이다.

그들은 북의 인민들이 세력을 규합하고 다시 남진하는 날까지 한편으로는 유격전을 통해서 인민군을 도와 그때그때 형편에 따라 적의 배후나 측면을 쳐서 적진을 어지럽히고 적군을 무찌르며 한편으로는 인민을 상대로 정치활동을 계속한다. 즉 혁명사상의 선전과 선동까지를 맡는다. 특별한 전선 없이 이곳저곳에서 싸우는 군대이면서 당 활동까지 같이 하는 것이다. 빨치산은 무기, 식량 등을 지급받음 없이 자급자족한다.

빨치산들이 피해 들어간 지리산은 서발턴 항쟁지로서의 성격을 갖는다. 지리산 피아골의 선홍의 단풍들은 금방 뿌려놓은 핏빛인데, 이는 먼 옛날부터 그 골짜기에서 수없이 죽어간 사람들의 원혼이라고 한다. 연곡사 아래에서부터 섬진강 어름까지 물줄기를 따라 가며 양쪽 비탈에 일구어낸 다랑이 논마저 바깥세상 지주들에게 빼앗기고 굶어죽은 원혼들이 그렇게 환생하는 것이라 했다. 갑오년의 농민전쟁, 왜놈들의 식민화에 저항한 전남의 병들, 여순사건 때 쫓긴 사람들이 피아골로 쫓겨 들어와 피를 흘렸기 때문이다.

빨치산의 투쟁이 봉기의 연장선에 있는 것은 봉기의 지도자들이 갖는 봉기의식에서도 확인할 수 있다. 지주 김사용의 장남으로 일제 강점기 중국에서 독립군으로 활동하다 해방 이후 인민군 고급군관으로 돌아와 빨치산이 된 김범준은 이해룡에게 다음과 같이 말한다.

> …우리와 인민을 따로 생각해서는 안 된다는 점을 먼저 말하고 싶소. …(중략)… 입산하고 지금까지 누가 우리를 먹여살리고, 입혀살렸습니까? 바로 인민들입니다. 우리가 고생한 만큼 인민들도 고생했습니다. 인민들은 우리를 돕느라고 고생을 한 것만이 아니라 우리를 도왔다는 혐의로 적들에게 시달리는 고생도 겹으로 해왔습니다. 인민들이 겪은 그 이중적인 고생을 우리는 잊어서는 안 됩니다. 그런데, 우리는 인민들에게 도움을 받으면서 무엇을 약속했습니까? 물을 것도 없이 인민의 해방 아닙니까? 그 찬란한 약속은 지금 어떻게 되어가고 있습니까? 정전이 되면 그 약속은 결정적으로 빛나가게 됩니다.[176]

이해룡은 해방구가 없어지자 보투로 식량문제를 해결하려 한다. 그러나 정전·휴전 등의 소식이 들리자 세상인심이 변해 보투가 어려워지자 인민들을 기회주의자들이라며 비난한다. 그러나 김범준은 그들은 기회주의자들이 아니라 언제까지나 혁명된 세상을 바라고 기다리는 사람들이라고 말한다. 그들이 달라지는 것은 생존상황이 달라지기 때문이고 우리들이 약속을 지키지 못했

[176] 조정래,《태백산맥》10, 앞의 책, 56~57쪽.

기 때문이다. 인민의 도움을 받기 위해서는 겸손하고 진실해야 하며, 이 같이 해도 협조가 어려울 때는 인민에게서 강압적으로 양식을 빼앗기보다는 굶으면서 싸우다 죽어가야 한다. 그것이 혁명전사의 순결이고 역사에서 혁명이 성취되게 하는 밑거름이다. 혁명은 적에게만 폭력이지 인민에겐 끝없는 신뢰와 사랑이어야 한다. 빨치산 지도자들의 봉기 의식 속에는 범죄자로서의 코드보다는 혁명가로서의 성격이 짙다. 그들은 인민의 속성을 정확히 알며 인민들이 겉모습을 바꾸게 된 책임을 자신들에게로 돌린다.

빨치산 투쟁의 목표는 민족모순을 해결하고 인민들이 주인이 되는 세상의 건설에 있다. 이는 천점바구의 중대와 국군사이에서 있었던 일로 알 수 있다. 1952년 1월 1일 동계대공세 때 천점바구는 대원 5명과 함께 협공에서 벗어나 비상선을 찾아가다 국방군 대 여섯 명을 만난다. 그들은 눈발을 사이에 두고 네댓 발짝 앞에 있었다. 양쪽이 방아쇠를 당기면 11명 모두가 고스란히 죽게 되는 상황이었다. 그들은 싸움 대신 서로의 존재를 묵인하는 것을 택했다. 그들이 그 같은 결정을 내린 것은 '사적으로 서로 원수진 일'이 없어서이다. 반란자들과 반란진압자들은 싸움의 현장에서 만난 최하층 서발턴들이었고 이들은 이해관계 없이 싸움의 현장에서 만났기 때문에 서로의 생존을 위해서 겨누었던 총을 내려놓았다.

그러나 미군의 지원으로 쏟아지는 박격포탄들은 빨치산을 초토화시켰다. 비트에 숨었다가 뛰쳐나오는 빨치산들의 쇠창이나 대창은 박격포탄과 대조를 이루었는데 이는 제국주의의 선진 무기에 학살당하는 식민지인과 같았다. 빨치산들은 지배권력의 하수인으로서의 군·경과 그들 뒤에서 군림하는 미군정의 폭격으로 전멸 당하다시피 했다.

서발턴 봉기는 행동의 기원에서는 범죄로서의 성격을 지닌다. 여순봉기의 초기에는 군대내의 불복종과 살인, 읍민들의 약탈과 살인 등으로 범죄 행위로 오인되었으나 봉기가 전국적으로 확산될수록 대미 항쟁, 봉건 지주 청산 등의 성격이 짙어지면서 반란으로 코드 변경되었다. 소작쟁의도 초기에는 단순한 폭행·방화·살인 등으로만 인식되어 범죄로 여겨지기 쉬웠으나 전국적으로 확산되고 봉기의 원인이 빈곤인 것을 고려한다면 봉기로 코드변경 된다. 빨치산투쟁은 봉기의 연장선에 있으므로 범죄보다는 반란으로 읽혀야 한다. 봉기는 법으로부터의 개별적이거나 소집단적인 일탈의 코드와 일탈을 차용하는 집단적이고 사회적인 저항의 코드에 동시에 묶여 있기 때문에 양가성을 지닐 수밖에 없으나 결국 사회적 갈등이 전면화 되어 나타나는 현상으로 읽혀야 한다.

③ 서발턴 봉기의 양상

봉기는 진행될수록 범죄와 다른 양상을 띤다. 반란은 집단적이고 공격적·파괴적이며 전면적인 형태로 나타난다. 《태백산맥》의 주요 사건이 되고 있는 여순봉기, 소작쟁의, 빨치산투쟁도 이 같은 공식을 따른다. 우선 여순봉기는 14연대의 군부 내 반란에서 시작되어 다른 연대까지 합세했으며 곧 민간인 세력까지 동조했다. 또한 지역적으로도 여수에서 시작되어 순천과 그 인근지역까지 확산되었으며 텍스트 내 중심공간인 벌교에까지 여순봉기로 인하여 7일간 인공세상이 되었다. 다음으로 농지개혁을 중심으로 일어났던 소작쟁의도 처음에는 범죄와 봉기의 태반이 분리되지 않은 듯 보였으나 차츰 반란으로서의 양상을 띠게 된다. 봉기의 목적이 농지개혁법과 관련된 공적이고 집단적인 성격을 띠었으며 벌교 내에서 뿐 아니라, 보성, 칠동, 고읍 등으로 확산된다. 신빨치의 투쟁도 입산투쟁과 해방구확보를 중심으로 본다면 앞의 두 봉기와 유사한 성격을 띤다고 할 수 있다.

봉기는 일반적으로 상의, 계획, 집회, 공격의 순서대로 진행된다. 여순봉기, 소작쟁의, 빨치산투쟁 등의 봉기 양상을 정리하면 다음의 도표와 같다. 각 사건에 해당하는 봉기는 중심 사건과 여러 개의 하위 사건들 혹은 사건들의 중첩으로 볼 수 있어, 한 사건만 분석하는 것으로 각 봉기의 양상을 대표하는 것으로 한다.

단계	내용 \ 사건	여순봉기	소작쟁의	빨치산투쟁
상의	불만들을 정식화, 행동방향을 결정	1948년 10월 25일 새벽 후퇴작전이 있기 전 투쟁자금 조달을 위해 벌교 읍내 부잣집을 털기로 함	윤씨네의 작인 100여명은 토지의 분배우선권과 매매조건을 윤씨에게 제시하기로 뜻을 모음	열차전복으로 적들의 기동성을 약화시키기 위해 이태식의 부대도 철길파괴작전을 하기로 함

계획	곧 이어질 봉기를 준비하는데 중요한 역할	3사람이 1개조. 1조는 염상진, 2조는 하대치, 3조는 강동식이 지휘. 작전시간은 1시간, 2시간 이내에 고읍들 끝머리 옥산입구 서낭당에서 집결	윤씨의 아내에게 제시한 두 개의 조건이 거절당하고 윤부자네 논이 반 넘어 다른 사람에게 넘어가자 시위를 하기로 계획	이태식은 20명의 돌격조를 데리고 철길을 한 토막 떼어낼 계획을 세움
집회	실제봉기가 발생하기 전의 광범위한 모임	복면을 하고 단순강도로 위장한 채 뒷담을 넘기로 함	신작로에 400명이 넘는 사람들이 모임	작전지역 인근에서 1조는 경계, 2조는 오른쪽, 3조는 왼쪽을 맡고 조별로 철길 한 매듭씩을 떼어네기로 의논
공격	때려부수기, 불지르기, 먹기, 빼앗기 등의 투쟁방법이 동원됨	각기 칼을 들고 공격, 윤가 마누라에게서 돈, 패물 등을 빼앗음	시위대는 행렬을 이루어 읍내 안통을 다니며 땅의 분배와 악질지주의 처단을 외침	각자 맡은 곳에서 나사를 제거하고 레일 한 토막을 떼어낸 후 개울물 속에 수장시킴

여순봉기는 텍스트 내에서 구체적으로 다루어지고 있는 사건을 택하여 도표화하였다. 여순봉기의 마지막 날인 10월 25일 염상진 등이 후퇴를 앞두고 벌교 읍내의 세 부잣집을 약탈하는 사건이다. 텍스트 내에는 염상진, 하대치, 강동식 등이 각 1조씩을 맡아 봉기를 수행한 것으로 제시되어 있으나 구체적 사건으로 형상화 된 것은 하대치의 윤부자 집 약탈이다. 벌교에서 있었던 봉기의 전모는 시간순서에 의해 제시되지 않고 김범우의 회상으로 처리된다. 19일 밤, 염상진이 김범우에게 찾아가 다음 날 좌익세상이 될 것임을 예고하는 것에서 시작하여 반란군들이 진트재와 보

성 쪽으로 들어오고 북국민학교에서 인민재판이 벌어져 악질지주와 경찰 등은 소화다리로 끌려가 죽임 당한다. 그리고 하대치의 회상에 의해 공격대상 중의 하나인 경찰서가 불탔다는 것을 알게 된다. 여순봉기의 진압으로 좌익들이 산으로 후퇴한 후 율어를 해방구로 확보하고 염상진 등의 조성공격, 벌교의 부잣집 습격, 보성의 군수 공격, 안창민이 주도하여 진트재를 습격한 것 등도 제시되는 봉기이나 분석을 생략했다. 여순봉기가 진압된 후 토벌대가 들어와 강간 등을 자행하자 손승호가 주도가 되어 벌인 시위도 여순봉기와 관련된 사건으로 볼 수 있겠다.

소작쟁의는 토지개혁이 봉기 목적이 된 것으로 김종연, 서인출 등 윤부자집 작인이 행한 봉기가 규모나 성격상 대표가 될 만하여 이를 분석했다. 물론 이들의 쟁의는 정현동네 소작인인 마삼수, 김복동, 노덕보, 강동기 등이 행한 기물파손·집단폭행이 동인으로 작용하고 이지숙과 안창민네 작인 등의 선동이 간접적인 역할을 했다. 김종연 등의 쟁의는 이들이 경찰서에 끌려가자 이들의 아내들이 주축이 된 2차 시위로 확산되었다. 또 한편으로 정현동은 회정리 3구의 농부들에 의해 낫으로 죽임 당한다. 서민영의 공동농장 사람들의 시위도 소작쟁의와 관련된 사건이다.

빨치산 투쟁은 해방구를 확보하여 장기전에 대비하는 것이 중심이었으나 해방구를 잃어가게 되자 보투를 위해 인근 지역을 습격하기도 하고 적의 전투력을 약화시키기 위해 철도나 교량 등을 파괴하기도 했다. 텍스트 내에는 이현상의 남부군 사령부의 곡성 습격, 하대치 등의 진트재 터널 기습, 이해룡과 구례군당의 식량을 위한 보투, 이태식 부대의 지서습격 등도 소개되고 있으나 이태식 부대의 철도 파괴 사건이 상세히 제시되어 있으므로 이 사건을 분석하여 빨치산 투쟁의 양상을 도표화 하였다.

이와 같은 봉기들은 수평적이고 수직적인 복수성들이 통합된 형태로 나타난다. 그러므로 폭력행동들은 개별적인 정체성을 가지고 인식되기보다는 합쳐졌다. 세 봉기 모두를 집권자들은 '빨갱이' 혹은 '공산주의자'들과 유관한 것으로 보았으며 '반공' 이데올로기를 서발턴들에게 주입시켜 '멸공'이 최고의 지배 가치가 되도록 한다. 민족반역, 계층간의 갈등, 경제적 문제, 외세 등은 이 가치 아래 무화(無化)시키는 것이다. 여순봉기는 빨갱이가 주동이 되어 일으킨 반란이고 소작쟁의는 빨갱이들이 선동한 사건이며 빨치산 항쟁은 말 그대로 산으로 숨은 빨갱이들을 소탕하는 일인 것이다.

④ 서발턴 봉기의 연대

봉기의 연대를 확인할 수 있는 것은 모방과 연대이다. 모방은 이전 사건들을 '보고 본뜨는' 것을 말하며 연대는 민족간, 계층간의 협력으로 나타난다. 우선 모방을 살펴보면 《태백산맥》 내에는 광범위한 모방이 나타난다. 여순봉기는 조선 말 동학난을 모방한다. 동학난이 농민이 주축이 되어 외세인 일본과 싸운 것이나 공평하고 살기 좋은 세상을 만들자는 인내천사상을 표방한 것이나 동학도들이 진압된 후에도 싸움에서 졌다고 생각하지 않는 점 등은 여순봉기의 봉기정신과 닮았다. 일본이 미국으로, 인내천 사상이 공산주의 사상으로, 1년간의 싸움이 7일[177]의 싸움으로 바뀌긴 했지만 반외세 반계급을 봉기정신으로 한 서발턴 봉기였다. 여수에서 시작된 봉기형태는 순천 및 인근 지역에도 모방되었고 이는 겉으로 보기에는 하나의 공동체가 투쟁한 것처럼 보인다. 소작쟁의는 일제강점기에 있었던 소작쟁의를 모방한다. 텍스트 내의 중심인물인 염상진, 하대치 등도 일제 말기 소작회 사건에 연루되어 징역을 살거나 징용에 끌려간 인물들이다. 해방 이후 벌교를 중심으로 일어난 소작쟁의는 이들이 일으킨 소작쟁의를 모방하여 농민들의 토지분배권과 소유권을 주장한다. 해방이후 있었던 소작쟁의들 사이에도 모방이 있었는데 반란자들의 사이에는 폭행·방화·시위 등의 투쟁행위를 모방했다. 빨치산 투쟁은 여순봉기 이후 입산했던 구빨치들의 투쟁을 모방한다. 6·25전쟁이 막바지에 이르자 북으로 가지 못한 인민군과 공산주의자, 인공치하에서 인민위원회 등에서 활동했던 사람들은 입산하게 되는데, 이들의 입산투쟁과 해방구확보 투쟁, 유격전, 보투 등은 여순봉기 이후 입산했던 구빨치들의 투쟁 방법을 토대로 한다.

연대는 반란자의 자기의식의 형상화이다. 반란자들은 반란자 자신의 의식을 반란 행위에 관한 적들의 인식과 완전하고 명료하게 분리시킨다. 지배권력이 질병과 부도덕과 이성에 대한 부정의 징후로 해석하는 행위를 봉기참가자들은 피억압자들의 당연한

[177] 14연대가 반란을 일으킨 시점이 1948년 10월 19일 20시경이고 폭동군이 진압된 시점이 27일 18시인 것을 감안하면 7일로 계산될 수 있다.

저항권에 기초하고 있는 건강하고 영적 재활을 가져올 수 있는 긍정적 투쟁으로 해석한다. 이 같은 연대가 토대가 되어 봉기참가자들은 일반 서발턴들을 봉기에 가담시킬 수 있었다.

여순봉기에서의 연대는 14연대가 주축이 된 군인과 14연대 부근에 있었던 민간인들 사이에 있었다. 14연대의 봉기정신은 민족연대에 토대를 두고 반외세, 특히 반미의 입장을 취한 것이었다. 미군정하에서 실시된 미곡수매와 관련된 각종 폐해는 극도의 민생고를 자아내었고 제주도의 인민이 일으킨 4·3사태를 진압하라는 미군의 명령은 동족살상을 예고하는 것이므로 14연대는 명령을 불복종하였다. 이 같은 봉기정신은 군부뿐 아니라 일반인들이 동감하는 것이었으므로 14연대가 주축이 된 군·민이 함께 여수읍내로 들어갔을 때 여수읍내 좌익단체와 학생단체 600여명은 연대하였다. 그러므로 여수지역에서의 연대는 민족연대의 성격을 띤다. 미국이라는 공동의 적을 두고 군·민이 합세하여 이와 대결하려는 구도를 띤 것이라 할 수 있다.

그러나 벌교에서의 여순봉기는 계급 연대가 두드러진다. 염상진, 하대치, 강동식 등이 21일을 기해 벌교를 장악하자 벌교의 농민들은 이들을 환대하고 지주, 유지, 지배권력의 하수인인 군·경을 처단하는 인민재판에 대해 긍정적인 반응을 보인다. 봉기는 계급투쟁의 성격을 띠었고 서발턴들은 이들의 봉기로 인해 서발턴이 주인이 되는 세상을 기대한다. 벌교에 사는 남성 서발턴들은 많은 수가 공산주의자가 되었으며 여성 서발턴들은 남자들이 이 같이 공산주의자가 된 것을 어쩔 수 없는 일이라며 지지한다.

여성 서발턴들은 남자들의 봉기가담을 지지하면서 현 세상을 비판하는데 이들의 비판에는 민족적 입장도 바탕에 있다. 미군정의 경제 실책과 친일파를 재등용하는 정치적 실책이 서발턴들을 착취와 억압의 굴레를 벗어나지 못하게 했다는 것이다. 이 같이 본다면 여순봉기의 연대는 민족적 입장이 전면에 존재하고 계급 간 갈등은 지역에 따라 다르게 나타난다고 할 수 있다.

소작쟁의에서 연대는 계급연대가 두드러지며 소작인들 사이의 연대와 소작인들과 지식인들 사이의 연대로 나누어 볼 수 있다. 텍스트에 등장하는 소작인들은 개별적으로보다는 집단적으로 움직인다. 벌교 내 소작쟁의의 중심에 있는 대표적인 두 집단인 정현동네 소작인들과 윤부자네 소작인들도 네 사람이 항상 같이 다니며 발화한다. 정현동의 토지는 매매되어 서운상, 유주상 등으로 명의가 변경되는데 매매되더라도 소작권을 유지시켜 달라는 소작인들의 요구는 매번 무시되고 분노한 소작인들에 의해 기물파손, 폭행 등이 일어나게 된다. 윤부자네 소작인들인 서인출, 김종연, 유동수, 장칠복 등도 토지의 분배우선권과 매매조건의 타결을 위해 함께 행동했으며 이것이 결렬되자 처음에는 윤씨네 작인 100여명의 연대를 도모했고 나아가 벌교 읍민 400여명의 연대를 이끌어내어 시위를 벌였다. 그리고 소작인들과 지식인 사이의 연대는 앞서 언급한 대로 김종연 등의 시위를 이지숙이 조종·선동한 것에서 확인할 수 있다.

빨치산 투쟁에서의 연대 또한 계급연대가 잘 나타난다. 빨치산과 인민군들 사이의 연대, 빨치산과 인민들의 연대를 살펴볼 수 있다. 빨치산과 인민군들의 연대는 공산주의 혁명의 실천이라는 봉기정신으로 이루어진 것이나 텍스트 내에서는 이들의 갈등이 부각되어 나타난다. 이북출신의 인민군들이 교양지도원으로서 사상을 조직하고 당사업을 선전선동하는 역할을 한 데 반해 이남 출신의 빨치산들은 투쟁이나 보투를 담당했다. 그리고 이 두 집단은 서로의 약점을 가지고 갈등상태에 빠지는 경우가 많았다. 빨치산과 인민의 연대는 해방구와 밀접하게 관련된다. 빨치산은 해방구를 거점으로 의식주를 해결해야 했으므로 해방구에 사는 인민들의 협조가 꼭 필요했다. 인민들은 군·경보다는 빨치산들에게 더 관대했고 이들을 위해 식량을 제공하기도 했다. 빨치산과 인민의 관계는 물과 고기로 비유될 만큼 빨치산에게는 인민들의 지원과 협조가 필요하다.

연대를 위한 농민봉기의 커뮤니케이션은 익명의 위협편지와 대조된다. 농민봉기의 커뮤니케이션이 공개적이고 공적인 반면 익명의 위협편지는 비밀스럽고 사적이다. 또한 이것들은 저자들과 수신인들 사이의 관계에서도 다르다. 농민봉기 커뮤니케이션의 수신자들은 발신자들과 비적대적인 관계이나 실제로 양쪽은 잠재적인 협력자들인데 반해 익명의 위협편지는 오로지 적들에게만 발화되는 것이다. 익명의 위협편지의 수취인들은 양반과 지배권력, 지주 등이 대부분이다. 텍스트 내 나타나는 격문으로 이 둘을 비교해보도록 하자.

다리 위에는 쌀가마니들만 있는 것이 아니었다. 거기에는 글씨가 쓰인 한지 한 장이 나붙어 있었다.

벌교 인민 여러분!
이 쌀을 고루 나눠 설을 쇠십시오.

주먹만큼씩 한 크기로 쓴 붓글씨였다. 그리고 그 옆으로 약간 작은 크기의 글씨들이 이어지고 있었다.

만약 이 쌀을 나눠 갖지 못하게 방해하는 자들은 모두 인민의 적이다.[178]

염상진이 벌교 인민들에게 남긴 격문이다. 이 격문은 농민 봉기의 커뮤니케이션과 익명의 위협편지의 성격 모두를 띤다. 격문의 내용 가운데 앞에 큰 글씨로 쓴 '벌교 인민 여러분! 이 쌀을 고루 나눠 설을 쇠십시오'하는 것은 농민 봉기의 커뮤니케이션의 성격을 띠고, 뒤에 작은 글씨로 '만약 이 쌀을 나눠 갖지 못하게 방해하는 자들은 모두 인민의 적이다'라고 쓴 것은 익명의 위협편지의 성격을 띤 것이다. 동일한 종이에 쓰여진 격문이 서로 다른 성격, 하나는 공적이고 공개적이며 다른 하나는 사적이고 비밀스러운 성격을 띠는 것이다. 전자가 벌교 인민이라는 대중을 상대로 '쌀을 나눠 가지라'는 공개적 명령을 한데 반하여, 후자는 지주들이나 잠재적인 적들인 군·경을 상대로 '방해할 경우 적이 될 것이다/방해할 경우 죽음을 각오해야 할 것이다'라는 위협을 가한다.

[178] 조정래, 《태백산맥》4, 앞의 책, 183~184쪽.

봉기는 반란자만이 아니라 협력자, 배신자들도 배출한다. 이견, 불복종, 노골적인 배반 등은 모두 배신으로 취급한다. 또한 무관심, 동요, 관망 등도 모두 적개심이나 다름없는 것으로 간주된다. 텍스트 내 서발턴들은 여순봉기, 소작쟁의, 빨치산 항쟁에서 협력자인 경우가 많다. 그러나 배신자들도 나타나는데 소작쟁의에서 정현동의 소작인인 노덕보가 마삼수, 김복동, 강동기 등을 속이고 뒷손을 써서 자신만 최씨네 소작을 부치게 된 것이라든지 빨치산 항쟁에서 투항한 사찰 빨치산 등은 대표적인 배신자들에 속한다. 배신은 가장 혹독한 제재를 받아야 하는 죄가 되며 배신의 결과는 흔히 죽음으로 나타난다.

⑤ 서발턴 봉기의 전파

봉기의 전파 과정은 전염이라는 용어에 압축되어 있다. 질병이 연이어 감염자를 발생시키듯, 봉기는 전염되어 확산된다. 전염이라는 메타포에는 불합리성이 시사되고 돌발성, 속도, 동시성이라는 특성을 갖는다. 돌연한 시작과 신속한 돌진으로 들불처럼 확산되어 거의 같은 시간에 모든 곳에서 발생했다는 인상을 준다.

텍스트내 여순봉기 또한 돌발성, 속도, 동시성을 갖는다. 벌교에서의 사건을 중심으로 살펴보자. 염상진은 남한단독정부수립에 대한 좌익계 반대폭동의 일환으로 부하들을 이끌고 경찰서를 습격했다가 실패한 후 7개월 만에 나타나 김범우에게 다음 날 좌익세상이 될 것이라 예고하며 피신하라고 말한다. 여순봉기는

7개월 만에 돌연히 고향에 나타난 염상진에 의해 예고되고 다음 날 실행된다. 반란군들은 한쪽은 진트재를 넘어 왔고 다른 부대는 조성 쪽에서 왔다. 여수에서의 봉기 시작이 미군이 내린 갑작스럽고 이해하기 어려운 명령에 대한 돌연한 반란이었던 것처럼 벌교에서의 봉기 또한 갑작스러운 것이었다. 또한 봉기는 신속히 이루어졌는데 21일 오후 벌교 읍내의 주요 관공서나 경찰서는 반란군에 의해 점령되고 경찰 등은 도망갔다. 봉기는 또한 벌교에서만 있었던 것이 아니라 여수에서 시작되어 순천, 목포, 고흥, 보성까지 동시다발적으로 확산되었다.

소작쟁의 또한 돌발적으로 발생된 사건이다. 정현동네 소작인들의 집단폭행과 기물파손 등은 소작인들이 계획적으로 의도하고 일으킨 것이 아니다. 정현동네 소작인들의 첫 번째 폭행 사건은 정현동이 농지개혁법 때문에 불이익이 올 것이 두려워 토지를 모두 매각한데서 벌어졌다. 소작인들은 농지개혁이 이루어지면 토지의 소유권 반은 자신들에게 있음을 주장하며 자기들 몰래 판 것을 원래대로 돌리든지 자신들에게 다시 팔아줄 것을 요구하자 이들을 '도적놈'과 '빨갱이' 취급하며 김복동의 면상을 갈긴다. 이에 분노한 소작인들은 돌연히 태도를 바꾸어 한갑수를 폭행하고 정현동 집의 기물을 파손한다. 정현동네 소작인들이 서운상과 그의 머슴 피보길에게 가한 폭행도 돌발적으로 일어난 것이다. 그러나 쟁의는 시간이 흐를수록 모의에 의해 이루어지게 되는데 윤씨네 소작인들을 중심으로 한 시위가 이에 해당된다. 윤씨네 소작인들은 사전에 모의했을 뿐 아니라 이지숙의 명령을 받은 안창민네 소작인들의 부추김으로 계획 아래 시위한다. 이와 같이 봉기는 처음에는 돌발적으로 계획 없이 일어나나 시간이 지날수록 의도적, 계획적인 성격을 띤다. 농지개혁법이 공포된 후 소작쟁의는 일제강점기 때보다 더 심하게 일어나고 순식간에 동시다발적으로 일어난 것처럼 보였다. 벌교, 보성, 칠동, 고흥 등과 같은 지역에서는 소작인들의 난동과 방화 등이 잇달아 있었다. 반란 공동체 외부의 관찰자들이 보기에는 반란이 전남지역 내의 모든 곳에서 일제히 이루어졌다는 환상을 불러일으켰다. 봉기는 동시성의 인상을 가져다주었고 거의 같은 시간에 모든 곳에서 발생했다는 인상이 생기게 했다.

빨치산들의 항쟁은 북으로의 후퇴가 차단된 상태에서 갑자기 이루어진 것이다. 인공치하에서 인민위원회나 여맹에서 활동했던 사람들조차 후퇴의 대열에 동참하게 되었는데 북진이 어려워지자 산으로 들어가게 된다. 특히 지리산이 이들이 입산하여 투쟁하기 좋은 장소였는데 이는 여순 이후 지리산에 들어가 투쟁하며 생존하였던 구빨치들의 경험이 있었기 때문이었다. 이들은 유격전을 벌이며 여러 지역에서 동시에 적진을 습격하고 후퇴하는 작전을 벌였으므로 군·경이 이들을 완전히 토벌하기 위해서는 산 전체를 둘러싸고 샅샅이 뒤져야 했다. 전남도당만 해도 동부에 백운산지구, 서부에 불갑지구, 남부에 유치지구, 북부에 노령지구, 중부에 조계산지구, 북동부에 백아산지구 등 6개의 지구가 있었으며 군당 아래에는 읍·면당이 있었다. 그리고 이는 유격투쟁 조직의 기본이었다.

봉기 전파에 가장 크게 기여한 것은 익명의 발화인 '소문'이다. 《태백산맥》 내에는 '소문'이 서발턴들의 봉기에 중요한 역할을 했음을 보여준다.[179] 《태백산맥》을 살펴보면 서발턴들의 집단발화가 여러 곳에 나타난다. 이들은 역사적 사건이 발생할 때마다, 가령 여순봉기, 농지개혁법 공포, 6·25전쟁, 빨치산 항쟁 등이 있을 때 이 사건들에 동참하며 발화한다. 그리고 이들의 발화는 소문의 근원지가 되어 서발턴 봉기를 광범위한 지역에 전파하고 봉기의 새로운 국면을 만들어낸다. 소문은 폭력을 만들고 기존의 폭력을 강화하며 결국에는 폭동에 이르게 하는 것이다.

농지개혁법의 공포에 이어 농지개혁법이 '유상몰수 유상분배'로 이루어진다는 공식적 발표는 소작인들의 분노를 일으켰고 염상진 등은 이를 이용해 벌교 서발턴들을 선동한다.

> 유상몰수, 유상분배-지주에게는 돈을 주고 농지를 몰수하며, 소작인은 돈을 내고 농지를 분배받는다는 그 첫 번째 방법에 대해 모든 소작인들은 일제히 반발의 소리를 높였다. 그리고. 자신들의 힘으로는 어찌할 수 없는, 한번 정해진 법이라는 사실을 확인하면서 실망과 불만을 동시에 품게 되었다. …(중략)… 해방을 맞이한 뒤로 그리도 목마르게 농지개혁이 되기를 바라고 기다려왔던 것은 무상몰수 무상분배로 농지를 갖게 되리라는 기대 때문이었다. …(중략)… 왜냐하면 이북에서 이미 오래전에

[179] 필자는 앞에서 서발턴 봉기에 있어서 소문이 어떤 역할을 하는지 《태백산맥》을 중심으로 살펴본 바 있다(김희숙, 「서발턴 봉기에 있어서 소문의 역할-《태백산맥》을 중심으로」, 앞의 글). 더 자세한 내용은 이를 참고하기 바란다.

> 그 방식으로 토지개혁을 했으므로 이남에서도 당연히 그러리라고 생각해왔던 것이다.[180]

소작인들은 농지개혁이라면 당연히 이북의 것을 모방한 '무상몰수 무상분배'였고 이 이외의 다른 방식으로 농지개혁이 이루어지리라고 생각하지 못했다. 소작인들은 이에 대해 남녀가 집단을 이루어 발화하는데 발화의 요점은 '요런 미꼬미 읎는 시상'은 '싹 때려뿌식어 뿔고 엎어뿌러야'하는 것이다, '나라 다스린다는 눔덜'이 다 제 명대로 못 살고 죽으려고 환장들을 해서 '짚북데기에 불처지'른다, '국회의원 출마한 놈마다 '토지는 농민헌테 준다'고 염불 외듯 하더니 국회의원 되고 나니 나 몰라라 한다, '인자 믿을 눔하나또 읎는 시상'이니 우리 앞감당은 우리가 해야한다는 것이다.

소작인들은 정부나 정치가들의 행위가 자신들의 분노에 불을 지르는 행위라 여긴다. 그러므로 약속을 어긴 정부나 정치가들을 전복시키고 자신들의 살길은 자신들이 찾아야 한다고 말한다. 서발턴들은 모이면 농지개혁에 대하여 발화하였고 발화의 메시지는 유사하나 자신들의 입장을 첨가하고 메시지를 비틀기도 한다. 농지개혁에 관한 구체적 내용은 삭제된 채 어떻게 행동할 것인가라는 분노만 표출하기도 한다.

그리고 이는 염상진 등이 이들의 의식을 개혁시키고 선동시키는데 이용되기도 한다. 때를 같이 하여 보성군 일대에 유상몰수 유상분배의 농지개혁은 인민을 기만한 속임수이며 지주들만을

---

[180] 조정래, 《태백산맥》5, 앞의 책, 213쪽.

살찌게 하는 것이므로 인민들은 속임수에 속지 말고 대오각성하여 혁명대열에 서라는 삐라가 뿌려진 것이다. 서발턴들의 생계와 관련되는 부정적 소문은 봉기를 배태하고 결정적 시기에 폭력으로 행사될 기반을 마련하였다.

소문의 진원지와 전파지는 주로 서발턴들이 많이 모이는 장소이다. 텍스트 내에는 차부, 장터, 가게 앞, 우물터, 주막, 머슴방, 당산나무 아래 등이 서발턴들의 언어교환이 이루어지는 장소이다. 이곳들은 서발턴들의 생활과 밀접하게 관련되는 장소들로, 이곳에서 소문들은 서발턴들의 발화를 통해 '첨가, 삭제, 비틀기'의 과정을 겪으며 서발턴들 사이를 떠돈다. 소문은 서발턴들이 모이는 장소에서 사회화 과정을 겪으며 통제불가능한 전파력을 갖는 것이다. 서발턴이 모이는 대규모의 장소에서 능동적으로 작동한다. 《태백산맥》 내에서 중요한 역사적 사건들이 발생할 때마다 서발턴들은 자신들의 삶의 현장에 모여 이 사건들에 대해 발화하여 역사가 아래로부터도 쓰여지며 우리는 이들에 대해서도 주목해야 함을 알려준다.

⑥ 서발턴 봉기의 영토성

봉기는 흔히 지역적 경계를 넘어서지 못하는 경우가 많다. 이는 봉기가 혈연성과 인접성의 특징을 갖기 때문이다. 《태백산맥》 내의 봉기는 혈연성과 인접성 모두와 관계된다. 텍스트 내 봉기들 대부분이 외세 척결과 유관한 것은 혈연성의 범주에 속하고 전라도 지역을 중심으로 발생했다는 것은 지역성과 관계된다.

앞서 언급한 것처럼 텍스트 내 중심 사건이라 할 수 있는 여순봉기, 소작쟁의, 빨치산 항쟁 모두 근본적으로는 미군정에 대한 항거이다. 자력으로 해방을 맞지 못한 조선은 해방과 더불어 미국이라는 새로운 제국의 식민지가 되었다. 새로운 매판자본이 등장하고 신식민적 예속관계가 형성되었으며 극우 반공세력이 출현하고 냉전적 분단체계가 고착화되었다. 그리하여 해방이 갖는 의미는 구식민지적 질서로부터 신식민지적 질서로의 재편과정이 되었다. 따라서 민족해방은 완성된 것이 아니라 새로운 국면에 들어섰고 해방 정국은 미국이라는 외세와 반민족적 매판세력에 대항한 서발턴들의 투쟁과 수난의 역사였다.[181] 특히 해방 이후의 민생고는 서발턴들의 저항을 낳았고 이에 대한 미군정의 무력탄압은 서발턴들의 무장투쟁을 가져와 해방정국은 폭력행위가 끊이지 않았다.

봉기는 전라도 지역을 중심으로 일어난다. 텍스트의 주요 무대는 전라도 보성군 벌교읍이다. 이 지역은 여순봉기가 여수지역에서 발생해 인근 지역으로 확산되어 가자 어김없이 봉기의 소용돌이 가운데 있었으며 소작인들도 지주에 맞서 폭행·방화·습격을 일삼았다. 빨치산 투쟁지였던 지리산은 날라리봉을 경계로 충청, 경상, 전라 세 도에 걸쳐 있었지만 전라도를 중심으로 한 빨치산 항쟁이 가장 거세었다.

---

[181] 하정일, 「《태백산맥》과 빨치산문학」, 『원우론집』 19, 1990년, 83쪽.

벌교가 텍스트의 주요무대가 된 것은 '벌교'라는 공간이 갖는 특이성 때문이었다

> 벌교는 한 마디로 일인(日人)들에 의해서 구성, 개발된 읍이었다. 그전까지만 해도 벌교는 낙안 고을을 떠받치고 있는 낙안벌의 끝에 꼬리처럼 매달려 있던 갯가 빈촌에 불과했다. 그런데 일인들이 전라남도 내륙지방의 수탈을 목적으로 벌교를 집중 개발시킨 것이었다. 벌교포구의 끝 선수머리에서 배를 띄우면 순천만을 가로질러 여수까지는 반나절이면 족했고, 목포에서 부산에 이르는 긴 뱃길을 반으로 줄일 수 있었던 것이다. 목포가 나주평야의 쌀을 실어내는 데 최적의 위치에 있었던 항구였다면, 벌교는 보성군과 화성군을 포함한 내륙과 직결되는 포구였던 것이다. 그리고 벌교는 고흥반도와 순천·보성을 잇는 삼거리 역할을 담당한 교통의 요충이기도 했다. 철교 아래 선착장에는 밀물을 타고 들어온 일인들의 통통배가 득시글거렸고, 상주하는 일인들도 같은 규모의 읍에 비해 훨씬 많았다. 그만큼 왜색이 짙었고, 읍단위에 어울리지 않게 주재소 아닌 경찰서가 세워져 있었다.[182]

벌교의 개발이 갖는 상징성은 중도벌판과 항구를 통해 알 수 있다. 중도벌판은 바다를 막아 일군 것으로 극빈의 서발턴들이 목구멍에 풀칠 할 길을 찾기 위해 일인들의 천대를 받아가며 만든 농토이다. 가난한 조선 사람들의 피땀으로 농토가 만들어졌

---

[182] 조정래, 《태백산맥》1, 156쪽.

지만 정작 일본인들에게 부를 가져다주었다. 항구의 개발 또한 조선의 쌀을 일본으로 실어가기 위해서 만들어진 것으로 조선 농민들을 기아와 굶주림 속에 빠뜨렸다. 일인들의 매판자본이 활기를 띠고 주된 경제권은 일인들과 지주들의 손에 쥐어졌으므로 이를 위해 세워진 경찰서는 서발턴들보다는 지배권력을 위해 존재했다.

그리하여 벌교는 소작인들의 저항이 잠재해 어떤 계기만 주어지만 폭발할 수 있는 공간이었다. 미군정은 벌교의 소작인들이 폭발하도록 역할했다. 미군정은 해방 후 동척의 재산인 중도방죽을 불하할 때 소작인에게 먼저 하지 않고 지주들에게 불하했다. 저항의 불씨들을 쌓아갔으며 마침내 이는 미곡수매정책으로 인하여 봉기가 발생했다. 벌교가 전라도 내에서 일어났던 거의 모든 봉기들에 가담했던 것도 이 같은 착취의 전통 때문이었다.

3. 결론

텍스트내 서발턴 봉기들은 '부정-모호성-양상-연대-전파-영토성'의 순서로 나타나는 패러다임을 형성한다. 여순봉기에서의 부정의 대상은 '미군정'을 중심으로 살펴볼 수 있고, 여순봉기는 군부 내 항명으로 시작되었으나 봉기가 확산되면서 반란으로서의 성격을 갖는다. 여순봉기의 양상은 벌교에 있었던 봉기를 중심으로 살펴보았으며 이는 양상의 일반적 패러다임인 '상의-계획-집회-공격'의 순서를 따른다. 여순봉기의 연대는 14연대와 민간인들, 염상진·하대치·강동식 등과 벌교 서발턴들의 연대가 두드러진다. 그리고 여타의 봉기 전파에서와 마찬가지로 돌발성, 속도, 동시성을 지니며 벌교 봉기를 중심으로 살펴볼 때도 마찬가지이다. 벌교에서의 봉기는 갑자기 나타난 염상진에 의해 전날 예고된 이후 다음 날 오후가 되면 반란자들에 의해 벌교읍의 주요 관공서와 경찰서 등이 장악된다. 또한 인근 지역에서도 동시에 봉기가 발생한다. 텍스트내 여순봉기는 전라도 벌교읍을 중심으로 전개되며 근본적으로는 미국이라는 외세에 대한 반란이다.

소작쟁의에서 부정의 대상은 '지주 혹은 유지'를 중심으로 전개된다. 쟁의는 또한 지주 집을 찾아간 소작인들의 집단폭행, 기물파손 등으로 시작되어 범죄와 유사한 성격을 지니나 이는 빈곤이 원인인 사회적 산적질에 해당한다 할 수 있다. 소작쟁의는 윤씨네 작인들의 쟁의를 중심으로 살펴보았는데 이는 토지의 분배를 위한 상의에서 시작하여 분배계획, 이것이 무산되자 400여명이 넘은 서발턴들의 시위를 위한 모임, 시위의 실행 등의 양상으로 진행된다. 연대는 계급연대가 두드러지며 소작인들과 소작인들 사이, 소작인들과 지식인들 사이의 연대로 나누어 살펴볼 수 있다. 또한 소작쟁의는 협의하고 계획한 것이 아니라 처음에는 돌발적으로 일어난다. 이후 봉기가 거듭될수록 의도적으로 모의하기도 하며 시작은 항상 갑작스런 상황에서 발생한다. 봉기는 여러 지역에서 들불처럼 일어나므로 봉기의 배후에 하나의 공동체가 조종하고 있다는 인상을 주기도 한다. 텍스트 내 소작쟁의는 벌교읍에서 일어난 봉기를 중심으로 소개된다. 이는 '벌교'읍이 갖는 특이성 때문이다. 벌교읍은 일본인에 의해 근대화된 공간으로 이는 주로 조선인의 착취와 조선쌀의 약탈과 관계되는 지역이다.

빨치산 항쟁은 부정의 대상이 군·경이다. 그리고 이 투쟁은 범죄로서의 성격보다는 반란으로서의 성격이 가장 짙다. 신빨치들의 항쟁 자체가 6·25전쟁의 후반부에 지리산에서 있었던 반란군들의 투쟁이었기 때문이다. 빨치산들의 투쟁 양상은 이태식부대의 돌격조를 중심으로 살펴보면 '상의-계획-집회-공격'의 순서에 따른다. 이태식 부대는 적의 기동성을 떨어뜨리기 위해 철도를 전복하기로 상의하며, 20명의 돌격조를 데리고 인근 철길의 한 토막을 떼어내기로 계획하며, 철길 인근에 모여 3개조로 나누어 공격하기로 하고, 한 토막을 떼어내 인근 개울에 수장시킨다. 연대는 빨치산과 인민군들, 빨치산과 인민들 사이에서 논(論)해 보았다. 봉기의 전파는 유격전으로 상징되는데 이들은 소조로 나뉘어 여러 곳에서 동시에 습격하고 후퇴한다. 빨치산투쟁은 지리산을 중심으로 전개되나 텍스트 내에서 지리산 중 전라도 지역에 해당되는 영토를 중심으로 소개된다.

《태백산맥》 내의 서발턴들은 봉기 가담 후 계속되는 투쟁 속에 주체화되어 간다. 서발턴의 주체 복원은 지배적인 엘리트 담론 외부로 나아가 '자아/타자'의 이원적 대립항을 만드는 것이 아니다. 오히려 이는 지배 담론 내부로 들어가 '하나의 비판적 포지션' 또는 '저항적 차이'를 형성한다.[183] 그러므로 서발턴들의 주체화는 "자신들을 억압하고 파편화하는 지배적 담론체계에 대한 저항과 도전의 형태"[184]로 나타난다. 《태백산맥》 내의 대표적 봉기들인 여순봉기, 소작쟁의, 빨치산투쟁 등에서도 서발턴의 주체화가 두드러지게 나타난다. 여순봉기에서는 대표적으로 하대치를 꼽을 수 있고, 소작쟁의에서는 윤씨네의 소작인들, 빨치산투쟁에서는 이해룡 등을 들 수 있다. 이들은 저항이 거듭될수록 저항의 의미와 목표를 자각하게 되고 체제를 전복하고 새로운 세상을 만들고자 한다.

[183] 김택현, 「인도의 식민지 근대사를 보는 시각과 서발턴 연구」, 『역사비평』, 1998년, 243쪽.

[184] 김희숙, 『황석영 텍스트의 탈식민성 연구』, 앞의 책, 172쪽.

《장길산》에 나타난 정치적 알레고리와 서발턴 저항[185]

1. 반어적 읽기를 통해 본 대항담론

황석영의 《장길산》[186]에는 4가지 역사적 사건이 나오며, 이는 서발턴운동과 관련된다. 검계·살주계 사건, 미륵신앙사건, 승려거변사건, 장길산 사건 등이다. 검계·살주계 사건은 『조야회통(朝野會通)』, 『연려실기술(鍊藜室記術)』 등에 그 기록이 전하며, 숙종 10년에 일어난 사건이다. 미륵신앙사건은 『추안급국안(推

[185] 『황성영 텍스트의 탈식민성 연구』(김희숙, 부산대출판부, 2017년)에 수록된 것을 따로 독립시켜 실었다.

[186] 황석영, 《장길산》1~12권, 창작과 비평사, 2008년(개정 3쇄), 1982년.

案及鞫安)』, 『숙종실록(肅宗實錄)』에 기록이 전하며 숙종 14년에 있었던 사건이다. 승려거변사건은 『이영창등추안(李榮昌等推案)』에 기록되어 있으며, 숙종 23년에 있었던 사건이다. 장길산 사건[187]은 『숙종실록(肅宗實錄)』, 『성호사설(星湖僿說)』 등에 기록되어 있으며, 숙종 18년, 21년, 22년의 기록에 전한다.

그러나 관찬사료에 기록된 이들의 역사는 왜곡되거나 극히 일부이다. 서발턴의 역사는 언제나 '결핍'과 '부재'로 묘사될 수밖에 없다. 그러므로 서발턴의 역사는 식민적 역사담론을 탈구축하여 그것의 균열에서 폐쇄성을 읽어내고 그 담론을 파열시킬 수 있는 징후들을 탐색하거나 식민 담론이 타자에게 부여한 본질을 벗겨내기 위해 그 본질에 포섭되지 않는 차이를 드러내야 한다. 식민 담론이 강제하는 보편적 동일성이 아니라 이질성을, 그것에 통합

---

[187] 장길산에 관한 기록은 숙종실록에 단편적으로 보인다. 그러나 성호(星湖)의 『성호사설(星湖僿說)』에는 종합적인 내용이 압축되어 기록되어져 있다.
"숙종 때에 힐적(黠賊) 장길산이 해서도중(海西道中)에 출몰하였다. 길산은 본래 창우(倡優)로서 곤두박질을 잘 하고 용맹하고 경첩한 것이 보통을 넘어 드디어 와주(窩主)가 되었다. 조정에서 이를 걱정하여 신엽(申燁)을 감사로 삼아 수포(搜捕)케 하였으나 잡지 못하였다. 뒤에 그 도당을 잡았는데 그가 숨은 곳을 고하였다. 무사(武士) 최형기(崔衡基)가 가서 잡는 데에 응모(應募)하여 파주(坡州)에 이르니 상고(商賈) 수십 명이 말을 몰고 지나갔다. 그 고자(告者)가 말하기를 '모두 도둑의 무리이다'고 하여 드디어 모두 잡아 가두었다. 말은 모두 건장한 암컷이었다. 그 고자(告者)가 말하기를 '적(賊)의 말은 모두 암컷이므로 놓쳐서는 안 된다"고 하였다. 제군(諸君)의 군사를 풀어 각기 요로(要路)를 지켰다. 밤을 타서 쳐들어가니 적(賊)이 이미 미리 알고 나와 맞아서는 욕설을 퍼붓다가 모두 도망쳐 아무 자취도 없었다. 또 병자년(丙子年 숙종22 1697)에 이르러 역초(逆招)에 이름이 드러났으나 끝내 어디로 갔는지 알지 못하였다."(이익, 『성호사설(星湖僿說)』, 민족문화추진위원회, 1989년).

되지 않는 차이에 주목하고 지배담론에 대항할 수 있는 근거를 찾아야 한다.[188]

그리고 이를 위한 방법으로 '역사의 반어적 읽기'가 필요하다. '반어적 읽기'란 거꾸로 뒤집어 읽는 것을 의미한다. 서발턴의 목소리를 들을 수 있는 사료는 절대적으로 부족하거나 없는 경우가 많다. 그러므로 서발턴 저항은 지배 엘리트들이 남긴 사료를 '거꾸로 된 글쓰기'로 읽어야 한다. 서발턴에 적대적인 지배 엘리트의 왜곡된 인식 안에서 오히려 적에 대한 서발턴의 인식과 봉기에 대한 의지를 포착하고, 서발턴 봉기에 대한 기록을 전복하여 거기에서 농민 봉기의 기획을 재구성한다. '전복적인 독해'를 통해서 모순과 틈새를 읽어내는 '결을 거스르는 독해'[189]가 가능하다.

《장길산》은 봉건제적 질서가 동요하기 시작하고 민중의 세력화가 진행되었던 조선 후기 숙종 연간에 일어났던 다양한 사건들을 광대출신의 도적 장길산을 중심으로 한 역모사건에 집중시켜 형상화함으로써 조선 후기 민중운동의 전체적인 모습을 보여주려 한 작품이다. 이 작품에서 장길산을 비롯한 의형제들의 행위는 단순한 활빈행에 그치는 것이 아니라 조정을 뒤엎고 백성들 스스로가 주인으로 서는 용화세상을 지향함으로써 그 행위의 혁명

---

[188] 김택현, 『서발턴과 역사학 비판』, 박종철출판사, 2003년, 59~61쪽.

[189] '결을 거스르는 읽기'와 유사한 읽기는 E.P. 톰슨의 역사 읽기에 보인다. 톰슨은 '역사 텍스트 읽기'를 비판하면서, 역사 연구자는 "텍스트에 담겨진 목소리"를 들어야 한다고 주장한다(E.P.Thompson, *The Poverty of Theory and Other Essays,* London ; Merlin Press, 1979, p 210, p 222). 그리고 구하는 서발턴 봉기를 분석하고 구조를 발견하기 위해 지배집단이 남긴 기록들을 읽는데, 이를 위한 전략이 바로 '결을 거스르는 읽기', 즉 반어적 읽기라고 한다(김택현, 앞의 책, 43쪽).

적 성격을 분명히 한다.[190]

작가는 역사적 사건을 소재로 겨져옴에 있어, 다른 서발턴 연구 역사학자들과 마찬가지로 사료에 대하여 새로운 해석을 시도한다. 즉 사료를 서발턴의 시각에서 뒤집어, 다시 말하면 반어적으로 해석한다.

> 그런데 저는《장길산》을 쓰는데 있어서 관찬사료를 볼 때는 전부 뒤집어서-말하자면 세탁소 가면 뒤집는 거 있죠. 옛날 왜놈 말로는 우라까이라고 합니다-보는 시각을 갖고자 했습니다. 가령 민란을 묘사함에 있어서 민란의 지도층에 대해서, 잔인무도하다고 묘사되어 있으면, '아, 용감했구나'라고 보고, 또 이 민란을 일으켰던 폭도가 굉장히 간교했다고 하면 민란의 장수가 지혜로웠다는 식으로 뒤집어서 사료를 읽는 방법을 스스로 터득했습니다.[191]

이 같은 사료 해석 방법은 지배집단이 남긴 기록에 대한 결을 거스르는 읽기를 통해 서발턴에 접근하는 방식이다.[192] 구하의 글에서 '엘리트가 말한 담론의 지표들'을 뒤집어 가치를 전도시킨 것과 같은 의미이다. 기존의 역사가 대체로 관 주도로 이루어진 관찬사료에 의한 것이 대부분인 것을 감안할 때, 우리는 관찬사료들의 틈새로 서발턴 의식을 엿볼 수 있는데, 이는 앞서 말한

[190] 송태욱, 「황석영의 《장길산》과 역사적 진실성」, 『현대문학의 연구』 5집, 1995년, 70~71쪽.

[191] 황석영, 「장길산의 창작 과정」, 『강좌, 민족문학』, 정민, 1990년, 173~174쪽.

[192] 김택현 지음, 앞의 글, 43쪽.

반어적 읽기-'잔인무도하다'는 '용감하다'로 독해-를 통해 가능한 것이다.

《장길산》은 광대, 상인, 군교, 뱃사람, 도시 무뢰배, 창기, 승려, 노비, 무당 등의 하층민들이 주요 역사 인물로 나온다. 작가는 이들의 삶을 생생하고 풍부하게 묘사하게 묘사하기 위하여 야담, 야사, 설화, 무가, 참언, 민요, 시조 등을 삽입[193]한다. 관찬사료에 나타난 서발턴들의 기록을 소설의 토대로 하되, 이들의 기록에만 의존하지 않고 민간전승을 통해 생동감과 현장감을 더한 것이다.

---

[193] 《장길산》에 삽입된 민간전승에 대한 대표적 연구자는 김헌선, 심규식이다. 김헌선은 《장길산》에는 구비물, 기록물, 참언 등의 요소가 변형되어 쓰이고 있다고 논하며 이를 분석해낸다. 이야기의 전개에 야담의 서술층위가 도입되기도 하고 전설의 서술층위가 도입되기도 한다. 그리고 이런 서술층위는 작가의 서술시각에 의해 변모되기도 하고 삽입되기도 한다. 결합양상은 ①작가의 서술층위+기록물의 서술층위 ② 작가의 서술층위+구비물의 서술층위 ③ 작가의 서술층위+무가의 서술층위 ④ 작가의 서술층위+참언의 서술층위 ⑤ 작가의 서술층위+기록물의 서술층위+사실의 서술층위로 계열화된다. 기록물의 서술층위는 야담, 전, 한문단편을 지칭한다. 구비물의 서술층위는 전설, 민담 등 구전되는 것만을 뜻하고 참언의 서술층위는 미륵하생신앙, 진인출현설 등을 일컬으며, 사실의 서술층위는 조선왕조실록(朝鮮王朝實錄), 조야회통(朝野會通), 추안급국안(推案及鞫安) 등이다(김헌선, 「《장길산》의 서술층위와 짜임새」, 『비평문학』, 1988년). 심규식 또한 황석영은 소설 《장길산》에서 민중들의 각종 구비 전승물을 활용하고 있음을 밝힌다. ①야담·야사적 기록물 : 신복동의 치부 수법, 김기의 훈장 노릇, 첫봉·고만이의 정사, 길산이 추노해온 주인 살해, 처녀와 심생의 사랑, 개천의 음담패설 사건 ②민간설화적 구전물 : 장산곶 매 설화, 최형기의 건달생활, 봉산탈춤 설화, 운주사 설화 ③ 제반 무가와 참언 : 10여 군데 무가가 인용, 진인설과 미륵하생설이 대표적임 ④민요·시조 등의 노래 : 작품 도처에 무수하게 활용, 저자바닥이나 포구, 노동현장 등의 모습을 실감나게 묘사하거나 분위기 조성(심규식, 「《장길산》 연구」, 『교육논총』 7집, 1991년).

2. 정치적 알레고리와 서발턴 봉기

(1) 정치적 알레고리

《장길산》에 나타난 서발턴 운동을 탈식민성으로 해명하는 중요한 관건 중 하나는 '외세'의 문제이다. 《장길산》이 지배세력의 문제뿐 아니라 '외세' 또한 서발턴의 삶에 식민성을 낳고 있었음을 형상화하고 있음을 규명할 수 있는 단서는 두 가지이다. 하나는 이 작품을 '7,80년대의 정치적 알레고리'로 썼다는 작가의 말을 통해서이고, 다른 하나는 작품의 서두와 결말에 있는 설화가 갖는 상징적 의미에서이다.

우선, '7,80년대의 정치적 알레고리'란 측면에서 살펴보기로 하자. 알레고리란 원관념(tenor)은 나타내지 않고 보조관념(vehicle)만 나타나서 주술관계를 이루고 이야기하며 끝나는 것을 말한다. 즉 알레고리란 원관념과는 '다른 것'을 보조관념으로 나타내어, 보조관념으로 하여금 원관념을 파악하도록 하는 수사법이다. 알레고리란 '풍유(諷諭)' 또는 '우유(寓俞)'로 번역되나 알레고리란 용어를 그대로 쓰기도 한다. 이는 표면적으로는 인물과 배경 등 통상적인 이야기의 요소들을 다 갖추고 있는 동시에, 그 이야기 배후에 정신적, 도덕적, 또는 역사적 의미가 전개되는 뚜렷한 이중구조를 가진다.[194] 그러므로 알레고리는 역사적·시대적 삶의

[194] 이상섭 저, 『문학비평용어사전』, 민음사, 1983년(6판), 193~194쪽.

의미를 효과적으로 표현하는데 사용된다. 미적 가치가 당대의 삶의 문제에 더 무거운 가치를 둔다.[195]

탈식민주의 텍스트는 다분히 알레고리적 특성을 지닌다. 이는 대체로 지배와 피지배의 관계가 작품의 기본구조가 된다. 식민주의 문학이 이분법적 알레고리를 사용하면서 백인과 유색인종의 '지배/피지배' 관계의 권력관계를 강화하는 것처럼 탈식민주의 문학은 식민주의 문학의 '지배/피지배' 관계를 역전시키고자 한다. 식민주의 담론에 대한 반대담론을 제시하기 위한 알레고리 기법은 제국주의 지배 하에서 글쓰기를 하는 피지배민들에게는 필수불가결한 기법이다. 제국주의의 물리적 및 문화적 위협에 저항하여 글쓰기를 하는 탈식민 작가들은 정치적 담론을 문학을 통해 구현하지 않을 수 없었다. 표면적으로는 제국주의 지배에 저항하는 것은 쉬운 일이 아니므로 표면과 이면이 다른 글쓰기가 요구된다. 그 방법 중 하나가 알레고리 기법이다.[196]

독자들은 '알레고리 구조'로 된 역사소설을 독해할 때 표현된 보조관념을 통해 식민담론을 유추해내어야 한다. 직접적으로 표현된 '문자적' 의미를 나타내는 기호나 기호체계 이전에 의도된 앞선 의미를 찾아야 한다. 독자들은 '읽기의 분기'[197]에 놓이게 되는데 표면적 차원에서 텍스트는 구체적인 역사적 순간의 구체

---

[195] 김준오, 『시론』, 삼지원, 2006년(4판 18쇄), 204쪽.

[196] 최석무, 「탈식민 텍스트에 나타난 정치적 알레고리 : 조이스의《율리시즈》」, 『제임스조이스 저널』 9권, 2003년 12월, 177~178쪽.

[197] 스티븐 슬레먼 지음·강규한 옮김, 「제국의 기념비들-탈식민적 글쓰기의 알레고리와 반언술행위」, 『외국문학』 31집, 1992년.

적인 역사상의 사건을 형상화한다. 그러나 알레고리 차원에서 텍스트는 특권과 권력에 저항하는 서발턴을 형상화하기 위해 다양한 기호들이 사용되어진다. 이 같은 장치들을 파악할 수 있을 때 역사소설은 역사적 사건의 형상화가 아니라, 그 자체가 역사의 한 특정 개념을 나타낸다. 독자들은 텍스트 안에서 '식민과 피식민'의 지배와 저항관계를 파악할 수 있는 것이다. 그리고 그것은 과거 어느 특정한 때뿐 아니라 7,80년대, 혹은 현재에도 적용되는 것이다.

황석영은 7,80년대의 정치적 현실을 과거를 통해 알레고리화한다. 한국의 70년대는 두 가지로 특징지을 수 있는데, 첫째가 국가 주도적 경제개발계획이다. 위로부터의 계급기반 창출욕구와 경제성장을 통해 정치적 정당성을 확보하려는 정치권력의 요구에 부응한 국내자본은 국내의 불균등한 발전과 변화된 대외적 조건에 대한 대응으로 그 주된 이윤의 원천을 외자도입에 의해 자금을 조달하고 풍부한 저임금 노동력에 기초한 생산과정을 지속하여 생산물의 상당부분을 수출을 통해 실현하는 축적양식을 일반화시켰다. 이는 미국 군사원조정책과 관련된다. 수출부문에서도 지역별로 볼 때 미·일에 의한 내부식민화의 상태에 놓였다.

한국에 있어서 70년대의 또 다른 특징은 유신시대이다. 70년대는 경제개발 5개년 계획이 진행된 시대이기도 하고 군부를 중심으로 하는 관료적 권위주의가 확고하게 뿌리내린 시기이기도 하다. 결국 70년대는 개발형 독재시기로 경제성장이라는 구호 아래 독재가 법적으로 공공연히 자행되며 그 시대를 실제로 살았던 사람들에게는 피부로 느껴지던 시기이다. 그러나 1979년 10월 26일 유신수장의 죽음과 80년 5월 광주민주항쟁을 계기로 미국에 대해 새롭게 개안한다.[198]

80년 5월 광주민주항쟁은 반독재, 반외세, 반미 운동이 전국민적으로 확산되게 한 도화선이었다. 70년대 일부 지식인들에 의해 자각되고 고발되었던 이 같은 것들은 80년대가 되면 전국민적으로 확산 되었고 운동화 되었다. 그리고 이의 지향점은 민주화 운동과 분단된 민족의 통일로 나타난다.

그렇다면《장길산》의 역사적 배경이 되었던 시대는 어떠하였던가. 17,8세기에 비롯하여 조선후기에 이르는 왕조 체제는 세도정치의 난맥상과 경제적 수취(收取)의 문란을 드러낸다. 숙종 조부터 당파 간의 정치 세력의 균형을 잡고자 이른바 탕평책이 거론되어 그 후 영·정조에 와서 관직의 안배로 양반 세력의 균형이 이루어졌으나 그것으로 양반지배체제의 모순이 제거될 수 없었다. 관직의 안배책은 오히려 정치기강을 더욱 더럽혀 놓아 양반들 사이에 관직 경쟁의 폐풍을 몰고 왔다. 뇌물로 관직을 얻은 수령들은 하급 관리 서리(胥吏)들과 결탁해서 사리사욕을 꾀했고 서리들이 또한 그들대로 지방관청의 세곡(稅穀)이나 세전의 일부를 가로채는 것이었다. 다른 한편 토지 공유에 관한 규제가 무너져 궁가, 관아, 군영에 의한 토지 매점이 성행하는 기회를 타고 권

[198] 이동하, 「유신시대의 소설과 비판적 지성」, 『1970년대 문학연구』, 예하, 1994년.

신이나 호세가(好勢家)들이 민전(民田)을 매점·점탈할 뿐 아니라, 간리(奸吏)들과 공모 하에 그들의 점유지를 징세(徵稅) 대상에서 빼돌리는 방법을 서슴없이 자행했다.[199]

한편으로 이 시기는 임병양란이란 병화를 겪은 후, 외세에 대한 새로운 자각과 서발턴의 정치적 각성이 생긴 시기라 볼 수 있다. 이때는 조선왕조의 지배체제 및 사대부 계급의 지배능력이 한계점에 이르러 새로운 정치권력이 출현할 수 있는 바탕, 즉 하나의 사회가 혁명점에 도달한 시기라 할 수 있다. 가장 주목할 만한 변화는 서발턴들에게 있다. 이들은 외세의 압박, 삼정문란, 특히 환곡, 자연재해 등으로 기아와 착취에 시달리게 되자 수차례 민란-봉기-을 일으키게 된다. 그리고 이들 민란-봉기-이 성공했다면 임병양란 이후 근본적인 체제 반성과 개혁 없이 지속된 왕조를 대신하여 전혀 새로운 정치체제가 성립되었을 가능성을 배제할 수 없다.[200]

이와 같이 공통분모의 시대상황을 갖는 17,8세기를 황석영은 소설《장길산》을 통해 불러내었다.《장길산》속에서 박정희의 유신체제에 맞설 만큼 강력한 서발턴을 역사적 주체로 일으켜 세우기 위한 의지를 담아낼 수 있었기 때문이다.

역사소설은 소설에서 다루고 있는 역사적 배경 못지 않게 그 소설이 언제 씌어졌느냐 하는 당대성이 중요하다는 점을 다시

[199] 김병걸,「역사소설과 민중소설」,『문학과 지성』, 1976년 가을, 754쪽.
[200] 신승희,「《장길산》론」,『새국어교육』 70집, 2005년, 350쪽.

> 말해 두고 싶다. 즉 《장길산》을 두고 '남한 진보진영의 초상'[201] 이라고 하면 좀 지나친 말이겠지만 197,80년대 유신독재와 신군부의 광주학살로 이어지는 엄혹(嚴酷)한 시대 가운데서 '민중성'이란 무엇이었는가를 돌이켜볼 수는 있겠다. 또한 새로운 세기에 미국식 세계화라는 이행기를 맞은 동아시아와 주변부 나라들이 오래 전부터 그려오던 민중적 문명관에 대해서도 다시 생각해보는 계기가 될 것이다.[202]
>
> * 한자는 논자가 의미의 명확성을 위해 병기(倂記)

작가는 서발턴과 서발턴 운동의 줄기와 흐름을 "내부에서 근대적 역량이 자라기 시작한 18세기"로 보았고, 그 중심인물을 광대 출신 의적 '장길산'으로 설정했다.

문 - 창작집 〈객지〉 이후, 《장길산》을 쓰게 된 동기는 어디 있었는지요?

---

[201] 197,80년대와 소설 속 인물의 알레고리는 다음과 같이 구체적으로 확인할 수 있다. 부마시민항쟁이 터졌을 때 소설은 난민이 세곡창을 터는 장면을 그리고 있었다. 남민전 사건이 발표되었을 때, 소설은 검계(劍契)·살주계(殺主契) 이야기를 하고 있었다(제3부). 광주민주화항쟁이 전개되고 있을 때 관군에 의한 구월산 토벌이 이루어지고 있었다(제3부). 해남의 기독교농민회 총무 정관훈이 소설 속의 곽말득(표창의 명수)으로, 광주항쟁에서 활약하다가 숨져 간 윤상원이 마감동으로, 그리고 남민전사건으로 구속된 시인 김남주는 검계 조직원으로 싸우다 붙잡혀 처형당하는 산지니(제3부)로 투영되어 등장하고 있다는 것이다. 그리고 무엇보다 광주항쟁을 겪으면서 소설에 질적 변화가 일어나는데, 장길산이 무장항쟁노선으로 변화할 뿐만 아니라 산간 승려들이 뒤로 빠지고 새로운 시대의 도래를 예견하는 미륵불교도들이 주체로 전면에 등장하는 것이다(김언호, 「황석영의 《장길산》」, 『책의 탄생Ⅱ』, 한길사, 1997년, 87쪽.).

[202] 황석영, 「작가의 말」, 《장길산》1, 창비, 2004년(개정판 2쇄), 4쪽.

> 답 - 단편집을 묶어내고 나서 본격적인 장편을 구상하고 있었습니다. 단편집 《객지》는 60년대 말에서 70년대로 넘어오면서, 해결되지 않은 채 누적되어 온 사회 제반적인 모순이 드러나기 시작한 시대상에 관한 파악이자, 그것을 보편적인 차원에서 지적하고 함께 해결하려는 의지로서 이루어진 것입니다. 따라서 소설 《장길산》은 이러한 연장선상 속에서 동기를 찾아볼 수가 있을 것입니다. 우리 근대사에 있어서의 민중이랄까, 민중운동이랄까 하는 것의 줄기나 흐름이 있었느냐, 있었다면 그것은 과연 어떻게 형성되었는가 하는 뜻이 새로운 장편을 구상하려는 나의 주요한 초점이었습니다.…내부에 근대적 역량이 자라기 시작한 18세기는 의미심장한 따라서 그 원류에서 뭔가 쓰고 싶다는 구상을 하게 되었습니다.[203]

《장길산》이 살았던 시대는 조선후기 숙종 때이다. 이때는 신분제도가 와해되기 시작했고 수차례의 대흉년으로 농민층도 분해[204]되어 조세와 부역의 압제에서 일어날 만한 농민의 형성이

[203] 황석영·이병순, 「나에게 남의 춤을」, 『한국문학』, 1979년 2월, 268~269쪽.

[204] 숙종 21년부터 25년까지는 매해 흉년이었다. 숙종 21(乙亥)년에는 흉년으로 경기도와 경상도의 기민사망자(飢民死亡者)가 특히 많아, 정부에서는 유기아수양법(遺棄亞收養法)을 제정했다. 숙종 22(丙子)년에는 아사자가 속출하여, 동서활인서(東西活人署)에 죽소(粥所)를 설치하고 세두(稅豆)를 반으로 줄였다. 사망자수가 수만에 이르렀는데, 관서지방의 기근이 우심하여 사람고기를 먹는 사람까지 있었다. 숙종 25(乙卯)년에는 독려(毒癘), 금수(禽獸)가 와서 탁교(啄嚙)하는 일이 비일비재(非一非再)했다. 결국 숙종 6년 동안 140여만 인구가 줄어들고, 농민들은 도적이 되었다. 숙종 21(乙亥)년에는 "기호지간(畿湖之間)은 도적이 자만(滋漫)하여 백주(白晝)에 어인(禦人)"(『숙종실록』 권 28, 숙종 21년 4월 병오(丙午))하여 숙종은 더 많은 토포사를 보내어 도적들을 잡고자 한다. 숙종 22(丙子)년에도 "요사이는 절발(竊發)의 환(患)이 없는 곳이 없어서 행려(行旅)

철종 조에 가서 이루어지게 하는데 기초가 된다. 그리하여 숙종 조에서 영정 조에 이르기까지 민란과 역모는 끊임없이 이어진다. 지역에 따라 다양한 차이를 보이나 대개 이념적으로는 한 궤로 꿰일 수 있다. 이조후기 민란의 이념은 사대부와 지식인들의 그것에 비하여 무가나 민담, 전설 또는 민중연희 그리고 야사에 수없이 등장한다.[205]

《장길산》에 나타난 7,80년대의 알레고리적 성격을 앞의 논의를 토대로 도식화하면 다음과 같다.

대응관계 / 특성	지배관계		역사적 동인과 하층민 운동*
	지배	피지배	
보조관념	왕 양반 외세 (청일)	서발턴	검계·살주계운동 미륵신앙운동 승려거변운동 장길산운동
원관념	군부 관료 외세 (미일)	서발턴	유신시대·광주항쟁 남민전사건 부마시민항쟁 광주민주화운동

* 각주 201)참고

가 거의 단절케 되었다. 적자(赤子)가 위망(危亡)에 걸려 있는 것이 오늘날과 같은 때가 없다"(『숙종실록』 30, 숙종 22년 윤(閏) 3월 병자(丙子))라고 기록되었다(정석종, 「숙종연간 승려세력의 거변계획과 장길산·이절·유선기 등의 상변을 중심으로」, 『조선후기사회변동연구』, 일조각, 1983년).

[205] 송태욱, 앞의 글, 78~79쪽.

《장길산》의 서두와 결말에 있는 전설은 《장길산》의 주제와 역사인식을 상징적으로 알레고리하고 있다. 《장길산》은 "당대의 해서와 북관지방의 풍물·지리·민속 등등이 총체적으로 묘사되어 있어서 식민지 반봉건사회로부터 사회주의 혁명과 건설의 급격한 전환을 하고 전쟁의 참화까지 겪은 책으로 북에서도 민족전통의 대중화를 위해서 맞춤한 책"[206] 이라고 평가되고 있다.

《장길산》은 '장산곶 매' 전설로 시작한다. 황해도는 오랫동안 경부(京府)에 가까워서 예부터 관의 혹정에 민감했으며, 도둑이 많아 조정을 괴롭히곤 했다. 단군의 도읍지인 구월산의 남서쪽 끝에 장산곶이라는 험한 마루턱이 있는데 그곳에 전설이 전해져 내려온다.

황해도는 전라도, 제주도와 함께 역사에서 타자화 된 지역이다. 황해도는 인재등용의 차별에서부터 왕실의 궁토가 많아 관리의 수탈이 심했던 곳이다. 특히 황해도 장산곶은 탐학한 내부관리뿐 아니라 황당선이 수시로 출몰하는, 외세로부터 수탈이 심했던 지역이다.[207] 다음은 전설의 내용이다.

> 마을이 생겨나기 전부터 바닷가에는 매가 날아와 살아 나라의 응방(鷹坊)에서는 이 지방 매를 특산품으로 정하여 관가에 바친다. 어느 때 타국의 화선(貨船)이 지나다가 물을 구하기 위

[206] 작가 인터뷰, 「임꺽정, 장길산, 우리식의 리얼리즘」, 『사회평론』, 1991년 10월, 147쪽.
[207] 임기현, 「황석영 희곡의 탈식민성」, 『한민족어문학』 51집, 2007년, 509쪽.

해 포구 앞에 며칠 동안 정박하게 되었는데, 장삿배 뿐 아니라 간혹 나라의 어선들이 연해에까지 침입해서 어장을 유린하곤 했으므로 마을 사람들은 응하지 않았다. 관리가 나와서 매를 화주(貨主)에게 주어 기물(奇物)을 얻으리라 작정하고 마을 사람들에게 매를 잡아오도록 명하였으나 총명한 아이가 있어 매를 당집에 숨겨두었다. 마을 사람들은 매를 마을을 지키는 영물로 알았다. 관리와 타국의 상선은 돌아가고 마을 사람들은 빼앗길 뻔한 매를 당집에서 꺼내 날려주면서 남에게 빼앗기지 않기 위해 매의 오른발에 붉은 색실로 매듭을 묶었다.

보름 뒤에 배가 만선이 되어 돌아왔으나 마을에서는 매가 없어졌다. 땅거미가 질 무렵 저녁바다 위에서는 매와 매보다 몸집이 두어 배는 되어 보이는 수리가 싸우고 있었다. 매가 날개를 퍼덕이며 지나갔을 때, 죽지에서 흩뿌려진 피가 잔치옷으로 갈아입은 마을 사람들의 흰옷 위에 점점이 번졌다. 사람들은 고함질러 매를 응원하고 치명타를 입은 수리는 물에 처박혔다. 마을 사람들은 먹이를 준비했으나 매는 나뭇가지위에서 날개만 퍼덕였다. 캄캄한 밤, 해송의 깊숙한 구멍 속에서 구렁이가 기어 나왔다. 동녘이 밝을 즈음에 토막난 구렁이의 시체가 떨어져 내려왔다. 나뭇가지에 걸린 채로 날개와 부리를 땅으로 늘어뜨린 매의 형상이 보였다. 매는 실매듭이 나뭇가지에 결려 날지 못하고 구렁이와 싸우다 죽은 것이었다.[208]

'장산곶 매' 전설은 근대와 개항의 소용돌이를 서발턴들이 어떻게 대처했는지 상징적으로 보여준다. '장산곶 매' 전설은 서발턴

[208] 황석영,《장길산》1, 앞의 글, 10~17쪽.

들에게 결코 고운 시선이 아니다. 서발턴들은 응집되고 단결된 힘으로 외세를 물리친 운동의 주체로 나오기도 하지만 자신들의 욕심과 어리석음 때문에 결국 자신들을 지켜주는 대상을 죽음으로 몰고 간다.

식민지 개척을 위해 아프리카, 아시아, 아메리카 등지를 모험하던 유럽 강대국들의 선박은 그들이 지나가는 섬과 나라들에 물과 식량을 얻기 위해 자신들의 시장 상품들을 내놓는다. 그러나 서발턴들은 그들을 두려워하여 그들에게 응하지 않고 철저히 폐쇄적인 태도를 취하나 관리들이 자신들의 욕심 때문에 서발턴의 것을 빼앗아 그들에게 준다. 전설 속에 등장하는 타국의 상선과 관리, 마을 사람들은 바로 이를 상징한다 할 수 있다.

마을 사람들의 어리석음은 그들의 철저한 폐쇄성 뿐 아니라 욕심과 무지로도 나타난다. 서발턴의 지도자라 할 수 있는 매는 결국 외세인 수리를 물리치나 자신들의 소유물임을 표하기 위해 마을 사람들이 묶어 놓은 붉은 매듭 때문에 해송에 있는 깊은 구렁이, 즉 우리들 가운데 깊게 숨어 있는 내부의 적에 의해 죽임을 당하고 만다.

전설의 상징적 의미는 작품이 창작된 1970년대 상황[209]과도 관련시켜 해석되어진다. 핵심어를 중심어로 보면 '지방 매'는 '지

[209] 《장길산》은 한국일보에 연재되는데 연재기간은 1974년 7월 11일부터 1984년 7월 5일까지이다. 이 작품은 70년대와 80년대의 알레고리로 씌어졌다(김언호, 앞의 글, 87쪽)는 작가의 말을 빌면 작품 서두에 설정된 '장산곶 매' 전설은 1970년대 상황을, 작품 말미의 '운주미륵전설'은 1980년대 상황과 유관하다고 할 수 있다.

방의 전통품/서발턴 지도자'로, '관리'는 '내부식민 주체'로, '마을 사람들'은 '일반 서발턴'으로, '수리'는 '외국상품/외세'로, '구렁이'는 '내부권력'으로 해석되어진다.

이 같은 사례는 근대의 시작에서부터 오늘에 이르기까지 우리의 역사에서 발견된다. 일찍이 왜병이 국토를 점령했을 때 백성 중에 병(兵)을 일으킨 의병장은 전쟁에 대패하고 귀향하나 포상금을 탐한 동료의 밀고에 의해 죽임을 당한다. 일제 식민 시대의 독립투사들의 생애 가운데서도 이 같은 사례를 발견할 수 있으며, 독립 이후에도 강대국의 외압이나 착취보다도 동족간의 갈등과 반목에 의해 많은 사람들이 희생되었다. 작품이 알레고리하고 있는 70년대와 80년대만 해도 외세와 독재정권은 우리를 억압하는 근본적 굴레였지만 이들과의 싸움 못지 않게 서발턴들의 죽음은 스스로의 욕심과 무지 때문에 온 것이었다.

작품의 끝에 있는 '운주미륵전설' 또한 미륵세상이 오지 못하는 결정적 원인을 서발턴 내부에 있다고 말한다. 전라도는 예로부터 중앙에서 멀고 현달한 이가 적어 부임하는 수령들은 마음 놓고 조세를 과하여 부역과 소작료가 가혹하였으며 지방 서리배들의 농간이 극심한 고장이라 민란이 잦았던 곳이다. 영암 월출산은 구토(舊土)의 마지막 수문장처럼 서 있는 곳이다. 영조 3년에는 변산반도와 월출산을 근거로 하여 유민들이 난을 일으켰고, 이어서 6년 뒤에는 전라도 인근 해역의 섬들과 진도, 나주 일대에서 노비들이 일어났는데, 절도의 노비들은 역률에 따라 내쳐진 죄인들 중의 생존자로, 이들은 새 세상에 대한 희망을 버리지 않았다. 인근의 능주 땅에는 후백제가 망할 무렵부터 전해 내려오는 전설과 기묘한 석불이 있다.

전라도 또한 황해도와 마찬가지로 심상지리에 의해 타자화 된 지역이다. 심상지리란 실제 지리와는 달리 제국이 '다른 여러 집단, 국가, 문화에 대한 동등한 정체성의 거절 또는 억압'을 행사하면서 담론화 된 지정학적 표상[210]을 가리킨다. 이 같은 심상지리가 현실권력에 의해 뒷받침되고, 외래자에 의해 자기 토지가 상실되었을 때, 피식민자의 굴종의 역사가 시작된다. 심상지리에 의하면 내부식민의 위치에 해당되는 황해도와 전라도는 피식민 국가로 대치 가능하고 이는 긍정적 관점에서 보자면 지리적 전복이 가능하다. 중앙중심의 역사가 진정한 역사의식을 지니고 쓰여진 것인지 의문을 제기할 수 있는 것이다.[211]

> 월출산을 근거로 하여 관군에 맞서 싸워오던 후백제의 유민들은 들판 가운데 우뚝 솟은 바위산에서 포위된 채로 굶주리며 죽어가다가 가까스로 살아남은 자들이 천불산 계곡으로 스며들었다. 그들은 손바닥만 한 야산과 야산 사이의 황토에 밭을 일구어 보리와 조를 심고 숨어 살면서 때를 기다렸다. 그들은 어머니나 누이가 일에 지쳐 돌아와 거적 위에 쓰러져 잠들기 전에 속삭이며 해주던 이야기를 통해 자신들의 뿌리를 알았다. 어머니나 누이는 그들에게 "너는 네 아버지처럼 삼촌같이 다시 일

[210] 강상중 지음, 이경덕·임성모 역, 『오리엔탈리즘을 넘어서』, 이산, 1997년, 192쪽.

[211] 임기현, 「황석영 희곡의 탈식민성」, 앞의 글, 509쪽.

어나 해방되어야 한다. 네가 못하면 네 자식에게 또 그 자식에게 이 말을 전해야 한다"는 소리를 들으며 살았다.

그들은 미륵님의 계시를 들었다. 골짜기 안에 천불천탑(千佛天塔)을 하룻밤 사이에 세우면 수도가 이속으로 옮겨오는 새로운 세상이 와 그들이 나라의 중심이 된다는 것이었다. 그들은 집채만 한 북을 두드리며 '세상의 천민이여 모여라, 모여서 천불천탑을 세우자'라고 알렸다. 미륵님 세상인 새로운 세상은 '배'가 될 것이며 '물'은 천것들이며 만백성이다. 중생이 물이 되어 고이면 배는 떠나서 나아가게 되는 것이다. 늙은이는 미륵님은 우리 자신과 똑같은 모습이라고도 했다.

황혼녘이 되자 이 소문을 들은 월출산, 해남 대둔산, 완도, 진도 흑산 추자도의 바위들까지도 모두들 스스로 미륵상이 되기 위하여 우뚝우뚝 서서 골짜기를 버리고 몰려오기 시작하여 구백구십구의 미륵상과 탑이 세워졌다. 유민들은 마지막 미륵님을 만들기 위해 산성으로 올라갔고 비스듬히 누운 바위에 와불을 새긴 후 일으켜 세우려 했다. 사람들은 이 미륵만 새기면 세상이 바뀐다고 기대하며, 모두 힘을 합쳐 일으켜 세우려했다. 그때 도저히 캄캄한 밤의 노고를 참지 못한 사람 하나가 손을 떼고 혼자 떨어져나가며 거짓말로 "닭이 울었다!"고 외쳤다. 고수는 그 말을 듣고 깜짝 놀라 북채를 내던지고, 미륵을 밀어 올리던 사람들도 힘을 잃고 주저앉았다. 그리고 미륵상은 비탈 저 밑에 처박혀서 다시는 움직이지 않았다. 서로 미륵상이 되기 위하여 우뚝우뚝 새까맣게 몰려오던 사방의 바위들도 소문을 듣고는 그 자리에 넘어져버렸다. 바위들은 민병의 쓰러진 시체처럼 들판과 야산의 곳곳에 넘어져 오랜 비바람에 씻겼다. 그때부터 운주사의 대문을 여닫을 적마다 서울 장안에서 우지끈대는 우렛소리가 그치지 않았다. 서울이 옮겨지지 않은 것을 한하여 그런 소리가 들린 것이다. 운주사(運舟寺)가 그 뒤로부터 운주사(雲住寺)가 되고 말았으며 이는 물이 차오르지 않아 세상이 머물렀던 까닭 때문이다.[212]

전설은 대체로 천불사 계곡의 버려진 서발턴들과 이들이 소망하는 새 세상에 관한 이야기이다. 그들이 소망하는 새 세상은 모두 힘을 합쳐 천불천탑을 하룻밤 사이에 세워야 오는 세상이다. 그러나 힘 있고 돈 있는 자들이 득실거리는 권력의 상징인 서울은 버려진 이 땅에 귀를 곤두세우고 있다. 서울은 미륵님 세상이 오는 것을 방해하기 위해 거짓말 하는 자를 서발턴 가운데 은밀히 만들어 놓고 그들의 힘이 와해되는 것을 기다린다.

그러므로 미륵님 세상이 오지 않는 것은 '서울'의 방해를 막지 못했기 때문일 수도 있다. 그러나 작가는 누구에게 더 큰 책임을 묻는가 하면 '서발턴들'에게이다. 누군가 한 사람이 노고를 참지 못하고 공동체에서 떨어져나가며 "닭이 울었다!"라는 거짓말까지 하여 모두의 힘을 일시에 와해시키고, 그들의 혁명은 좌절된 것이다. 새 세상을 세우는데 실패한 그들은 패잔병들처럼 쓰러질 수밖에 없으며, 골짜기에 처박힌 와불이 일어서기만을 기다릴 수밖에 없다. 여기서 '와불'은 서발턴의 지도자를 상징한다 할 수 있다. 서발턴의 지도자는 서발턴의 단합된 힘에 의해 세워질 수 있지만 그들 중 하나가 이탈하거나 배반하면 쓰러질 수도 있는 존재이다.

---

[212] 황석영, 《장길산》 12, 앞의 글, 291~298쪽.

전설의 상징적 의미를 80년대 상황[213]과 관련시켜 다음과 같이 해석할 수 있다. 천불천탑과 천도설은, 후백제 유민들이 전라도 월출산 근처에 서울을 세우고 각처의 바위가 미륵이 되려고 모여드는 것은 서발턴이 역성혁명을 도모하고자 하는 실천적 노력이라 할 수 있다. 유민들이 미륵의 와불을 세우려고 하는 것으로 보아 와불은 역성혁명과 관련된다 할 수 있는데, 미륵은 서발턴이 주체적으로 미륵으로 전신(轉身)되는 사상으로, 역성혁명은 서발턴이 주인 되는 세상을 세우고자 하는 것이다. "닭이 울었다!"고 말한 한 유민의 거짓말과 일의 포기는 혁명이 내부의 거짓으로 좌절됨을 의미한다고 할 수 있다. 그러나 서발턴들은 혁명을 완전히 포기하지는 않고 혁명의 날을 기다리고 준비한다. 또한 운주사의 대문을 닫을 적마다 서울 장안에 우레 소리가 들리는 것으로 보아, 혁명의 날을 도모한 서발턴의 정신은 남아 서울에까지 전한다.

주목할 내용은 작가가 역사의 변혁기에 지도자의 우매와 서발턴의 어리석음 모두가 역사를 실패로 만든다고 언급하는 점이다. 작가는 서두의 '장산곶 매' 전설에서 뿐만 아니라 결말의 '운주미륵전설'에서도 거듭 서발턴의 무지와 무명, 어리석음을 언급한다. 서발턴들은 서발턴 운동이 시작되었던 근대 초기부터 지금에 이르기까지 일의 전체나 향방을 보지 못할 때라도 자신을 희생할

[213] 《장길산》은 한국일보에 연재되는데 연재기간은 1974년 7월 11일부터 1984년 7월 5일까지이다. 그러므로 운주미륵전설은 1980년대에 쓰여졌다고 할 수 있고 80년대 상황을 알레고리화한다고 해석할 수 있다.

수밖에 없는 존재이다. 그러나 이들은 어리석은 선택을 하게 되어 일을 어려운 지경, 혹은 실패로 몰고 가기도 한다. 그리고 작가의 이 같은 상징적 발언은 서발턴을 무시해서가 아니라 현장운동과 서발턴운동을 통해 만난 서발턴들의 부족과 한계를 한탄하고 계도하려는 의도라고 할 수 있다.

《장길산》의 서두와 말미에 배치된 두 설화는 설화의 진원지가 각각 황해도와 전라도이다. 작가는 황해도를 '경부와 가까운 곳'이라 설명한다. 그리고 '장산곶 매' 설화가 개항과 개항기의 서발턴의 모습을 엿볼 수 있게 하는데 반해 '운주미륵설화'는 전라도와 광주민주항쟁을 연상시키는 알레고리다. '운주미륵설화'를 작품 내부와 연관시키면 개성의 벽란나루 노상에서 태어난 길산이 병자년의 거사가 한양의 일을 맡았던 선비의 배신으로 또 다시 실패로 돌아가자 '서수라와 백두산 인근 일대의 광활한 무인지경'에 들어가 각처의 유민들과 다시 시작하려 한다며 길산이 자취를 감출 것을 암시하는데 이와도 유관하다고 볼 수 있다. 작가가 《장길산》을 1974년 서울에서 쓰기 시작하여 이후 전라도 해남으로, 광주로 다시 이주하면서 쓰고, 마지막 두 권이 광주민주항쟁이 터진 이후에 씌어진 것이며, 보안사의 권유로 인해 제주도로 이주한 것을 감안한다면 작가의 행보와 두 설화, 혹은 설화 속에 등장하는 서발턴들의 모습, 장길산의 행적 등은 알레고리의 관계에 놓여 있다고 볼 수 있다.

서두와 결말에 있는 설화가 갖는 알레고리는 작품 내부 이야기와도 유관하다. 대응관계를 장길산 사건을 중심으로 도식화하면 다음과 같다.

보조관념 / 원관념	서두·결말 전설	장길산 사건
서발턴 지도자	매(장산곶 매 전설)	장길산 등 서발턴 지도자
외세	수리(장산곶매 전설)	배경으로 설정된 청·왜[214]
식민화된 주체, 내부적 폭압권력	구렁이(장산곶매 전설)	왕·관리
서발턴들	마을사람들(장산곶매 전설) 바위(운주미륵전설)	일반 백성들
새 세상	와불(운주미륵전설)	용화세상
서발턴의 어리석음	거짓말(운주미륵전설)	밀고·배반

'장산곶 매' 전설과 '운주미륵전설'은 장길산의 일생과도 관련된다. 서두의 전설에서는 장길산의 일생이 예고되고, 말미의 전설

[214] 《장길산》의 시간적 배경은 17세기 후반으로 임병양란 이후이다. 임진왜란 이전부터 조선 왕조의 지배체제가 흔들리기 시작하고, 병자호란은 지배체제의 허점을 철저히 드러내어 조선 왕조의 지배계급 및 사대부계급의 지배능력이 한계점에 이르렀음을 알려주는 전쟁이었다. 그리하여 하층민의 정치적 각성이 생기고 이는 이후 농민봉기의 핵심적 동력이 되었다. 작품《장길산》에는 임병양란 이후 중국과 일본의 정세가 조선왕조의 지배체제를 혼란에 빠뜨리고 하층민은 이에 대응하기 위해 봉기한다. 중국의 '삼번의 난'과 조선 침략설과 관계된 '왜서'는 승려거변운동과 검계·살주계 운동과 관계된다.(정미애, 「《장길산》연구」, 한림대학교 박사학위논문, 2004년, 64~69쪽, 75~77쪽). 또한 호란으로 인한 병화(兵禍)는 하층민의 기아와 빈곤의 원인 중 하나로 제시된다(황석영, 《장길산》10권, 앞의 책, 235쪽).

에서는 혁명의 가능성과 실패가 상징되고 있다. 장길산은 사대모화사상에 빠져 흉년임에도 백성들을 착취하고 학대하는 양반들에 대항하여 서발턴들을 규합하고 혁명을 일으킨다. 만백성이 주인 되는 세상을 만들고자 부자와 관을 상대로 징치하며 투쟁하여 얻은 재물을 서발턴들에게 나누어준다. 그러나 이들의 혁명은 고달근(동료)의 밀고로 좌절된다.

(2) 서발턴 저항으로써의 봉기

라나지트 구하[215]에 따르면 서발턴의 봉기는 몇 가지 측면을 지니고 있다. 식민인도에서는 1783년부터 1900년까지 117년 동안 식민권력과 지주와 부르주아들에 맞서 서발턴 농민들은 크고 작은 봉기를 일으켰다. 봉기는 식민주의가 시작되어 무르익게 된 전체 국면 동안 식민주의의 필수적인 안티테제였다. 이 저항의 구조들은 지역 문화들의 차이에 따라 다를 뿐만 아니라, 어떤 주어진 상황에서의 지배 스타일과 지배 집단의 상대적 비중의 차이에 따라 다소 다르게 나타나기도 한다. 다소 상이한 모든 동원 타입들은 봉기의 일반적 형식과 일치하는 경향이 있는데, 이는 본질적으로 하나의 패러다임[216]으로서의 봉기의 역할에서 비롯된

[215] 라나지트 구하 지음·김택현 옮김, 『서발턴 봉기-식민인도에서의 농민봉기의 기초적 측면들』, 박종철출판사, 2008년.

[216] 봉기의 패러다임은 구하에 따르면 부정, 모호성, 양상, 연대, 전파, 영토성이다. 《장길산》에는 4가지 하층민 봉기가 나타나는데, 4가지 하층민 봉기 모두이 같은 패턴을 따른다.

다. 그리고 이것의 근원에는, 식민 지배 이전이든 식민 지배의 시기든, 아주 오랫동안 인도 사회를 특징 지은 지배와 종속의 관계가 있다. 억압과 착취의 전통과 폭동의 대항전통이 공존하는 것이다.

구하가 주장한 서발턴 봉기의 패러다임에 따라 황석영의《장길산》을 분석해보도록 하겠다. 이는 서구의 서발턴 봉기와《장길산》의 서발턴 봉기의 유사점을 통해 서발턴들은 세계 어디서나 폭압적 지배권력에 대항적 힘을 행사하며, 이들의 저항은 일정한 패러다임을 따름을 확인할 수 있을 것이다.

① 부정

부정은 서발턴들이 자기 상급자들의 속성과 특성을 거부하는 것을 말한다. 그리고 이를 통해 서발턴들은 자신을 인식하는 것을 배운다. 모든 지배 이데올로기들과 종교는 농민을 부정적 의식에 물들도록 만들었고, 충성과 헌신을 강요했다. 그리하여 모든 상위 계급들과 집단들의 권위는 서발턴들이 자신의 존재조건에 대해 체념하는 경우에만 가능했다.

부정은 두 가지 특징을 지니는데 첫째가 구별이다. 여기서 구별은 폭력의 대상을 신중하게 선택하는 정체의 구별을 의미하며, 이는 봉기 실천의 일부였다. 서발턴의 공격 대상은 오로지 기사들, 지주들, 마님들, 그리고 그들이 살고 있던 성이었다. 그들은 유럽인의 재산에는 상대적으로 타격을 덜 입혔다. 연대와 적대의 한계는 지주와 대금업자와 같이 반란자들의 적의를 품었던 부족

외(外) 주민들을 한편으로 하고, 반란자들과 함께 같은 농촌공동체에서 살았던 서발턴들과 카스트들을 다른 한편으로 한다.

부정적 의식은 유비와 전이의 과정을 거쳐 그 영역을 확장시키는 경향이 있다. 이는 부정적 의식의 '아띠데사 기능'이라고 불린다. 이는 폭력 대상의 '일반화'를 의미한다. 공격 대상이 동일한 부류에 속하는 하나의 특정한 도구에서 모든 다른 도구들로, 그리고 한 부류의 기계에서 다른 부류의 기계로 확장되는 것[217]이나, 반란을 촉발시키는 짓을 하지 않았을 집단이나 개인까지 반란의 표적이 되는 것을 말한다. 농민폭력은 적들 전체 구성원 중에서 '나쁜 개인들'과 '좋은 개인들'을 구분하지 않고 구성원 전체를 겨냥하며, 농민에 적대적인 모든 부류, 모든 분파의 주민을 공격하는 경향[218]이 있다.

부정의 또 다른 양상은 서발턴들이 지배와 권위의 기호들을 파괴하려고 했거나 그 기호들을 자신들을 위해 전유하려고 한 점이다. 가장 빈번하고 광범위하게 나타나는 현상은 전도이다. 전도는 '세상을 뒤집어엎는 것'이다. 그리고 관례적 전도의 결과는 사회 질서를 파괴하는 것이 아니며, 심지어 약화시키지도 못하며

[217] 공임순, 『한국근대소설의 장르론적 연구』, 서강대 박사학위논문, 2000년, 119쪽.

[218] 영국의 스윙운동에서 농촌 프롤레타리아 폭력의 최소 대상은 탈곡기뿐이었다. 그러나 철제 쟁기, 수확기, 작두, 건초기, 파종기와 풍구를 포함하는 모든 농기구에 대한 공격으로, 그 다음에는 주물공장과 제재소와 모직물 공장 등에서 사용된 것과 같은 모든 종류의 공업기계들에 대한 공격으로 일반화되었다(라나지트 구하 지음·김택현 옮김, 앞의 책, 42쪽).

오히려 그것을 보강한다. 특히 제의적 전도는 농민봉기의 안티테제를 표현한다. 관례적 전복의 기능이 사회적, 정치적 도덕적 질서의 연속성을 보장하고 그것을 신성시하는 것이라면, 농민봉기의 기능은 그것을 분쇄하고 모독하는 것이기 때문이다. 서발턴의 반란은 무질서하므로, 상대적으로 충격이 크다.

철저한 전복은 기호적 파괴로 이어진다. 다시 말해 그것은 모든 특정한 사회에서 지배와 종속의 관례를 역사적으로 통제하고 있는 기본적인 코드를 침해한다. 봉기는 식민 사회에서 권력관계의 기호로 작동했던 말들이나 제스처들이나 상징들에 대해 강력하고 체계적으로 침해하였다.

이는 농촌에 현존하는 권력관계의 모든 중대한 변화를 가져오기 위한 투쟁인 신분적 상징들의 전통적인 독점을 계속 유지하려는 자들과 훔치려고 하는 자들 사이의 경쟁-즉 문화적 충돌-로 나타난다. 특히 종교에서 찾을 수 있는데, 농촌 엘리트들에 대한 농민들의 도전에는 흔히 지배적 종교를 전유하거나 그것을 파괴하려는 시도가 포함되어 있었다. 봉기 서발턴들은 지배 문화를 모방하는 것을 통해서만이 아니라, 더 직접적이고 극적으로 모욕을 가하는 행위를 통해서 지배문화를 훼손시켰다.

《장길산》에 나타나는 4가지 서발턴 운동은 검계 살주계 사건, 미륵신앙사건, 승려거변운동, 장길산 운동 등이라 할 수 있다. 검계 살주계 사건과 미륵신앙사건은 동일한 정치 사회적 배경을 갖고 있는데, 이는 서인의 등장과 자연재해 때문이다. 경신대출척으로 남인들은 정계에서 물러나고 서인이 등장하게 된다. 그러나 서인들은 애초의 약속과는 달리 그들의 지지기반이었던 중소지주와 소농 및 작인의 이해를 대변하지 못하여 대내정책에서 우(愚)를 범하게 된다. 그리고 자연재해는 서발턴들의 삶을 더욱 궁핍하게 하고 생존위기로까지 몰고 가게 되었으므로 그들의 저항운동이 도시에서는 검계 살주계 사건으로, 향촌에서는 미륵신앙 사건으로 나타나게 된다.

또 승려거변운동은 숙종연간 여러 차례 발생했던 반체제 저항운동 가운데 가장 조직적이고 광범위했던 운동이다. 이 사건은 피역하러 들어간 향촌의 농민인 산간의 승려세력이 극적 세력과 결탁하고, 극적 세력이 서울 내의 중인 및 서얼층 이른바 서류와 결탁하여 당시의 왕권을 극복하고 새로운 왕조를 창립하고 그 여세로 중원을 석권하려는 계획이었다. 장길산 부대가 외응하기로 되었으나 이도 실패에 그치고 만다. 장길산 저항운동은 길산의 의식의 성장과 함께 진행되며 텍스트 《장길산》의 중심사건이다. 대소두령들이 의형제로 결집하는 과정과 결집 이후의 봉기가 중심사건이다. 앞서 언급한 승려거변운동 등에 외응하기로 약속하나 모든 저항운동이 실패로 돌아감에 따라 실제로는 참여하지 못한다.

《장길산》에서 서발턴들의 부정의 대상은 양반과 집권층들, 악덕한 부자들이다. 텍스트 속에서 서발턴으로 나오는 도둑, 대갓집의 노비, 미륵신도, 승려, 몰락한 양반, 농민, 창기, 광대, 상인, 무당 등은 이들의 폭력에 맞서 저항하며 봉기를 일으킨다.

다음은 검계와 살주계가 양반들에 대해 갖는 분노를 드러내는 대목이다.

> 예로부터 우리들 노비란……당신네 양반들에게는 개 돼지나 우마(牛馬)와 다를 바 없지 않소. 상전 편에서는 은의라 하나 우리 쪽에서는 다만 한 때의 속임수에 지나지 않는 것이니, 진정한 은의라면 왜 진작에 면천 시켜주지 않았습니까? 허리가 부러지도록 평생을 댁네를 위해 일하다가 몸져누운 할아버지를 시구문 밖에 내다버리라고 했던 것도 당신들이지요. 대감께서 장례를 치르도록 하였다지만, 집안의 강아지에게 인정을 쓰는 것과 무엇이 다르오. 댁에서 우리 누이를 삼만 향족에게 팔아버렸지요. 왜 그랬나요. 그때에 내가 어렸으나 누이가 어미를 붙들고 울어서 다 듣고 알았소. 이집 큰서방님짜리가 말썽이 생겼기 때문이지요. 그때에 누이가 아이를 가져서 값이 후하였다고 댁네들이 지껄이는 소리를 들었소. 나와 내 아우가 자라나며 겪은 온갖 매와 고달픔은 다 잊었으나, 어미가 겪은 수모는 말로 꺼낼 수가 없소. 댁네 양반들은 모두들 음예(淫穢)로 날을 보내며, 부인들은 갖은 포악으로 앙갚음을 하였으니, 내가 어찌 한두 번 댁네를 죽이고자 작심하였겠소. 어미가 손가락을 작두에 잘리고 골방에 들어와 울적에, 나는 눈물 한 방울 흘리지 않고 어둠 속에다 대고 맹세하였지요. 언젠가는 댁네 양반들을 이 세상에서 하나도 남김없이 쓸어버리겠다고……[219]

목내선 감독의 수노 복성이 살주계원으로 잡혀 광에 갇혀 고문

[219] 황석영, 《장길산》7, 앞의 책, 318~319쪽.

당할 때 피를 토하듯 내뱉은 말이다. 노비를 개 돼지나 우마처럼 부리며, 부리던 사람이 소용이 없어지면 버리고, 여종은 성적 노리개로 삼는 양반들을 '부정'하는 것을 통해 서발턴들은 자신들을 인식한다. 짐승과 다를 바 없는 처지에 놓인 스스로를 자각하며, 그리고 고깃값이라도 하고자 봉기한다. 백성들을 괴롭히는 양반 부호들을 살육하고 재물을 빼앗아 수모를 겪어온 자들에게 되돌려 주고자 검계로 모인 것이다.

노비들의 충성을 강요하며, 권위를 인정받아온 양반들은 서발턴들이 자신들의 존재조건에 체념하지 않고 일어나고자 했을 때 부정의 대상이 되었다. 그들은 부가옹, 양반들의 집을 털고, 순라들의 복처까지 다섯 곳이나 쳤다. 개인집뿐 아니라, 파출소까지 쑥밭이 되자 포도청뿐 아니라 조정대신들까지 긴장하였다. 종사관이 그들을 잡기 위해 혈안이 되었으며 비밀스런 탐문에 들어갔다. 최하층·최하천의 노비들을 중심으로 한 서발턴들은 직접적인 목표는 양반을 제거하는 것이었고, 나아가 서발턴들의 나라를 세우려는 혁명을 도모하였다. 노비들의 부정의 대상이 양반이나 부가옹의 집에서 순라들의 복처로 일반화된 것은 혁명적 봉기의 가능성을 의미한다.

부정의 대상이 양반을 비롯한 집권자들인 것은 미륵농민 봉기에서도 마찬가지였다. 지배층의 억압과 피탈에 억눌린 백성들은 미륵이 오는 용화세계를 소망한다.

계층적인 억압에서 오는 고통뿐 아니라, 자연재해로 인하여 어려움 당하는 17세기 서발턴들의 참상을 엿볼 수 있는 소설 속 장면을 하나 살펴보자.

> 갑자에 시작된 흉황은 이듬해인 을축년에도 계속되어 한양에 난민이 나타난 지 몇 달 안 되어 황해도에는 염병과 소의 전염병이 창궐하였는데 그 중에서도 문화와 안악 등지가 가장 심하였다. …(중략)… 병인년(1868)에 이르러는 흉황과 전염병의 악순환으로 참상은 고질화 되어 나라에서는 장기대책으로 송엽을 먹는 방법과 식량이 될 수 있는 풀뿌리를 가려내는 것을 지방관리들을 시켜 광유(廣諭)토록 하였다. 그해 여름에 난데없는 눈이 내렸고 제비까지 얼어 죽었으며, 해일이 크게 일어났으니…(중략)… 여름에서부터 군도가 횡행하여 포교와 군사들은 각처에서 살해당하였다. 일반 백성들은 두어 자루의 곡식이나 한 필의 무명 때문에 서로 죽이고 죽고 하였으니 전장을 드넓게 차지한 토반이나 향족들은 창고에 그들먹하게 곡식을 쟁여놓고 예년과 다름없이 호화롭게 지냈다. 그들은 스스로 재물과 목숨을 지키기 위하여 무사와 역사들을 집안의 식객으로 거느리고 좀도둑이라도 인근에서 잡히면 명화율로 다스린다 하여 백성들이 보는 앞에서 참혹하게 처단하였다.[220]

기민들을 가장 가까이서 괴롭혔던 향족이나 토호들은 자연재해로 백성들이 굶어죽거나 풀뿌리로 겨우 연명하는 가운데도, 무사와 역사들을 집안의 식객으로 거느리고 살았다. 굶주린 백성들이 좀도둑질을 하면 참혹하게 처단하였다. 그리하여 서발턴들은

---

[220] 황석영, 《장길산》8, 앞의 책, 244~245쪽.

봉기하고, 향족이나 토호들의 재산을 약탈하고 방화하였으며, 이들을 막는 포교와 군사들을 각처에서 살해하였다. 처음에는 도둑의 무리였으나 점차 정예화 되어가는 군도의 무리가 되었고, 무기로 무장하게 되었다.

미륵도들은 이 같이 열악한 환경 가운데 살아가던 서발턴 농민 중 한 부류였으나, 농촌에서 병자들을 치유하고 구휼하는 일에 힘쓴다. 그러나 이들의 궁극적인 목표는 교화가 아니라 세상을 바꾸는 것이다. 이는 미륵이 미륵교도들에게 '세상을 바꾸라'고 말하기 때문이다. 여기서 세상을 바꾼다는 것은 이들의 부정의 대상이 어디에 있는지를 짐작하게 한다. 바로 헤게모니의 전도와 관계된다. 현재 헤게모니를 쥐고 있는 계층은 지배 권력자들을 의미하며, 이는 양반과 이들의 권세에 붙어 부를 쥐고 있는 부농(富農)과 부상(富商)들이다. 나아가 왕도 이에 해당된다 할 수 있는데, 미륵교도들이 목표로 삼은 것은 역성혁명과 입국이기 때문이다.

미륵도들은 봉기의 이념으로 미륵신앙[221]을 지향한다. 그리

---

[221] 미륵보살이란 범어(梵語) Maitreya, 바리어(巴利語) Metteya를 말하는 것으로 이를 중국어에서는 자씨(慈氏) 혹은 자존(慈尊)이라 번역하기도 한다. 미륵보살은 석가의 일생보처(一生補處)의 보살이라고 하는데 이는 현재불인 석가에 이어 다음 대(代)의 불(佛)이 되기로 정해져 있는 보살이다. 다시 말하면 과거불(過去佛), 현재불(現在佛)에 대하여 당래불(當來佛)이라 하게 되는 것이다. 그래서 미륵은 현재에는 불(佛)이 되고자 수행하는 중에 있는 보살이지만 다음 부처로서 확정이 되어 있기 때문에 미륵불(彌勒佛)이라고도 불리어진다.//미륵보살은 석가가 죽은 후 56억(億) 7천세에 도솔천의 수명이 다할 때 하늘에서 우리들이 사는 (○浮○)인 지상에 내려와서(彌勒下生) 바라문의 여(女) 범마파제(梵摩波提)에 탁생(托生)하여 이윽고 부처가 된 미륵은 용화수하(龍華樹下)에서 세 번에 걸쳐

고 미륵신앙의 기본적 특징은 ㉠기지(旣知)의 세계가 변혁(變革)되어 새로운 이상사회가 도래할 것을 열렬히 희망하는 혁명주의와 ㉡ 이상사회를 현세에 구현시켜 준다는 불교적 메시아니즘을 들 수 있으며, ㉢ 우수경탕(雨水傾湯)하여 인간세(人間世)가 혼란에 빠질 때 미륵이 출현한다고 믿는 새로운 사회를 실현시키는 수단이 모호하다는 것이다.[222]

미륵교도들이 봉기를 일으킬 준비를 할 수 있었던 것은 기존의 용화향도들과 검계·살주계 계원들로 교세가 확장되었기 때문이다. 서발턴 봉기가 부정의 대상이 한정되거나 제한되었던 것에서 유비와 전이의 과정을 거쳐 일반화되어 갔던 것처럼 미륵교도들은 서발턴에 적대적인 계층에 대한 부정적 인식과 폭력에서, 지배계층 전체와 지배계층과 관련된 제도를 부정하게 되었고, 이는 역성혁명을 도모하게 되었다.

미륵봉기를 위한 거사계획을 논의했던 오세암 집회에서 자비령의 장길산·김기·강선흥, 문산포 기순·여환·이경순, 서해 우대용, 해주 묘정, 송도 박대근, 금강산 대성법주·설유징, 구월산 풍

인연 있는 사람에게 설법을 행하게 된다고 한다(龍華三會). 그런데 우리들은 미륵을 믿고 수행하고 선근(善根)을 쌓아서 용화삼회(龍華三會)의 설법에 참가하여(三會値愚) 구원을 받지 않으면 안 된다는 것이 미륵신앙(彌勒信仰)이다. 우리들이 죽은 다음 도솔천에 올랐다가 이후 다시 미륵과 함께 하생(下生)하여 삼회(三會)에 치우(値愚)하려 함을 원하는 신앙을 미륵상생신앙(彌勒上生信仰)이라 하고, 한편 이 같은 도솔상생(兜率上生)과는 관계없이 미래세(未來世)의 삼회(三會)의 설법에 치우(値愚)하겠다고 원하는 신앙을 미륵하생신앙(彌勒下生信仰)이라 한다(김삼룡, 『한국미륵신앙의 연구』, 동화출판공사, 1987년, 31~32쪽).

[222] 정석종, 앞의 글, 46쪽.

월·옥여, 신천 오계준 등 13인이 모인다. 집회에서 한 풍열의 말에서 미륵봉기의 부정의 대상을 확인할 수 있다.

일찍이 수년 전에 금강산에서 몇몇 뜻있는 승려들이 모여서, 아조의 도리를 잃은 정치와 벼슬아치들의 탐학에 관하여 백성들의 참상을 그치게 하는 방도를 논의한 적이 있었소. 그때로부터 승단 내에 추상같은 기운이 일어 많은 젊은 수도사들이 뜻을 모아 무리를 이루게 되었고, 여러 곳에서 백성들의 뜻을 위하여 환을 당하고 난을 겪기도 하면서 이 같은 흐름에 합류하여 온 속인들이 많았소. …(중략)… 나라는 오랑캐의 속국이 되었으며 자고로 그 줏대를 세워 스스로 떳떳한 자주의 나라임을 밝힌 적이 한 번도 없었소. 또한 사대부는 제 혈족과 파벌의 이익만 도모하면서 진창의 개처럼 다투어 백성의 곤경을 돌아보지 않고 오히려 배신하였소. 글을 배운다는 자들이 사람이 되어 남을 돕겠다고 학문을 하는 것이 아니라, 어찌하면 과거를 하고 환로로 줄을 잡아 입신하여 백성의 고혈을 빨아낼까 하는 탐심으로 가득 차 있소. 지난 수 년 간의 흉황으로 전토는 피폐하고 역병이 돌아 수없는 사람들이 굶어죽고 병들어 죽었으며, 조정에서는 서로 다투어 …(중략)… 반정도 그렇거니와 입국이란 도대체 무엇이오. 군사를 가진 강자가 나타나면 실세하여 낙백의 시절을 보내던 양반 음모가들이 그에 붙어서 현 정권을 몰아내고는, 나라를 송두리째 중국에 들어 바치고는 천자의 윤허가 내리면 그제야 국본을 다진 듯이 안심을 하오. …(중략)… 그러니 중생의 뜻에 합당한 나라의 기틀이 이루어지지 않아 임진 병자 난리 적에 팔도에서 온갖 의병과 승병이 떨쳐 일어난 것은 이들에게 그러한 바탕의 힘이 없었던 까닭이오. 그 힘은 수숫대 같은 관군이 대적하지 못할 힘이외다. 우리는 이들 비옥한 토양 속에 뿌리를 내려야 하오. 우리가 하려는 일은 반정이 아니라 입국이오. 궁궐문 앞에 삿자리를 깔고 앉아 목을 늘이거나 붓을 날려 경계하거나, 몇몇 선비로 뜻을 모아 풍류를 섞어 재담하는 것이 아니라, 저렇듯 땅속에서부터 들끓는 기운을 등에 지고 일어나려는 것이오. 백성은 저희 살아가는 일과 맞지 아니하면 오히려 우리를 저버리고, 효수된 의로운 목을 향하여 침뱉고 조소하리다. 이제 승속이 동참하여 여기에 모인 뜻은 한시바삐 한양의 조정을 뒤엎고 도솔타천(兜率陀天) 용화세계를 이루어보자는데 있소이다.[223]

벼슬아치들의 탐학과 백성들의 탐학을 그치게 하기 위해 승려들은 봉기를 결심하게 되고, 이의 중심에 미륵도들이 놓이게 된다. 지배집단이라 할 수 있는 사대부들은 전쟁 후 오랑캐의 속국이 된 조선의 현실을 식민 상태로부터 벗어나게 하기 위해 노력하기보다는 제 혈족과 파벌의 이익만 도모하여, 정작 백성들은 이중고에 놓이게 된다.

풍열은 이 같은 때 변혁의 주역은 "땅속에서부터 들끓는 기운을 등에 지고 일어나려"는 백성들, 서발턴들이라 한다. 그는 이들이 일어나 반정하고 입국하여야 한다는 말을 한다. 그러나 그람시에 의하면 "국가가 인식되는 유일한 형식"[224]은 관리의 관점이다. 이는 역으로 표현하면 봉기농민들은 국가 안에서 소외된다. 그러므로 봉기 참가자들은 봉기의 순간에도 자신의 역할을 도구

[223] 황석영, 《장길산》10, 앞의 책, 140~142쪽.

[224] Gramsci, *Seletions from the Prison Notebooks*, London, 1971, p272.

적인 것이라고 생각한다. 그리고 이는 서발턴들이 아직 주체의식을 갖지 못한 상태에 놓인 것을 의미하며, 그만큼 서발턴들이 주체의식을 갖는다는 것은 힘들다는 함의를 담고 있다.

그러나 미륵봉기를 일으킨 미륵도들은 이와 다르다. 그들에게는 봉기의식이 있고, 봉기의 목표가 뚜렷하다. 그리고 조직적인 지도부들을 가지고 있다. 거사당일, 여환과 계화는 칠성암에서 각 고을의 용화향도들을 이끌어가고, 장길산 활빈도들은 철원에서 대기하다가 금원에서 집결한 승군 오백 명을 대성법주가 통솔해 철원에서 합류하기로 하였다. 오계준이 이끄는 해서 풍류계는 송도에 집결하였다가 같은 날짜에 한양으로 입성하게 되고 천불산에서는 무엇보다 한양도성이 먼저 점령된 후 각처의 승병과 민병들이 일어난다는 계획을 짰다. 또한 한양 함락 계획도 꼼꼼하게 시나리오를 짜두었다. 우선 양주에서 대를 나누어 한양 점령과 동시에 양주목을 들이치고, 도성 안에서는 이미 살주계의 내응 세력과 검계가 요소마다 깔려서 혁명군이 들어오기만을 기다렸다가 해서군사는 혜음령과 살주계와 합대, 그들의 안내를 받으며 장길산의 일기병과 승병은 철원에서 천마산 솔부리까지 나온 다음 해서군사와 발을 맞추어 흥인문 지나 훈련원을 점령하고, 양주 방면을 떠난 검계원들은 혜화문으로 들어가고 강화는 우대용 두령과 그 이하 송도 쪽에서 감당하기로 하였다.[225]

오진암 집회를 주재하였던 풍열의 말을 통해 본다면, 풍열이

[225] 정미애, 앞의 글, 91~92쪽.

서발턴들에 대해 가진 생각은 그람시의 생각과는 반대다. 그는 관리라 할 수 있은 양반 사대부들이 군사를 가진 강자가 나타나면 그에 붙어서 현 정권을 몰아내고, 나라를 송두리째 중국에 바치고 천자의 윤허를 기다리는 식민적 태도를 취하여 외세가 계속적으로 발호하고, 결국엔 전쟁을 불러온다. 그러므로 이들의 관점으로 국가를 인식한다면 국가는 단지 지배자들의 권력의 수단이 될 뿐이다.

그러나 서발턴들은 낡고 부패한 것을 뒤집어엎으려는 봉기에 주체적으로 동참한다. 그 같이 하지 않으면 국가나 지배권력으로부터 효수당할 뿐 아니라 백성들로부터 조롱당하고 침뱉음을 당하기 때문이다.

미륵신앙을 이념으로 한 서발턴 민중들의 역성혁명과 입국은 실패로 끝난다. 그러나 이는 정사(正史)에도 등장하는 2차 역모사건인 승려거변운동의 도화선[226]이 되었다. 승려거변운동에서

[226] 승려거변운동은 숙종 23년 정월초 10일에 이절·유선기 등의 고변서(告變書)에 기록되어 있다.

사승(師僧)은 운부(雲浮)이고 나이는 70인데 송조명신(宋朝名臣) 강조(江藻)의 후예입니다. 대명(大明)이 망한 후에 중원(中原)에서 표풍(飄風)하여 우리나라에 와서 머리를 깎고 금강산(金剛山)에 들어갔는데 위로는 천문(天文)을 통하고 아래로는 지리(地理)를 살피고 가운데는 인사(人事)를 보아 그 재주가 옛날의 공명(孔明)이나 유기(劉基)에 비하여 떨어지지 않습니다. 불경으로 승배(僧輩)를 가르쳐서 그 중에 뛰어난 옥여, 일여, 묘정, 대성법우 등 백 여인을 얻어 그 술업을 정하여 팔도(八道)의 승려와 체결하고, 또 장길산의 무리와 맺고, 또 이른바 진인(眞人) 정성(情性)을 세워 왕으로 삼고 뒤에 중원(中原)을 공격하여 최성(崔

부정의 대상도 앞의 두 운동과 유사하다. 이는 지향하는 목표점에서 나타나는데, '양반을 없애고 천민들의 나라를 건설하는 것', '진정한 해방과 평화가 서발턴의 전체상을 통해 실현되는 세상을 만드는 것'이다. 이 둘은 결국 '지배층을 없애고 서발턴들의 세상을 만드는 것'이라는 점에서 동일하다. 승려거변운동의 부정의 대상은 마찬가지로 양반과 지배층이다. 이는 승려거변운동의 핵심 구성원들이 미륵신앙봉기에도 동참했다는 사실에서도 짐작할 수 있고 다음의 옥여의 말에서도 확인할 수 있다.

> …(중략)… 살아남은 이들이 다시는 이러한 세상이 안 되도록 죽을 때까지 애쓸 뿐이니라. 앞으로 백성들의 나라가 바로 서게 되면 우리는 모두 여길 떠나야 할 게다. 나는 더욱 깊은 산으로 들어가 열반할 것이며 너도 네 무리를 이끌고 변방으로 나가 인

性)을 세워 황제로 삼는다고 운운하였습니다(『이영창등추안(李榮昌等推案)』, 숙종 23년, 정월(正月) 10일).

이영창 직위소여중(直爲所如中)에는 구체적인 거사계획이 기록되어 전한다.

옥여 등은 이미 궐서(闕西)로 가서 승병을 수합(收合)하고 두 사람으로 가짜 금부도사 모양을 하게 하여 감(監)·병사(兵使)를 잡아와 중로(中路)에서 처참(處斬)하고 인하여 옥여로 감사(監司)를 삼고, 또 1인은 의주부윤이 되어 기병장구(奇兵長驅)하여 양철평(良鐵坪)에 이르고 일기병(一技兵)으로 호복(胡服)을 입고 먼저 강화도에 들어가 유수(留守)를 목버히고 마이산(麻尼山)에 세우면, 경중(京中)이 반드시 진할 것이니 양철평(良鐵坪)의 대병(大兵)이 그 때를 틈타 성중(城中)으로 직입(直入)한다 하고, 나와 대성법주는 북로(北路)와 강원병(江原兵)을 수○(收○)하여 진인(眞人)을 받들고 입경하며, 또 일기병(一技兵)은 양남(兩南)을 탕평(蕩平)하였다(『이영창등추안(李榮昌等推案)』, 숙종 23년, 정월(正月) 13일).

적 없는 곳의 빈 땅을 일구고 산을 개간하여 양식을 얻어서 참 한 백성이 되어야 할 것이다.[227]

승려들이 원하는 세상은 '백성들의 나라가 바로 서'게 되는 세상이다. 이 세상은 아직 오지 않았으며, 현재의 세상을 부정하고 전복했을 때나 가능한 세상이다. 그리고 '현재의 세상'은 백성들이 억압받고 굶주리는 세상이며, 이들을 억압하는 계층은 지배층이다. 백성들이 주인 되는 세상은 앞에서의 서발턴 봉기와 마찬가지로 '서발턴들의 세상'이다.

마지막으로 장길산과 대소두령들의 봉기에서 부정의 대상은 '악덕한 부자와 관'이다. 그들은 탐관오리들과 악독하게 치부한 부자와 관을 징치해서 거기서 얻은 재물로 가난한 백성들에게 나누어주고자 하였다. 이는 길산이 그 무리들과 약탈한 동선만 보아도 알 수 있다.

길산은 첫 번째로 서창의 조동지집을 털었다. 봄부터 기근이 전국을 휩쓸어 굶주림과 역병이 일어나는 중에 황해도 지방이 가장 심하여 노상에는 양식을 구하러 다니다가 쓰러져 죽은 자의 시체가 즐비하고 버려진 아이들이 무리지어 대처를 떠돌고 기운이 남은 자는 곡식 한 두어 되를 빼앗기 위하여 함부로 사람을 죽이곤 하는 상황이었다. 그러나 이때에도 부자들은 양식을 광 속에 산더미처럼 쌓아두고, 기민들은 얼씬도 하지 못하게 하였다. 길산과 일당들은 관이나 부자를 치기 전에 인색한 부자를 탐문하고, 백성

[227] 황석영, 《장길산》12, 앞의 책, 241~242쪽.

들을 소통케 하여 자신들이 계획한 일을 함께 하도록 하였다. 서흥의 조동지집을 털 때도 길산은 길거리에 굶어죽어 가는 기민들을 일으켜 세워 조동지네 광에 있는 쌀 오천 석과 보리 천석을 진곡으로 내놓고 백성들에게 나누어주었다.

길산이 습격한 두 번째 지역은 세곡선 집결지인 신천 우산포 인근의 소메골에 사는 구씨 성을 가진 양반이었다. 두 번째 활빈행을 하면서 길산은 백성들을 동원할 뿐 아미라 그들로 하여금 관군과 대항하게 한다.

> 이어서 마룬내 노인이 앞으로 나섰다.
>
> "원래가 폭민이 따로 없소. 백성이란 날씨와도 같은 것이오. 화창한 볕이 들어 사위에 화평한 기운이 충만하다가도 바람이 불고 천둥번개가 치면 천군만마 철옹성을 가지고도 막아낼 수가 없는 게요. 교만 방자히 꾸짖지 마시오. 흉황의 난민들은 언제나 새해의 대사령 때마다 죄가 없다고 판결을 내렸소. 이는 환난에 있는 백성이 얼마나 무서운가를 조정대신들도 잘 알기 때문이오. 제 처자식과 부모를 버리는 지경에 댁네들은 악독한 부자의 재물을 지키려고 오히려 당신네와 똑같은 자들을 몰아내는 게요? 모두들 이판사판이라 지금 당장 물러간다면 우리끼리 질서를 지켜서 미곡을 균등히 나누어 사경을 헤어날 것이로되, 만약에 쌀을 빼앗으려 든다면 우리도 죽기를 각오하고 지킬 테요."[228]

백성들은 공권력을 상징하는 '관'에 돌팔매로 대항한다. 그들

---

[228] 황석영,《장길산》7, 앞의 책, 90~91쪽.

은 백성들을 지키기보다 악덕한 부자의 재물을 지킴으로써 민심이 이반하게 되고, 서발턴들의 폭력은 부자에게서 그들로까지 확대되었다. 이는 폭력이 농민의 적들 중 어느 특정한 요소에 가했던 최초의 공격을 모든 적들 또는 대부분의 적들에 가하는 일반적 공격으로 발전시키면서 유비적으로 확산[229] 되는 경향을 나타낸다. 봉기는 서발턴 주민들에게 적대적이었던 권위들과 제도들과 집단들로 이루어진 조선 전체에 스며들 준비단계에 있었던 것이다.

관군과 맞서 대항하던 장길산은 관공서까지 기습하게 된다. 이는 해서지방의 민요로 알려진 조읍포창의 기습이다. 관찰사 신엽과 최형기에 의해 토포계획을 미리 탐지한 길산 무리는 집결지로 잘못 알려진 서흥 지역에서 토포군을 기다리나 토포군은 오지 않고, 이들은 조읍포창을 기습할 계획을 세운 것이다. 일부는 관에서 쫓고 있는 도적으로, 일부는 한양에서 내려온 세도 있는 벼슬아치의 인척으로, 일부는 포교로 가장하고 무장한 채, 유민들과 함께 조읍포 일대를 이틀 동안 완전히 점령한 후 문수골 조읍포의 세곡으로 치부한 유사과네 집과 조읍포창을 약탈한다.

장길산 부대의 혁명적 성격은 작품 서두부터 암시된다. 길산은 박대근 상단과 함께 광대물주로 나가기 위한 출행을 앞두고

---

[229] 식민인도에서는 1857년 세포이들의 반란이 농민반란을 유발시켰는데, 알라바드 촌락의 주민들은 뮤티니에 호응하여 사다르(식민시기 인도에 있었던 지방행정본부) 소재지에서 독자적으로 봉기를 일으켰을 때, 그들은 공공기관과 공공기관이 아닌 것을 거의 구별하지 않고 공격했고, 영국인의 구호시설마저도 공격의 대상이 되었다(라나지트 구하 지음·김택현 옮김, 앞의 책, 43~44쪽).

서낭굿을 한다. 길산의 아버지 장충은 북을 두드리고 신딸인 봉순이 무동(舞童)의 복색으로 춤을 추며 산신으로 최영장군을 모셔들인다.

> 네 이 용렬하고 비열하게 권세를 도적질한 자여, 충의를 배반하고 간교히 입국(入國)한 자여, 헌 것보다 새 것이 한의 대상이 되는 것은 새 것이 새롭지 않음으로 인해서이다. 물이 흐르기를 바꾸어 거스러지 않기 때문이다.[230]

정치적으로는 사화와 당쟁으로 지배층은 백성들을 위한 정치를 하지 않고, 거듭되는 전쟁으로 농토와 백성은 피폐해지며, 중간 관리들의 착취가 더욱 심해지는 상황 가운데 자연재해까지 겹치게 되자 백성들은 미륵과 진인을 기다리며 새 세상을 소망하게 된다. 이는 조선시대 가장 천한 계층이라 할 수 있는 광대와 무당의 무속 행위에서도 드러난다. 이들은 조선을 건국한 이성계의 도덕성을 비난하며 새 시대에 알맞은 새 역할을 담당하지 못함을 아울러 질타한다.

진인을 '최영' 장군의 후손, 혹은 '정몽주'의 후손에서 찾는 행위는 승려거사운동에서도 확인된다. 정성(鄭性)·최성(崔性)은 바로 정포은의 13대손과 최영의 후예를 말한다. 정포은의 후손일 경우 그것은 절의를 절대적인 것으로 삼고 있는 당시 선비들의 기호에 적합한 인물이 되는 것이며, 한편으로 〈정감록〉 등의 예언서가 당

[230] 황석영, 《장길산》1, 앞의 책, 202쪽.

시 폭넓고 꾸준히 일반에게 보급되고 있으므로 이씨조선왕조를 대신하여 고통과 질곡이 없는 평등사회를 실현한다는 '메시아'적 인물로 동경되던 정진인을 정포은 후손에게 기탁한다는 것은 일반 서민들에게도 환영되는 인물설정이다. 또한 최영의 후손을 중원을 정복한 후에 황제로 한다는 이야기는 최영 장군이 중원 정벌의 큰 뜻을 실현시키려던 인물이라는 점에서 합당한 인물설정이다. 앞서 말한 개성무녀의 신봉 인물이 개성 덕물산 신당에 모셔진 최영장군이라는 사실도 이를 뒷받침하는 내용이라 할 수 있다.[231]

서발턴 봉기의 또 다른 특징은, 부정적 양상의 하나로 나타나는 전도의 폭력화·과격화이다. 전도는 제의적 전도에서 기호적 파괴로 나아가고 이는 반드시 문화적 충돌을 일으킨다. 제의적 전도는 농민봉기의 안티테제를 표현하나 사회의 도덕성, 정치적 질서의 연속성을 보장하고 신성시여기는 태도를 지닌다. 그러나 농민봉기는 이를 분쇄, 모독하며 철저한 전복으로 나아간다. 기호적 파괴가 일어나고, 전통적 독점을 유지하려는 자와 훔치려는 자들 사이의 경쟁으로 나타나며, 이는 문화적 충돌을 일으킨다. 특히 지배적 종교를 전유하여 파괴하려는 경향으로 나타난다.

《장길산》에 나타나는 제의적 전도는 작품 서두의 서낭굿에서 나타난다. 광대와 무당들은 굿 가운데 조선의 시조인 이성계를 모독하고, 모든 조선의 재난의 원인에 그를 둔다. 이는 지배문화가 허용한 전도에 해당하는 것으로, 관례적 전도와 결합되어 나타

[231] 정석종, 「숙종연간 승려세력의 거사계획과 장길산」, 『동방학지』 31, 1982년, 125~126쪽.

난 경우이다.

모든 전통 사회에서 지배 문화는 때때로 그 같은 전도들을 모방할 수 있게 허용한다. 그리고 이 같은 전도들을 모방할 수 있게 허용하는 것은 바로 그 전도들이 현실생활에서 발생하지 않게 하기 위해서이다. 또한 그러한 문화가 거의 항상 종교에 의해 매개되는 한, 그 문화가 잠시 용인하고 사실상 즐긴 그 역전들은 신성한 제의로 실행된다. 서발턴들은 이 같은 경우에 신분역전의식(身分逆戰儀式)까지 가능하다. 사회적 도덕을 상징하는 권위와 복종의 가시적이거나 구두적인 기호들 대부분은 잠시 서로 교체된다. 그러나 이 같은 관례적 전도는 사회질서를 파괴하는 것이 아니며, 심지어 약화시키지도 못하며 오히려 이를 보강한다.[232]

그러나 이러한 사례들 중 일부는 모의 반란을 실제의 반란으로, 축제를 봉기로 바꿔 버리는 급작스런 코드의 전환을 낳는다. 그리하여 종종 제의적 날과 일치되어 나타나기도 한다. 《장길산》 내의 '미륵신앙봉기'는 바로 이 같은 특징을 잘 드러낸다. 미륵신앙봉기는 지배계층의 전유물이었던 불교가 민간신앙형태로 전이된 것이다. 미륵신앙은 무속적 요소와 도가적 요소, 불교적 요소가 복합되어 있다. 미륵이 개세(改世)하면 양반도 마음을 돌릴 것이고 새로운 사회가 도래할 것이라고 강조한다.

여환을 비롯한 미륵도들은 지배계층의 종교였던 불교를 전유하여 미륵신앙을 만들고, 이를 통해 백성들을 치병하고 위로한

---

[232] 라나지트 구하 지음·김택현 옮김, 앞의 글, 50~51쪽.

다. 그들은 지배적인 반(半) 봉건적인 문화를 훼손시키는 것을 통해서 기존질서를 뒤엎었다. 종교는 수많은 본질적인 측면에서 문화를 가장 잘 표현하는 기호이고, 지배층에 대한 서발턴들에 대한 도전에는 흔히 지배적인 종교를 전유하거나 그것을 파괴하려는 시도가 포함되어 있다. 사회의 지배층에 있는 자들이 볼 때 민중들이 자신들의 문화를 흉내내는 일에는 항상 위험이 내포되어 있다. 이는 사회적으로 평화로운 상황 하에서도 발생할 수 있고, 현존하는 권력구조가 대중 봉기의 충격을 받고 무너지기 시작한 상황 하에서는 자신의 문화와 관련해서가 아니라 자신의 적의 문화와 관련해서 자신의 정체성을 주장하려 한 서발턴의 충동은 더욱 고조된다.

미륵하생신앙에는 혁명성이 내포되어 있다.

> 우리는 미륵신앙이 혁명적이며, 자력적인 사회사상으로 발전되어가는(……) 미륵이 도솔천에서 지상으로 하생하게 되면 그때에는 지상의 정토가 이루어진다. 비록 미래의 일이나 그 장소는 바로 이곳 우리가 살고 있는 세상이 정토가 된다는 것이 하생신앙이다. 그런데 문제는 이 미래라는 것이 언제인가 하는 점이며, 경에서는 이를 말법의 시대라고 이르고 있다. (……) 말법시대의 사회는 악으로 가득하고 인간의 자기 오만이 극에 달하여 세상은 지옥화 하고 심지어는 불법을 수호할 승려가 서로 잡아먹을 듯이 싸우는 것으로 묘사된다.[233]

[233] 황석영, 「미륵의 세상, 사람의 세상」, 『객지에서 고향으로』, 형성사, 1985년, 113~114쪽.

미래신앙인 미륵신앙은 현세에 사는 사람들의 자력적이고 주체적인 지상정토사상이다. 그리고 이 지상정토는 용화세계이다. 용화세계는 계급과 재산소유가 소멸될 때 오며, 사람들이 서로를 차별하지 않는 평등사회를 이룩하여 네 것 내 것이 없이 재물을 탐하지 않는 공동체를 이루어야만 가능하다.[234]

미륵신앙은 오진암집회를 통과하면서 이데올로기나 종교로서의 기능보다 서발턴들의 봉기로 코드전환한다. 역성혁명을 도모하고 이를 실행에 옮길 것을 전략화한다. 그러나 이는 실패로 돌아가고 승려거사계획에 이들의 뜻은 일부 계승된다.

승려거사계획에서 문화적 전복은 〈정감록〉 등의 내용을 이념의 표적으로 삼는 것에 나타난다. 지배층은 예언과 정복에 의한 유언비어를 엄중히 금했으나, 백성들은 압정의 멸망을 기대하여 혁명에 의해 새 왕조를 이룩하는 것이 하늘의 뜻이라 믿고 진인(眞人)을 찾는다. 정감록의 종말론은 이조후기사회가 가지고 있던 여러 가지 자체 내의 모순을 바탕에 깔고 말법의 시대에 찾아오는 미륵과 같은 진인의 도래를 예언하고 있다. 대외적으로는 전란에 의한 전국의 초토화를, 대내적으로는 통치계층 내부의 부패와 반목으로 인한 비극적인 최후를 예언한다.

《장길산》에 나타나는 서발턴 봉기에는 지배계층에 대한 서발턴들의 문화적 전복으로 미륵과 정진인설이 혼융되어 나타난다. 미륵봉기와 승려거변운동은 둘 다 역성혁명을 꿈꾸며 새로운 세

[234] 황석영, 「미륵의 세상, 사람의 세상」, 앞의 글, 116쪽.

상을 소원하나, 미륵신앙운동은 '미륵'님이 오는 세상을 소원하는 반면, 승려거변운동에서는 '진인'을 혁명의 목표로 둔다. 서발턴들은 '미륵'과 '진인'이 오는 세상 모두 서발턴들의 세상이 오리라고 믿는다. 미륵신앙과 진인설은 지배계층의 문화에 도전하는 대항문화로써 지배계층에서는 금기시되던 것들이었다.

② 모호성

범죄자와 봉기 참가자는 두 가지 아주 다른 폭력의 코드-범죄와 반란-에서 나온다. 농민 봉기의 초기 단계에서 관찰자들이 두 코드의 차이를 언제나 쉽게 감지하는 것은 아니다. 관찰자들은 '정상적' 조건 하에 있는 사회에 대항하는 모든 폭력의 기호들을 범죄로 읽는 것에 익숙하고, 그래서 처음에는 이미 하나의 코드에서 또 하나의 코드로 전환해버린 폭력에서 일련의 동일한 기호를 읽는 경향이 있다. 따라서 봉기는 음모가 낳은 더 큰 타입의 범죄로 오인된다. 반란이 범죄로 오인되기도 하는 이유는 폭력의 모습이 변한 것을 깨닫고 변화된 모습을 인정하지 않으려는 사고의 무력증 때문이다. 그리고 이는 폭동을 낳게 된다.

홉스봄은 1830년의 잉글랜드 농업 노동자가 빈곤에서 탈출하기 위해 범죄를 했다고 지적한다. 법의 무시는 빈곤에 대한 저항의 전통에서 비롯했다. 그 전통은 인도의 형법 코드에 따라 해석되고 처벌되어야 할 범법행위인지, 아니면 최소한의 생계유지를 위해 인정되는 사회적 도덕성의 코드에 의해 정당화될 수 있는지 논란의 대상이 되었다.

서발턴 반란의 폭력을 바라보는 두 개의 상이하고 모순적인 방식-반란자의 방식과 그의 적의 방식-이 있게 마련이며, 그것들은 그 폭력의 경험을 해석하고 일반화하는 두 개의 상이하고 화해불가능한 방식인 두 개의 이론들을 낳는다. 농민사회에서 기아로 인한 범죄는 거의 보편적으로 용인된다. 18세기 인도의 많은 농촌공동체들은 '평민갱단'인 밀매업자들을 도와주었을 뿐 아니라 방어하기까지 하는데, 이는 보통사람들에게는 그들이 범죄자로 보이지 않았기 때문이다. 그들에게는 밀매와 빈곤은 상관성이 있고, 빈곤으로 인한 밀매는 범죄로 보이지 않았다. 인도의 로빈후드라 할 수 있는 '술타나'는 당국자들을 무시하고 강도소통특수경찰대를 자신들과 비슷한 수준으로 비하시켰을 뿐 아니라 오랫동안 법을 피할 수 있었다. 범죄자인 그는 반란의 궁극적인 목표를 완전히 달성했고 세상을 철저하게 뒤집어 범죄자에서 영웅이 되었다. 그는 범죄자로서가 아니라 용기 있고 인간성 좋은 인물로 기억되었다. 그는 부자들에게는 무자비하게, 가난한 자들에게는 자비롭게 대했기 때문이다. 이 같은 일들을 통해 서발턴들은 스스로를 공통의 불만을 가지고 전투적이고 집단적인 행위를 통해 처지를 개선할 가능성을 가진 대중으로 인식하기 시작했다. 즉 대자적 계급으로서의 자신들의 정체성을 인식한 것이다.

봉기발생이 대단히 빈번하다는 점과 코드체계가 중복된다는 점은 서발턴 봉기들의 계급적 성격을 매우 분명하게 만든다. 왜냐하면 봉기는 범죄를 통합하면서, 또 하나의 사회적 저항형식으로서의 범죄를 폐지하기 때문이다. 범죄도 새로운 사회적 맥락

안에서 포괄적인 도전체계의 필수적인 부분-새로운 언어체계 안에서의 하나의 발화-을 의미하는 것이 된다. 요컨대 그것은 코드를 변화시킨다. 범죄로부터 봉기로의 이동은 급진적이다. 서발턴들을 억압하는 지주의 용병이었던 자들이 지주들에게 저항하는 민중폭력의 도구가 되어 의식을 거꾸로 뒤집기도 했다.

식민 권위자들은 농민 대중의 급속한 기질 변화의 의미를 잘 포착하지 못한다. 정체된, 반(半)봉건적 사회질서의 안정성은 서로 수용 가능한 지배와 종속의 코드에 대한 지배자와 피지배민들의 동의에서 유래했기 때문이다. 그런데 서발턴 대중이 이 코드로부터 어떤 식으로든 돌연히 그리고 광범위하게 일탈하자 당국자들은 놀라지 않을 수 없었고, 그래서 질서의 전환에 자신들을 적응시키려 할 때 지체되고 막대한 대가를 치렀다.

반란담론들은 행동들 저마다 양가성을 획득한다. 두 개의 다른 코드, 법으로부터의 개별적이거나 소집단적인 일탈의 코드와 그 일탈을 차용하는 집단적이고 사회적인 저항의 코드에 동시에 묶여 있어서 출생과 형성이라는 한 쌍의 기호를 갖고 있다. 그 행동은 해석자의 관점에 따라 해석될 수 있다. 역사학자는 범죄로, 반면에 반란자 또는 반란자의 관점을 받아들이는 역사학자에게는 최고의 사회적 저항형태로 받아들이면서 그것을 정당화하는 경향이 있다.

《장길산》에 나타나는 4가지 서발턴 운동도 모두 범죄와 반란이라는 양가성을 갖고 있다. 범죄라 하면 사회적 일탈행위로서 처벌의 대상이 되나, 반란이라 하면 사회적 부조리와 모순을 해결하기 위해 범법 행위가 사회적 저항 형태로 코드 변환되는 것을 의미한다.

4가지 저항 운동 가운데, 범죄성이 가장 짙은 것은 검계·살주계 운동이다. 검계·살주계의 저항 목표는 양반을 살육하고, 그들의 재물을 빼앗는 것이다. 그리고 그들의 저항을 범죄로만 알고 방해하고 체포하려는 관도 저항의 대상이다.

검계·살주계의 운동 코드가 범죄에서 반란으로 이동하는 것은 대의를 갖고 있기 때문이었다. 그들의 범죄 동기가 단순한 도둑질이나 살육이 아니라, 양반을 도륙하고 노비들이 주인 되는 세상을 이루고자 했을 때 반란으로 코드가 전환된다. 우리는 이를 산지니의 사례를 통해서 잘 확인할 수 있다.

산지니는 천민소생 서얼이다. 과부가 된 사촌누이의 일을 거들면서 살아가다 석씨를 보쌈해 재취정실을 삼으려는 한판관을 낫으로 찔러 죽이고 누이를 구한 후 도주하였다가 송파 까마귀의 소개로 검계의 혈당이 된 인물이다. 산지니가 비밀회합에 처음으로 출석한 장면을 보도록 하자.

> 조금씩 마음도 놓이고 무언가 알지 못할 뜨거운 느낌이 가슴에 닿았던 산지니가 고개를 달근에게로 숙이며 가만히 물었다.
>
> "저기 건을 쓰고 있는 이가 누구요?"
>
> "글쎄……우리하고 상관이 전혀 없달 수야 있나 미륵도를 한다는 도인이지. 정원태는 한양에두 연줄이 많다네. 천지가 개벽한다구 날마다 알 수 없는 소리를 하는구먼?"
>
> "천지개벽이라뇨? 구름을 일으키고 바람을 몰아오는 도술이

라도 부린답디까?"

산지니의 어수룩한 물음에 고달근은 웃음을 터뜨렸다.

"……하늘자리와 땅자리가 엇갈려 바뀐다는 소리겠지. 아까 못 들었는가. 이를테면 나라의 주인이 바뀌고 양반이 상놈 된다는 말이여?"

산지니는 눈을 크게 떴다.

"아니 그러면……역적질 아니우?"

황회와 전생이가 동시에 고개를 돌려 산지니를 노려보았다. 고달근이는 다시 웃는 얼굴이 되었다.

"살인죄에 쓸 모가지 따로 있고 역적죄에 쓸 모가지 따루있나……"

"그래두 임금을……"

"나라 훔친 놈에게 대대로 태어난 놈들이 임금이지."[235]

검계와 살주계원들은 양반들의 재물을 빼앗고 그것을 군자금으로 한양을 친다는 계획을 도모한다. 그들은 한때 법을 위반했고, 현재도 범법 행위를 하지만, 역성혁명을 주도함으로써 반란으로 코드 전환한다. 검계원 중에는 약탈물을 기대하고 폭력에 가담하려 한 사람이거나, 전문적으로 도둑질을 잘 하는 사람이 있었다. 그러나 그들 대다수는 범죄자가 아니라 노복들이거나, 하급 장사치들, 소작인 출신이었다. 그리고 서발턴 운동을 이끌었던 사람들은 현존하는 권력구조에서 탈구들(dislocation)이 발생한 결과로 일정한 권위를 얻게 되었다. 황회와 고달근 등도 작품 초반부

[235] 황석영 『장길산』 7, 앞의 책, 223~224쪽.

에는 채운포의 거부 유동지 집을 습격하여 재물을 빼앗는 범죄 행위를 한다. 그러나 검계원이 된 이후에는 이들의 범죄행위가 반란을 도모하는 코드로 바뀌게 된다. 임금을 바꾸거나 양반과 나라의 주인이 바뀌는 혁명을 도모하는 등의 행위는 이에 해당된다.

반란은 범죄에 비해 '계획되고 협의 된 것'이고 '오랫동안 구상되고 잘 조직된' 것이다. 살주계원들의 격문 사건은 바로 이 같은 측면을 잘 보여준다. 중흥동 사건 이후 중길이를 중심으로 한 살주계는 내수사 노비 옹장이의 집을 거점으로 하고 한양성 내외에 언문으로 된 방문을 붙임으로써, 한양성내의 치안을 교란한다. '양반살육', '재물약탈', '진인도래', '역성환국'과 같은 짤막한 글을 항아리나 옹기 속에 넣어 번잡한 저자를 노려 붙이는 일은 이들의 철저한 계획 가운데 나온 것이었다.

미륵봉기 또한 '계획되고 협의되며 잘 조직된' 봉기의 성격을 띤다. 미륵도는 여환을 중심으로 조직되며, 황회·정원태 등과 함께 미륵이 세상을 주관하게 된다고 설법한다. 여환은 양주 칠성암에서 설법과 더불어 치유, 포교를 하며, 칠성암 부근 시내비골에는 미륵의 위패를 모시고 있는 집이 있다. 여환은 역성혁명을 도모하며, 원향을 아내로 맞아 용녀부인이라 부르고 혁명의 상징으로 설정한다.

칠월 초닷새 : 칠성암에 먼저 입경할 사람이 모임

칠월 12일 : 폭풍·천재지변, 여환은 거사기일을 18일로 바꾸어야 한다고 통문을 돌림

칠월 13일 : 양주 대전리에 사람들이 모임
칠월 그믐 : 대전리에서 모인 후 한양 성내로 들어감(작정된 기일)
칠월 18일 : 여환은 외응이 없을 거란 통보를 받음
삭녕에는 좌수 윤여형의 고변
시내비골의 향도들이 수색, 체포됨

미륵도들의 봉기는 계획되고 조직된 것이었으나 실행에 있어서 허점을 보인다. 자연재해를 예상하지 못한 여환을 비롯한 미륵도의 지도부는 예상치 못한 상황을 만나자, 거사기일을 바꾸자는 통문을 돌린다. 통문이 늦게 돌아 기일을 바꿀 수 없는 상황에 이르렀으나, 여환은 자신이 바꾼 대로 18일에 거사를 도모하고자 하나, 외응이 없을 거란 통보를 받는다. 예정대로 거사는 이루어지지 못하고, 고변이 있어 미륵도들은 수색·체포된다.

대전리에서의 흰 옷 입은 사람들의 무리는 서발턴들을 구별한다. 복장은 광범위하고 투쟁적인 모든 농민 운동의 역사에 자신을 드러내는 방법이다. 흰옷의 무리는 대다수 백성들의 변화에의 열망을 웅변적으로 보여준다. 그러므로 서발턴 운동에서는 권위의 심각한 위기를 의복의 전복, 혹은 재배치를 통해 드러내기도 한다.

반란은 빈곤과 밀접하게 관련을 맺는다. 백성들이 기아와 빈곤에 시달릴수록 도적들은 늘어갔다. 숙종연간의 참혹한 재해기에 농민들은 많은 수가 도적이 되었고 화적들의 깃발 아래로 들어갔다. 참혹했던 시대 상황은 문학적으로 재현된다.

흉년이나 자연재해를 대비해 있는 환곡제도는 백성들을 구휼하기보다 과세와 이식의 수단으로 이용되었다. 관료들은 지방의 토호들과 재고미로써 환곡을 마음대로 조종할 수 있었다. 가을이 되면 수령은 장차(將差)를 많이 보내 온 마을을 독촉하여 이를 갚을 길 없는 백성들은 흩어지거나 호(戶)가 비게 된다. 유민이 된 호의 친족이 없으면 이웃에게 책임을 묻기도 하고, 남아 있는 호는 채찍으로 치기도 하고 가장 집물을 빼앗기도 한다.

최흥복이 사는 느릅나무골은 환곡으로 민심이 흉흉해있던 차에 신관 채마비를 걷기 위해 호적 정리를 했다. 관리들의 토색질에 불만을 품고 있던 백성들은 호적 장부에 성이 바뀐 자, 이름이 바뀐 자가 있었으며 죽은 자의 이름이 그대로 징수 대상으로 있었다. 아비를 할아비로 바꾸고 아들을 아비로 바꾼 것도 있고, 또는 성은 썼으되 이름이 없는 것도 있었다. 분노한 백성들은 관에 대항할 기회를 노리고 있었다.

서발턴들의 분노는 마침내 봉기로 터졌고, 봉기의 발화는 징수하러 온 관리들을 우연히 살해하는 것에서 시작되었다. 백성들은 관리를 살해하고 시신을 마른 나무와 짚 위에 올려두고 불을 질렀다. 그리고 노한 백성들은 권력을 상징하는 관가를 치기 위해 관문으로 갔다. 막대기와 돌을 들고 무리지어 관문으로 가서 창검을 든 관군과 대치하였다. 그들은 공개적이고 집단적으로 도전하였고, 이는 봉기를 사회적 정의를 위한 집단적 시도로 만들었다. 농민봉기에 대한 관료적 대응은 창검을 든 대치였고, 결국엔 봉기 참가 서발턴들은 두려워 해산하고 도주했다. 느릅나무골에 대한 보복이 있었지만 이는 결국 민란, 농민 봉기로 기억되는 사건이다.

정체된, 반(半)봉건적인 사회질서의 안정성은 지배와 종속의 코드에 관한 지배자와 피지배민들의 동의에서, 비록 암묵적이긴 하지만 견고하고 전통적인 동의에서 유래했다. 그러므로 서발턴 대중이 이 코드로부터 어떤 식으로든 광범하게 일탈하게 될 경우 당국자들은 질서의 전환을 위해 어떤 식으로든 대응 양식을 찾게 된다.[236] 숙종연간의 서발턴 봉기에 대응하는 관의 방법은 토포사의 증설이다.

> 을해년에서부터 그후 여섯 해 동안 계속된 흉황과 역질의 참변으로 백 사십 만에 달하는 백성들이 죽었고 마을과 읍이 텅 비워진 곳도 많았다. 이때의 기근은 당시에 가장 심했다는 전왕 현종때인 신해년의 흉황에 거의 곱절에 이른다는 정도였다. 심지어는 한양 도성 안에서도 아사자의 시체를 일일이 보고하기가 번거로울 지경이었다. 버린 아이를 종으로 삼는다든가 송엽을 구황의 먹을 것으로 정한다든가 죽소를 설치한다든가 하는 미미한 일 외에 나라에서는 어찌 손 쓸 바를 몰랐다. 진휼청에서는 죽소를 마련했지만 죽을 나누어주는 일보다는 가마솥 앞에까지 기어와서 죽어가는 아사자를 묻는 일에 더 신경을 쓰는 판이었다.
>
> 특히 함경도와 평안도에서는 역질까지 극성하여 참화가 더

[236] 라나지트 구하 지음·김택현 옮김, 앞의 글, 138쪽.

욱 심하였다. 인육을 먹기도 하고 또한 먹기 위하여 맹수처럼 서로를 상해하였다. 천륜이 이미 끊긴 백성들은 누구 하나 발고하는 자가 없었다. 심지어는 영상 남구만이 도적을 막기 위한 구포절목(購捕節目)을 제정하여 도적을 발고하는 자에 대한 가자(加資)와 은급(銀給)의 논상(論賞)을 밝혔으나, 오히려 사방에서 토포관이 살해되었다. 그러므로 승정원에서는 전국의 군읍에서 도적들의 겁탈에 관한 장계가 날마다 쌓여서 거의 처리할 경황이 없다고 한탄할 정도였다. 조정에서는 그저 오가작통(五家作統)으로 도적을 막아보자는 소극적인 의논이나 할 뿐이었다.[237]

범죄가 창궐하는 가운데 지배자들은 구태를 벗지 못하고 새로운 난국에 적응하지 못했다. 상황의 전환에 그들은 소극적으로 반응했고, 이는 여러 차례의 봉기를 낳았다. 그들은 새로운 반란언어로 제시된 메시지들을 범죄행위로 해독하고자 하여 장길산과 같은 명화적을 낳았다. 서발턴들의 의식에 실제로 변화가 발생하고 있었던 때에 그들은 변화의 기호를 읽어내지 못했던 것이다.

장길산 부대의 행위는 범죄에서 반란으로 코드전환한 대표적 경우에 해당한다. 의적소설로 불리는 대부분의 소설과 마찬가지로 《장길산》은 타락한 사회에서 민중들이 취한 반사회적 행위가 범죄가 아닌 사회적 저항형식으로 받아들여진 사건이 주가 되고 있다.

[237] 황석영 『장길산』 12, 앞의 책, 238~239쪽.

장길산 부대의 서발턴 봉기로서의 성격은 길산이 금강산에서 돌아온 후, 의형제들과 제를 지내는 장면에서 잘 나타난다.

> 좌우간에 이제 우리가 결의한 지도 어언 네 해가 지나갔소이다. 오늘 이렇게 만난 뜻은 그날을 잊지 않고 앞으로도 더욱 결속하여 큰일을 하고자 함이오. 첫째는 우리가 활빈당이요 둘째로는 백성들의 병졸이며 셋째로는 어지러운 나라를 평정하고 새로운 세상을 만들자는 것이오. 우리는 첫 번째의 일조차 제대로 해오지 못했소이다. 백성의 병졸이 되려면 이런 식으로 도적질에 그쳐서는 아니 될 줄 아오. 우리 구월산에서는 곧 일어나 우선 구월산 사읍에 우리 힘을 보일 작정이오. 그리고 겨울 동안에는 선흥이하고 감동이하구 나 이렇게 셋이서 자비령 아이들을 찾아가 합치기를 설득하여 보고 안 되면 무력으로라도 점령해둘 셈입니다. 요즈음 감영과 조정의 분위기가 어떤지 대근이 성님이 잘 정탐하여 주시고 우서방은 앞서 말한 대로 총포를 구해주게. 그리고 이제 병담을 그치고 이렇게 만난 것을 기리는 제사나 드리고 나서 실컷 놉시다.[238]

길산은 자신들의 활동 목표는 첫째가 활빈당이라 명한다. 여기서 활빈당이라 함은 탐관오리들과 부당하고 악독하게 치부한 부자들과 관을 징치해 거기서 얻은 재물로 가난한 백성을 구제한다는 의미가 있다. 두 번째 목표라 할 수 있는 백성들의 병졸이라 함은 백성들의 억울한 사연 앞에 백성들을 위해 싸우겠다는 의미가

[238] 황석영, 《장길산》6, 앞의 책, 185쪽.

있으며 마지막으로 어지러운 나라를 평정하고 새로운 세상을 만들자는 것은 지금 현 체제 하에서는 근본적인 개혁이 불가능하여 백성이 잘 사는 나라는 오기 힘드니 혁명을 통해서라도 이 일을 이루자는 것이다.

이와 같이 본다면 길산 부대는 자신들의 정체성을 대자적 계급으로 인식하기 시작한 것이다. 서발턴 민중은 두 가지 유형으로 나눌 수 있는데 하나는 즉자적 민중으로서 잠자는 민중이다. 이들은 자신을 객관화할 수 없고 그저 객체로서 자족하며 의식 없는 민초이다. 이들은 정치적·경제적·사회적·문화적으로 차별받고 있지만 그것을 깨닫지 못하거나, 희미하게 깨달았다 하더라도 그것을 당연한 일로 받아들이거나 체념하도록 훈련되어 일상적인 사실로 인정한다. 그러나 대자적 민중은 자기의 잠재력과 저력을 객관화해서 볼 수 있는 능력을 지니고 있다. 자기가 역사의 주체가 될 수 있음을 깨닫고 있으며, 나아가서는 지배자의 허위의식을 내다보고 폭로하며 행동하게 된다.[239]

장길산 부대의 봉기는 범죄를 통합하면서 또 다른 사회적 저항 형식으로서의 범죄를 폐지한다. 다시 말해 권위에 대한 최선의 도전인 봉기는 강도가 약한 그 밖의 도전 행위들에 하나의 총체적이고도 새로운 맥락을 부여함으로써 그것을 포괄한다.[240] 즉 장길산 부대의 행위는 범죄라기보다는 계급전쟁의 맥락으로 취급되어질 수 있다. 농민들은 이러한 코드전환을 간과하지 않는

---

[239] 한완상, 「민중의 사회학적 개념」, 『민중』, 문학과 지성사, 1984년.
[240] 라나지트 구하 지음·김택현 옮김, 앞의 글, 123~124쪽.

다. 빈곤으로 인한 범죄에 대해서는 다소 관대했던 서발턴들은 반란 속에서 범죄자들이 봉기 참가자들로 전환하는 것을 본다. 그리고는 기회가 닿으면 즉시 그들과 합류한다.

③ 양상

봉기는 일반적인 범죄의 태반에서 분리되며, 공적이고 집단적이고 전면적인 양상을 지닌 폭력으로서의 정체성을 확립한다. 두 가지 타입의 폭력은 '공격적인/비밀스런', '집단적인/개별적인', '파괴하는/노략질하는', '전면적인/부분적인' 등과 같은 일련의 이항대립들로 상징된다.

반란은 우선 공개적이고 공적인 특징을 갖는다. 반란자들은 범죄자들과 달리 폭력을 감추려고 하지는 않는다. 그들이 선출한 최고의 공적권위로부터 얻은 승인, 축복, 격려 또는 지지는 봉기 구성원들에게는 공적 서비스의 자격을 갖는다. 그래서 반란자들은 그들만의 공적 방식으로서 음식, 술, 분담금을 할당한다. 그들은 반란의 폭력을 의식을 통해 정당화하며 공적 서비스화 함으로써 개별적이거나 소집단적인 범죄행위와 구별된다.

봉기는 일반적으로 상의, 계획, 집회, 공격의 순서대로 진행된다. 상의는 불만들을 정식화하고 행동방향을 결정하고, 계획은 이어질 봉기를 준비한다. 그리고 실제 폭력이 발생하기 전에는 현지인들의 광범위한 집회가 있는데, 이는 당국에 의해 흔히 불법적인 것으로 간주된다. 공동체축제와 협동노동현장은 집회의 기능을 하는데, 이들은 수많은 농기구와 막대기를 들고 투쟁을 준비한다. 서발턴들은 밤에 주로 활동했으나 봉기가 발전하자 폭동은 대낮에 벌어지기도 했다. 공동체의 이름으로 얻어진 노획물은 공동체적 분배원칙에 따라 나누어졌다.

농민봉기에서 서발턴들의 투쟁방법은 '때려부수기, 불지르기, 먹기, 빼앗기' 등이다. '때려부수기'는 적의 권위의 상징들에 대한 파괴를 의미한다. '불 지르기'는 파괴의 주요 도구로 사용되었는데 '때려부수기'와 함께 하는 경우가 많았다. 봉기 참가 서발턴들은 주로 행정관청과 외국인거주자들과 지주들의 집을 불태웠다. '먹기'는 정치적 과정의 필수적 구성요소로 이해되어졌다. 서발턴들은 '먹기'를 전복의 도구로, 봉기 참가에 대한 보상으로 활용했다. '빼앗기'는 서발턴들을 수탈하는 대금업자의 집과 가게와 곡물창고들이 대상이었다. 봉기의 투쟁형식들은 총체적이고 통합된 폭력의 성격을 띤다. 개별적 정체성을 잃고 하나의 단일한 복합체의 상호 연관된 요소들로서 기능을 수행하는데, 이는 반란으로서의 봉기가 범죄와 구분되는 중요한 기점이 다. 반란은 복수성, 총체성, 다형성 등을 띠고 하나의 체계를 이루며 계급들 간의 전쟁으로 발전하는 것이다.

농민봉기에서 투쟁의 주요형식으로 살인은 포함되지 않았다. 살인의 빈도는 매우 낮았고 일반적이지 않았다. 그리고 서발턴들의 살인의 대부분은 변별적이다. 처벌적 원칙과 보복적 원칙에 의해 선별적으로 암살되었다. 살인과 같은 폭력이 일반적이지 않은 이유는 반란의식이 관성과 부정성에 사로잡혀 있었기 때문이었다. 반란의식은 해방된 의식이 아니며 서발턴들은 예전의 문화에 사로잡혀 상급자들의 몸의 대한 존경심에서 헤어날 수 없었기 때문에 살인할 수 없었다. 상급자들의 몸은 사회적 권리였으며, 농민이 봉기하고 있을 때조차도 서발턴들에게는 여전히 신성불가침한 것이었다. 즉 서발턴들은 지배문화의 목소리를 무시하지 못했는데, 이는 서발턴성을 극복하지 못했기 때문이었다. 결국 서발턴들의 목적은 세계를 재구성하기보다는 파괴하고 공격함으로써 전복하는데 그쳤다.

《장길산》 제1부는 장길산 같은 화적이 나오게 된 사회적 배경이 나타나고 제2부는 대소두령들이 화적이 되게 된 개인적 사연이, 제3부는 서발턴 봉기가, 제4부는 관군의 토포로 서발턴들의 봉기가 외관상 종결된다. 봉기는 3부에 전면적으로 드러나는데, 이는 조직화된 양상이다. 《장길산》에 나타나는 4가지 유형의 서발턴 운동은 3부에 나타나는 미륵봉기에서 연합하여 지배층을 전복하고 왕조를 바꾸려는 역성혁명에까지 이르고자 한다. 이후 승려거변운동으로 다시 결속하여 봉기하나 사건의 개요만 있을 뿐 중요하게 다루어지지 않는다.

텍스트 속에 나오는 서발턴 운동의 양상을 정리하면 다음과 같다.

단계 \ 내용 \ 사건		검계·살주계운동	미륵신앙운동	승려거변운동
상의	불만들을 정식화, 행동방향을 결정	양반들에게서 빼앗은 재물을 군자금으로 한양을 침	진정한 해방과 평화가 민중에 의해 이루어지는 용화세계를 계획	운부 옥여 일여 묘정 대성법주 풍열스님이 백성들이 소망하는 새세상을 열고자함
계획	곧 이어질 봉기를 준비하는데 중요한 역할	•격문이나 방문을 통해 민심을 모음 •날라리를 군호 •거사에 쓸 병장기와 마필을 준비하기 위해 구역을 나누어 양반의 재물을 빼앗음	거사날짜, 동원되는 군사, 한양함락계획, 표적, 군호, 군복과 병장기, 입성할 사람을 정함	정성(鄭姓)·최성(崔姓)을 얻고, 수장인 운부는 팔도의 승려들과 연합하고 장길산 부대와도 연합하여 거사함
집회	실제 봉기가 발생하기 전의 광범위한 모임	묘적사 계곡, 내수사 노비집을 거점으로 함	오진암집회에서 결맹서를 씀, 여환의 칠성암 제에 천여명에 이르는 서발턴들이 참여	없음
공격	때려부수기, 불지르기, 먹기, 빼앗기 등의 투쟁방법이 동원됨	•홍인문밖 공격, 양반행렬 약탈 •순라들의 복처 다섯 곳, 부가옹 이지사네 집 약탈 •한양전복계획은 실패	거사당일 양주 대전리에서 혁명에 참가할 수많은 백성들이 모였으나 입성날짜가 바뀌어 거사 실패	숙종 23년 1월 10일, 고변으로 실패

장길산 부대는 앞의 세 사건에 연루되나 혁명의 주도 세력이라고 할 수 없다. 그러나 장길산 부대의 봉기는 앞의 세 봉기와는 별도로 진행된다. 혁명적 성격보다 활빈적 성격이 강하게 드러나는 봉기라 할 수 있다. 그러나 앞의 세 봉기 못지 않게 서발턴 봉기로

서의 특징을 잘 드러내고 있다. 장길산 부대의 봉기는 다음과 같이 정리할 수 있다.

단계 \ 내용 \ 사건		첫 번째 활빈 (서창의 조동지집 약탈)	두 번째 활빈 (구부자집 약탈)	세 번째 활빈 (유사과집 약탈)	네 번째 활빈 (조읍포창 약탈)
상의	불만들을 정식화, 행동방향을 결정	길산과 의형제들은 활빈당이 되어 구휼하고 새세상을 만들고자함	서흥지방 구휼 후, 더욱 굶주리는 곡산으로 구휼 가고자 함	조읍포창 정탐 중 부당하게 치부한 유사과 소문을 들음	열두군현의 조세양곡이 수납되었다가 경강으로 들어가는 조읍포창을 털기로 함
계획	곧 이어질 봉기를 준비하는데 중요한 역할	부잣집 탐문, 사태정탐, 백성선동, 약탈후 탈주계획을 짬	구부자의 환갑잔치 때 공격하기로 함, 약탈물 분배계획도 함	김기가 한양의 세도가로 변신하여 유사과의 아들과 친분을 쌓고 유인 후 약탈	반은 포교로 변장하여 관군을 유인하고, 반은 도적이 되어 포창을 약탈
집회	실제 봉기가 발생하기 전의 광범위한 모임	최흥복, 강선흥, 장길산은 마을 사람들과 함께 조동지집 앞에 옴	사당패들의 꼭두각시놀음이 열림	없음	백여 명 가까운 유민들이 길산 무리의 지시를 받아 산속에 모임
공격	때려부수기, 불지르기, 빼앗기, 먹기 등의 투쟁방법이 동원	무기 없이 조동지집을 털어 서홍관민들에게 나누어줌	사당패로 변장한 길산의 무리와 외응한 무리가 칼과 창으로 공격, 곡산의 선비와 농군들은 유민들을 이끌고 불을 지르고 객관을 점령	포도군사로 변장한 길산무리가 불지르기, 유인 등으로 유사과 집을 약탈	칼, 쇠몽치, 몽둥이, 작대기, 곡괭이, 삽, 낫 등을 들고 유민들(군복을 빼앗아 입음)과 함께 조읍포창을 약탈, 창고를 불지른 후 도주함

장길산과 의형제들이 형제결의를 맺은 후 처음 한 약탈은 김풍헌의 시회장소에서 이루어졌다. 그러나 이는 봉기에서 제외시켰는데, "공적이고 집단적이고 파괴적이고 전면적인 폭력"의 양상에서 벗어나기 때문이다. 강선흥과 최흥복, 박서방댁, 조카아이 네 사람이 동선령 산채로 돌아오는 길에 김풍헌이 다른 기생 등과 시회를 벌이는 장소를 턴다. 순간적 계획에 의해 소규모의 인원이 자신들의 욕심에 의해 약탈하는 것으로 본격적인 봉기의 양상을 띤다고 할 수 없다.

이에 반해 이후의 봉기들은 거듭될수록 대담하고 전면적이고 공개적인 양상을 띤다. 첫 번째 약탈에서는 조동지집을 공격한 후 조동지의 항복을 받아내고 회유하여 스스로 곡식을 풀게 한다. 두 번째 약탈에서는 공격이 더욱 치밀한 계획 하에 이루어지고 잔치 연희가 서발턴들의 공격으로 이어진다. 세 번째 약탈은 길산의 무리가 포도군사로 변장하는 등 대담성이 두드러지게 나타난다. 네 번째 약탈은 관공서 약탈에 해당하는 것으로 서발턴들의 공격대상이 치부한 관료나 양반에서 관으로 확산됨을 볼 수 있다.

장길산 부대의 봉기 이전에 눈에 띄는 서발턴 봉기는 후에 장길산의 의형제가 된 최흥복이 주도한 민변[241]이다. 최흥복이 주

[241] 환곡으로 인한 피해가 극에 달하자 최흥복은 민변을 주도하게 되는데, 발단은 환곡으로 고통 받는 마을 사람들에게 신관쇄마비를 걷으러 온 관리를 말다툼 끝에 죽이게 된 사건 때문이다. 최흥복과 마을 사람들은 시신을 불태우고 관가로 쳐들어간다. 장교의 훈시 중 백성들은 돌멩이, 흙덩이 등으로 관을 공격하고 관가 앞에서 관졸들과 대치해 있다 날이 밝자 산으로 도망간다. 관군들은 민변을 주

도한 서발턴 봉기도 '상의-계획-집회-공격'의 양상을 드러낸다. 봉기 양상은 다음과 같다. ㉠ 최흥복과 마을 사람들은 생존의 위협 앞에 관에 대항하고자 한다. ㉡ 관리의 시신을 불태우고 관가로 쳐들어가 관리들의 죄상을 밝히고자 한다. ㉢ 보안(保安)역의 공터 앞에서 관아에서 나온 무장한 사령배들과 대치한다. ㉣ 돌멩이, 흙덩이, 작대기 등으로 관졸들을 공격한다.

장길산 부대는 승려거변운동의 외응이 실패로 돌아간 후 독자적으로 움직이며, 이는 역성혁명보다는 팔도 서발턴이 '진인'이 되는 세상을 이루어가며 살겠다는 소망으로 승려세력과 다른 길을 걷는다. '진인'이란 승려세력이 세우려는 정몽주의 후손이나 최영 장군의 후손이 아니라 '역병에 쓰러져가는 팔도의 백성들이 다시 살아나 환호하며 춤추는 세상에서 서로 정을 주고 받으며 살아가는 모든 이'이다.

④ 연대

봉기의 형식과 정신을 좌우하는 것은 모방과 연대이다. 모방은 범죄를 고무하거나 봉기를 고무할 수 있었다. 보편화된 폭력은 범죄행위들을 자극하고 범죄행위들 중의 일부에게 새로운 의미를 부여할 맥락을 제공했다.

연대는 첫째, 자신의 행위에 관한 반란자의 의식을 상징한다. 즉 연대는 반란자의 자기의식의 형상이다. 둘째, 자신의 행위에

도한 백성들의 가족들을 관가로 끌고가 형벌을 가한다. 최흥복은 끝까지 산에 숨어 있다 자비령으로 가 화적이 된다(황석영, 《장길산》 6, 앞의 책, 196~208쪽).

관한 반란자의 의식을 그 행위에 관한 적들의 인식과 완전하고 명료하게 분리시킨다. 따라서 연대는 농민의식의 하나의 범주적 요소이며, 이것이 없다면 반란은 거의 없다. 연대는 민족적 연대와 계급적 연대로 나타난다.

민족적 연대는 계급적 연대를 전위하는 경우가 종종 있다. 19세기 인도에서 무슬림 농민들의 연대는 흔히 종교적 형제애의 표현이기도 했다. 그러나 계급적 적대와 종교 공동체 적대 중에서 계급적 적대가 우세했고 전체적 성격을 결정했다.

계급적 연대가 민족성을 넘는 경우는 반란의식이 부족의식과 카스트의식을 넘는다. 연대는 하나의 윤리를 만들어내는데, 이는 반란은 하는 것이 좋은 일이고 반란을 하지 않는 것은 나쁜 일이라는 것이다. 이때 연대는 외부의 압박을 견뎌낼 수 있는데, 이는 서발턴의식의 표현이기 때문이다.

서발턴들은 연대하지 않는 자들에 대해서는 다음과 같은 공동체적 제제를 가한다. 첫 번째는 모독이나 사회적 보이콧이다. 이것은 누군가의 지위를 위협하는 것으로 실행된다. 보이콧에는 보통 물리적 폭력의 위협 또한 수반되었는데, 이는 말로 하는 위협도 포함된다. 동참하지 않으면 그 결과를 감수할 것이라는 메시지가 이에 해당된다. 두 번째 농민봉기의 커뮤니케이션은 칙서와 같은 것이다. 이는 공개적이고 공적인 것으로 모든 부류의 동요하거나 관망하는 자들을 단호하게 그리고 필요하다면 강제적으로 밀어붙이겠다는 무장농민 대중의지의 공적인 표출이다. 명령문들로 구성되며 집단적 성격을 명백히 보여주는 것으로 1인칭 복수로 표기된다. 이것의 목표는 아직 가담하지 않은 농촌공동체의 성원들을 반란의 대의에 동원하는 것이다. 세 번째 연대를 위한 도구는 압력 가하기이다. 농민 중에는 반란자만이 아니라 협력자, 밀고자, 배신자들도 있다. '연대/배신'의 이율배반은 반란의식의 분명한 구성요소가 된다. 봉기 참가자들은 이견, 불복종, 노골적인 배반 등을 구분하지 않고 한결같이 배신으로 취급한다. 또한 무관심, 동요, 관망 등은 모두 적개심이나 다름없는 것으로 간주된다. 즉 능동적으로 찬성하지 않는 사람들은 누구나 적으로 분류될 위험이 있다. 관리들은 변절 유인책을 정교하게 실행하여 첩자, 반란자 죄수들로 이루어진 밀고자, 미끼들을 활용했다.

텍스트《장길산》에 나오는 장길산 부대의 활동은 홍명희의《임꺽정》을 모방한다. 두 텍스트 모두 각처의 두령들이 모여 형제결의하고 봉기를 준비한다. 탐학한 관리들과 백성들의 고혈을 뽑은 양반들을 찾아 약탈할 계획을 세우며, 이후 활빈으로 나아간다. 처음에는 단순한 범죄에 불과하던 행위가 대의를 위해 일하게 됨으로써 반란으로 바뀌고 새로운 세상에 대한 소망을 갖게 된다. 임꺽정은 내 잘못 때문에 받는 멸시 천대는 받을 수밖에 없지만, 백정이라고 멸시 천대하는 건 참을 수 없으며 세상 사람에 대한 미움으로 표출될 수밖에 없음을 얘기한다. 그리고 이는 계급적 분노로 표출되며, 의형제들과의 봉기를 결심하게 한다. 그리고 장길산 또한 마찬가지이다. 장길산은 세상에서 학대받는 양민과 노비들을 중심으로 이들을 착취에서 구해내고 새로운 세상을 만들 결심을 하는 것이다.

모방은 텍스트《장길산》내에서도 나타난다.《장길산》내에 나타나는 4가지 서발턴 운동은 모방의 성격을 띤다. 나중에 일어난 봉기는 이전에 일어난 봉기를 모방하면서 수정하는 성격을 띤다. 검계·살주계 운동, 미륵신앙운동, 승려거변운동 등은 상의, 계획, 집회, 공격의 양상면에서 일반적 봉기와 유사하다. 이는 봉기를 일으킨 서발턴 구성원들이 유사하거나 동일한 인물들이며 대의를 신분해방과 역성혁명에 두기 때문이다. 검계·살주계 운동이 실패로 돌아가자 남은 검계원 정원태, 황희 등은 미륵신앙운동에 적극 동참하여 그 세를 넓히는데 주역이 된다. 오진암 집회에서 장길산은 검계·살주계 운동의 한계는 백성들의 공분을 얻지 못하고 양반들을 위협하고 대대적인 공격을 가하기 전에 고변에 의해 조직이 와해되었기 때문이라고 했다. 미륵신앙운동은 교화와 빈민구제로 교세를 확장하고 많은 서발턴들을 규합하고, 장길산 부대와 승병들의 외응을 받기로 되어 있었으나 실패하였다. 이는 계획을 치밀하게 세우지 못하고, 거사당일 대우(大雨)로 인하여 우왕좌왕하다, 선발부대는 한양에 입성하였으나 외응세력의 도움을 얻지 못하였기 때문이다. 이 운동 또한 관노의 고변에 의해 조직이 무너지고, 중심 세력들은 참수 당한다. 길산은 이에 대해서도 거사실패의 원인을 신서라든가 천변대우의 유언이 지나쳤기 때문에 백성들의 동원이 이루어진다 해도 백성들을 속인 것에 바탕을 둔 일은 오래 가지 못하는 것이라 했다. 양주목을 치고, 백성들에게 양곡을 나누는 것부터 했으면 거사가 이루어졌을 것이라 평한다. 서발턴의 진정한 신뢰에 뒷받침된 사회변혁운동의 중요성을 주장하고 있다.[242] 승려거변운동 또한 평민, 노비가 중심이 된 서발턴운동이라 할 수 있다. 미륵도의 난이 실패로 돌아간 뒤 운부를 비롯한 옥여, 일여, 묘정, 대성법주, 풍열스님 등은 각처에서 모여드는 서발턴들을 중심으로 한양의 선비계층까지 규합하여 역성혁명을 이루어 백성들이 잘 살게 되는 세상을 만들고자 했다. 그러나 이 운동도 이절, 유선기 등의 고변에 의해 관련자들이 체포당했다. 장길산 부대는 이 봉기에도 외응세력으로 함께하고자 했으나 승려거변운동의 주도자인 운부와는 '진인'에 대하여는 다른 생각을 갖고 있었다.

장길산 부대는 미륵신앙운동에는 혁명의 주도세력으로 나오지 않고 있으나, 장길산 부대의 봉기는 "길산은 劇賊으로 雲山 軍器를 劫奪하였다는 이야기를 들었으니"[243]라고 역사에 기록될 만큼 잘 알려져 있다. "길산은 '만약 대사를 일으키려면 禪師를 기다릴 것도 없이 오직 나의 騎兵을 들어도 족히 長驅할 수 있다'라고 말하며 단검을 옥여에게 표로 주었다."[244]라는 기록이 역사에 전하는데, 이는 텍스트 《장길산》에서도 2차 승려거변운동이 봉기 전에 고변에 의해 무산되자 옥여에게 단검을 주는 장면으로 형상화되었다. 장길산 부대의 봉기는 다른 운동세력과 연대하지 않고 단독으로 움직인 봉기들도 4가지 나온다. 이 봉기들은 앞장

[242] 정미애, 앞의 글, 96쪽.

[243] 『이영창등추안』 同月(2월 16일) 罪人 李榮昌 更招白等.

[244] 『이영창등추안』 정월 13일 罪人 李榮昌 刑問2次 第6度 直爲所如中.

에서 상론하였는데, 이 또한 이전의 봉기들을 모방·강화하는 성격을 띤다. 모방은 봉기를 고무하고 서발턴들이 대담하게 행동하게 했다. 이는 보편화된 약탈이 봉기를 자극했고 이 같은 행위들 중의 일부에게 새로운 의미들을 부여하게 될 맥락을 제공했던 것이다.

텍스트 《장길산》에서 연대는 광범위하게 나타나 세력을 규합하고 공격을 용이하게 했다. 우선 미륵신앙운동은 검계·살주계, 승려세력, 장길산 부대의 연대를 이끌어낸 대대적인 규모라 할 수 있다. 계급적 연대는 종교 세력과 연대하여 공통의 적인 지배층에 대항하였다. 지배층에 대한 저항과 새로운 세상을 만들고자 하는 것이 결합정신으로 작용하였고, 이는 이해관계를 초월하여 대항조직을 만들어냈다.

텍스트 속에 두드러지게 나타나는 연대는 같은 계층끼리에서 잘 나타난다. 우선 검계·살주계에서 나타나는 연대는 지역별 우두머리들이 서로 연합하는 성격을 띤다. 광주의 정원태, 경강의 모신, 양주의 이도장, 교하의 홍서방 등은 서로 연락하며 사건이 발생하면 돕는다. 이들은 한양 성내의 벼슬아치와 선비들하고도 연락하며 강경검계는 따로 살주계라는 별대가 있다. 이들은 천민들의 고혈을 빨아 권세와 금력을 누린 자들인 양반들의 재물을 빼앗아 거사에 쓸 병장기와 마필을 준비하기 위해 구역을 나누어 약탈한다. 솔부리에서는 중량포와 왕십리 광나루의 길을 막고 경강의 용산과 마포에서는 동작나루와 노량나루를 맞으며, 서강에서는 청파의 살주계와 협력하여 서대문과 남대문 그리고 경강수로를 막는다. 그리고 이 연대는 통문으로 이루어졌다.

미륵신앙운동에 나타나는 연대 또한 같은 계층끼리에서 나타나나, 다른 세력과 연합이 두드러진다. 미륵신앙운동의 수장 여환은 운부로부터 '임금을 죽이라'는 명을 받는다. 한양 주변 백성들의 힘을 모으고 그들을 도와 궁궐을 깨트려 온 나라에 진동하는 백성들의 울음소리를 없애고 석가행(釋迦行)을 하여 여기서 정토를 이루어내라고 한다. 여환은 칠성암에 암자를 세우고 향도들을 모으기 위해 '미륵'이라는 신앙을 연대의 도구로 사용한다. 여기서 향도들을 모으는 것은 서발턴들을 규합하는 성격을 띤다. 미륵은 말법의 때, 악과 고통이 가득 차는 때에 오며, 향도들이 할 일은 세상을 바꾸는 것이다.

미륵의 중심세력은 검계의 잔당인 김시동, 전성달, 정원태, 모신 등과 이정명, 오경립 등과 같이 새로 검계 계원이 된 사람들이다. 즉 미륵신앙운동은 미륵도라는 과육을 검계라는 중핵 위에 거죽으로 싼 형태[245]이다. 칠성암에서 재를 지내는 것으로 본격적인 봉기를 위한 준비를 하게 되는데, 이때 승려세력의 제휴를 의미하는 신서(神書)가 보내진다. 시내비골 사람들이 모두 와 파주·양주·적성·영평·연천·삭녕 사람들이 재에 참여하여 소문을 듣고 몰려든 인파가 거의 천여 명에 이른다.[246] 미륵도가 된 검계원들은 각각 이웃과 친척, 동류계급들 중심으로 연대 세력을 이끌어낸다.

---

[245] 황석영, 《장길산》10권, 앞의 책, 325쪽.

[246] 정미애, 앞의 글, 90~91쪽.

또한 미륵도들은 일반 백성들을 연대 세력으로 끌어들이기 위해 교화와 치병을 도구로 사용한다. 여환은 집권층의 부패와 무능, 계속되는 외세의 침략과 극심한 자연재해 등을 말법의 징후로 단정하고, 말법의 시대에 오는 미륵을 맞기 위한 준비를 갖추도록 설법한다. 미륵이 오는 세계는 "진정한 해방과 평화가 민중의 전체상을 통해서 실현"[247] 되는 용화세계이며, 이는 "기존형태의 불평등을 대체하려는 유토피아체제"[248] 이다. 여환은 이 같은 용화세계를 설법하며 교세를 확장하는데 치병을 주요수단으로 이용했다. 병자들은 여환의 암자에서 온갖 병들을 치유받으며, 힘들고 고통스러운 현재가 미륵의 도래로 끝나기를 소망하게 된 것이다.

미륵신앙봉기의 타 세력과의 연합은 오진암 집회에서 내정된 것이라 할 수 있다. 운부를 중심으로 한 승려세력과 장길산 부대는 결맹서를 써 연대를 약속하고, 봉기계획에 동참하기로 하였다. 그러나 미륵교도의 수뇌부가 강온(强溫)으로 대립되고 또한 서발턴에 대한 과도한 선동[249] 과 밀고로 봉기는 실패로 끝나고 만다.

승려거변운동에서는 계층 간 연대도 보인다.

---

[247] 고 은, 「미륵과 민중」, 『한국근대민중종교사상』, 학민사, 1983년, 266쪽.

[248] 브라이넌 S 터너 지음, 이복두·이태원 역, 『평등의 사회학』, 강원대출판부, 1987년, 149쪽.

[249] 신승희, 「《장길산》」, 『어문연구』 19, 1991년, 344~345쪽.

> 갑술환국 이후 소론이 정권을 담당하고 있던 시기인 숙종 20년 4월부터 승려세력의 거사계획이 있게 되는 숙종 23년 정월까지의 만 3년 가까운 시기의 사회적 조건은 극심한 재해기로서 기근과 질병으로 사망한 자의 통계가 숙종 19년부터 만 6년 동안 140만여 구수(口數)의 감손을 가져다주고 있는 것이다. 이 같은 극한 상황은 전국적인 도적의 만연과 그들의 활동을 불러온 것이었다. 기본적으로 피역하러 산에 들어간 향촌의 농민인 산간의 승려세력이 이들 극적세력과 서울 내의 중인 및 서얼층 이른바 서류(庶類)와 결탁하여 당시의 왕권을 극복하고 새로운 왕조를 창립하고 그 여세로 중원을 석권하려는 계획이 본 사건인데 서류층 고변으로 일단 무위화하여 버린 것이……[250]

승려거변운동은 농민계층을 바탕으로 하는 승려세력, 중인 및 서얼 계층, 최천민 계층이 상당수 포함된 장길산 부대뿐 아니라 일부 남인세력까지 가세하기로 되어 있었다.

이들의 연대를 위해서 묘정과 옥여는 전국 각처를 다니며 산간 승려들을 체결하였고, 운부 큰 스님은 선비들을 통하여 세속의 인재들을 묶어 나갔다. 묘정·옥여·대성법주 등은 서북과 북관을 오르내리며 장길산 활빈도의 도움을 많이 받으며, 강계에서는 박대근과 최윤덕을 통하여 자금과 군기에 소용되는 물건들을 묘향산과 금강산 등지에 반입하였다.

장길산 부대의 연대는 네 번째 활빈행까지는 자체 세력이 주가 되고, 때론 백성들이 연대한다. 백성들과의 연대를 위해 장길산

[250] 정석종, 앞의 글, 168쪽.

무리가 사용한 연대도구는 선동이다. 약탈 간 곳에서 장길산과 김기 등은 탐관오리들의 학정을 백성들에게 말하며, 관아를 쳐서 곡식을 탈취하라고 말한다. 그러나 네 번째 활빈행 이후의 장길산 부대의 활동은 주로 혁명세력의 외응부대로 활동하기로 내정되나 혁명이 무산되자, 이들과의 연계를 끊고 북방지역으로 가서 대동세상을 만들고자 한다. 수안 곡산의 잠채터에는 만동이·천동이 형제, 샘골 객점에는 김선일·끝춘이 부부, 언진산 잠채터에도 길산의 잔당, 수안 은점에는 김선일 등이 군자금을 준비하며, 고달근·까마귀·이경순 등과도 줄이 닿아 있다. 이들은 사주전(私鑄錢), 화승총 등을 만들며 박대근과 같은 대상은 사행을 가 청과 인삼거래를 하고 유황을 들여온다.

《장길산》에 나타나는 서발턴봉기는 배신자의 '고변'에 의해 실패로 돌아간다. 봉기는 '연대/배신'의 이율배반적 성격을 지니는데 《장길산》에 나타나는 서발턴 봉기도 예외는 아니다. 검계·살주계 운동에서는 수노 억기의 배신에 의해 미륵신앙운동에서는 삭녕의 관노 검송(儉松)에 의해, 승려거변운동은 한양의 선비들 사이의 배신에 의해, 장길산 부대의 조직은 까마귀와 고달근에 의해 와해되었다. 이후 장길산 부대는 서수라와 백두산 인근 일대의 광활한 무인지경에서 각처 유민들과 살 계획을 세우게 된다.

⑤ 전파

서발턴들에게 봉기는 혁명을 이루기 위한 전략적 수단이지만, 관료들은 봉기를 전염과 감염으로 생각한다. 서발턴 봉기의 전파속도는 전염과 감염에 의해 설명되어질 수 있는 것이기 때문이다. 봉기는 서발턴들 사이에 신속히 전파되어 주인에 대한 서발턴들의 충성심을 파괴하고, 주인의 권위를 훼손시키며 서발턴들을 결집시킨다. 봉기의 전파는 돌발성, 속도성, 동시성으로 구성된다. 돌연한 시작과 신속한 돌진으로, 화산폭발처럼 자발적·돌발적으로 분출하며 들불처럼 확산된다. 또한 이는 신속히 반란의 영토를 넘어서 모든 곳에서 일제히 총동원이 이루어졌다는 환상을 불러일으키는 동시성을 지닌다. 관료들의 눈에는 봉기가 거의 같은 시간에 모든 곳에서 발생한 것처럼 여겨져 마치 '사전협의'가 있었던 것 같은 인상을 준다.

봉기의 전파양식은 글보다 발화된 언설인 경우가 많다. 모든 메시지들은 전파수단과 관계없이 정보전달과 동원이라는 이중적 기능을 수행했다. 말이 아닌 수단에는 청각적인 것과 시각적인 것 두 가지가 있다. 북과 플루트와 뿔피리는 봉기를 청각으로 전파할 때 가장 많이 사용된 도구들로 그것들은 사람들의 발화의 대용물로 기능했다. 커뮤니케이션이 발달하지 않고 농촌 지역 거의가 문맹이던 시기에 이 같은 청각적 기호들은 동원에 중요하게 기여했다. 시각적 수단으로는 아이콘과 심벌이 있었는데, 아이콘 중에서 가장 유명한 것은 '전쟁용 화살'이다. 촌에서 촌으로 전해진 화살은 무장호출을 의미하며, 이것은 당국에게 전해지면 공개적인 선전포고를 의미한다. 심벌 중 대표적인 것에는 메신저 나뭇가지가 있다. 이는 일종의 혈화의 십자가 혹은 불타는 횃불처럼 여겨졌는데, 이는 정해진 시간과 장소에서 집회를 갖기 위해 촌락주민들을 호출하는 비밀스런 의미를 지닌 것이었다.

봉기의 메신저로 잘 알려진 것 중 하나는 인도의 차빠띠(chapàti)이다. 차빠띠는 인도서발턴들의 주식이었는데, 인도의 대소요기간 중(1856~57) 관료들에 의해 음모의 지표로 간주되었다. 이는 세포이 반란[251]의 기호로 오인되었으나, 그것은 서발턴들 사이에는 방심하지 말고 있어라는 하나의 비밀기호였다. 차빠띠의 배포는 곧 뒤따르게 될 모종의 거대한 소요를 지시하는 것이었다. 전조로서의 차빠띠는 사건들의 앞을 내다보고, 경종을 울리는 역할을 함으로써 반란을 앞질러 전파했다.

반란을 선전하기 위해서 때로는 분명한 동기를 갖는 글쓰기 같은, 예를 들면 편지 같은 것들이 시도되기도 했다. 이 같은 메시지를 생산하는 일은 지배계층 출신의 개인들이 상황이나 양상에 끌려 서발턴들과 함께 공동의 대의를 내세우거나 소수의 농민들이 난관을 무릅쓰고 성취한 문자해독능력을 봉기를 위해 활용할 때만 실행했다. 봉기에는 비문자적 구두전달이 있는데, 이는 선언적이고 의무 규정적 진술로 이루어지고, 메시지를 통해 농촌 대중을 동원하려 한다. 또한 농민폭동의 지도자들의 언설은 서발턴 정치를 구현하는 강력한 수단으로 사용되어졌는데, 그들은 예언자와 개혁가의 양심어린 언어로 말함으로써 카리스마를 형성했다.

---

[251] 인도 대반란을 일반적으로 일컫는 명칭이다. 세포이는 영국 동인도회사의 인도인 용병이다. 처음에는 세포이들로 시작되었으나 점차 대지주층, 중소농민까지 참여한 대봉기로 인도의 전 민족적 반란이 되었다. 1857년에 일어나 1859년까지 지속되었다.

그러나 무엇보다도 봉기확산에 기여한 것은 소문이다. 이는 전(前) 산업, 전(前) 문자적 사회에서 보편적이면서 필수적인 봉기의 전달체였다. 소문는 폭력을 유발하고 수반하고 강화하는 역할을 했다. 소문의 긍정적 기능은 농민들의 적대자들을 위협했을 뿐 아니라, 무엇보다 폭동의 메시지를 서발턴들에 전파하는 역할을 했다. 소문는 즉시성 때문에 사회적 긴장의 시기에 중요한 문제들을 포착하여 추동력 있게 대규모 공적 청중을 만들어 동료적 반응을 불러일으키는데 기여한다. '시장'은 흔히 소문의 발원지와 전파지가 되는 경우가 많다. 관료들은 서발턴 폭동의 시기에 시장의 소문에 민감하게 반응한다.

봉기의 전염·감염은《장길산》전체에 걸쳐 잘 나타난다. 우선 검계·살주계의 전파과정을 보자. 당쟁으로 인해 조정이 혼란해지고 왜국의 재침한다는 소문으로 양반들이 동요하자 천류와 무뢰배들이 모여 천인이 주인이 되는 나라를 세우려하였는데, 이들이 바로 검계의 원류이다. 살략계는 한양 가까운 곳에 있는 자들의 검계 모임으로, 내림 종복들이 처음에 모신의 주막에서 십여 명이 모여 '고깃값'이라도 하고 죽으려는 결심으로 결성하였다. 처음에 십여 명이었던 살주계원은 서른 명 남짓이 되었으며, 통하는 자들까지 합치면 백여 명이 넘는다. 이는 다른 검계에서도 마찬가지이다. 검계는 한양 가까운 곳뿐 아니라 광주, 경강, 교하 등에서도 조직을 이루며 양반이나 부잣집을 살략(殺掠)하였다. 각처의 검계는 처음 결성될 당시에는 사전 협의가 없이 활동했으나, 역성혁명을 이루기 위해서는 사전에 협의한다. 즉 검계의 전파과정은 대다수 학대받는 노비를 중심으로 신속히 전파되어 갔으며, 이는 동시성을 지닌 것이었다.

이들의 봉기 메신저는 청각적, 시각적 수단뿐 아니라 언어적 수단도 사용하였다. 이들은 서로에게 신호를 하기 위해 날나리(나팔)를 불거나, 진을 치는 모양을 하였다. 군사들의 추적을 쫓고 피난인의 재물을 약탈하고 양반을 살육하기 위해서였다. 그리고 지금의 관공서에 해당하는 복처까지 공격의 대상으로 삼았다. 이들은 자신의 뜻을 백성들에게 전파하고, 동참을 위해 방문을 붙이거나 격문을 돌리는 언어적 수단도 사용하였다.

> 너희 양반들이 몇몇 계원들을 포득하였다. 하나, 우리를 모두 죽이지 못하면 종말에는 너희들의 배에다 칼을 꽂고 말 것이다. 성내의 천예와 억눌린 백성은 모두가 한편이니 서슴지 말고 일어나 상사람의 나라를 세우리라.[252]

한양 5부에 걸쳐 있던 살주계원들의 방문이다. 이들은 자신들의 뜻을 양반들에게 알리고 백성들을 선동하기 위해 이 같은 언설화된 메시지를 저자거리 등 사람들에게 잘 보이는 곳에 붙였던 것이다. 이 같은 메시지 전파에는 '양반살육, 재물약탈, 진인도래, 역성환국'이라는 짧은 격문이 더 있다. 한양성내의 치안을 교란시키고 민심을 얻는데 두 문자 메시지는 큰 역할을 담당한 것이다.

---

[252] 황석영, 《장길산》8권, 앞의 책, 64쪽.

그러나 무엇보다 서발턴 봉기의 전파는 기본적으로 '소문'에 의해 이루어진다. 검계·살략계의 활동, 목표 등은 소문에 의해 이루어지며 계원이 되기 위해 오는 이들도 이들에 대한 소문을 듣고 오는 것이다. 그리고 소문의 진원지는 '시장'이 되는 경우가 많다. 시장은 많은 서발턴들이 삽시간에 모여 정보를 얻고 전달하는 중요한 매개체가 되기 때문이다. 검계·살주계원들도 마찬가지로 자신들에 대한 정보를 순식간에 서발턴들에게 전하기 위해 방이나 격문을 '저자거리'에 붙인다.

전파의 속도는 전파내용의 흡인력에 의해 좌우된다. 이를 미륵신앙운동의 전파속도를 통해 알아볼 수 있다. 미륵신앙운동은 '미륵'으로 상징된 미래불을 중심으로 전개된다. 백성들은 다가올 세상에 대한 소망으로 순식간에 전염당하여 미륵도가 된다. 미륵사상은 혁명적이며 자력적인 사회사상으로서의 성격을 지니기 때문이다. 이는 미륵도가 이루어내어야 하는 용화세계의 특징에서도 잘 나타난다. 용화세계는 계급과 재산소유가 소멸되는 평등사회이며, 네 것 내 것 없이 재물을 탐하지 않는 공동체[253]이다. 서발턴들은 미륵사상에 내포된 혁명성에 감염되어 연합하고 봉기한다. 그리고 이 동원력은 봉기 당일 대전리에 하얗게 모인 사람들이 대변해준다.

미륵도들의 대대적 봉기목표는 한양도성 점령이라 볼 수 있다. 봉기는 거사당일 장길산 활빈도는 철원에서, 대성법주가 이끈 승

[253] 황석영, 「미륵의 세상·사람의 세상」, 『객지에서 고향으로』, 형성사, 1985년, 116쪽.

병 오 백 명은 금화에서, 오계준이 이끄는 해서 풍류계는 송도에서 봉기하여 같은 날 한양으로 입성할 거사계획을 짠다. 천불산에서는 한양도성이 점령되기를 기다려 각처의 승병과 민병들이 일어난다. 한양을 함락할 때는 양주에서 대를 나누어 한양 점령과 동시에 양주목을 들이치고, 도성 안에서는 검계와 살주계가 혁명군이 들어오기를 기다린다. 이로 본다면 봉기는 외관상으로 볼 때는 동시 다발성을 띠어 관군이 한꺼번에 상대하기가 어려운 양상으로 전개될 계획이었다.

봉기전파에 사용된 메신저는 상징성을 띠었다. 표적과 대우(大雨)를 사용하기로 결성되었는데, 용녀부인인 원향이 신표가 되어 신의 능력을 발휘하는 상징적 표적이 되어 대우(大雨)를 내리는 것이다. 그리고 일반향도들에게는 용녀부인이 천지조화를 부려 천변이 일어나고 큰 폭우가 내린다고 소문낸다. 이 같은 소문은 서발턴들을 감염시켜 혁명의 성공에 대한 믿음을 갖게 하고 동원력을 배가 시켰다.

봉기에 사용된 또 다른 메신저는 문자적인 것이다. 정원태가 거사에 알맞은 여러 가지 참언을 설유징이 만든 신서에 덧붙여 문서를 만든 것이 이에 해당된다. 소문은 은밀한 가운데 들불이 일 듯 번져갔으며 백성들은 천지개벽이 눈앞에 당도했다고 술렁이며, 모여 앉기만 하면 밤하늘을 바라보며 불안하게 얘기했다.[254]

---

[254] 정미애, 앞의 글, 93쪽.

계속되는 자연재해는 서발턴을 유민으로 만들고, 이향(離鄕)하게 만들었다. 서발턴의 유민화는 국가의 경제적·군사적 기반을 흔들게 된다. 더군다나 문제가 되는 것은 유민들 중에는 도적이 되는 무리가 많았는데, 이는 지배층에 위협이 되었다. 숙종 21년부터 25년까지에도 이 같은 현상이 계속되었다. 숙종 22년에는 도적의 기세가 더 심해져 "요사[255]이는 절발(竊發)의 환(患)이 없는 곳이 없어서 행려(行旅)가 거의 단절케 되었다." 그리하여 승정원에는 군읍에서 주달(奏達)되는 장문(狀聞)이 매일 쌓였다. 유민이 모이면 도적이 되었고, 이들 중에는 산간으로 올라가 승려가 되는 이들도 많았다.

승려거변운동의 중심세력이었던 승려들의 출신 성분은 서발턴들이었고 이들은 왕에 대항하는 혁명세력으로 바뀔 준비가 된 자들이었다. 이 봉기에도 미륵신앙봉기와 마찬가지로 봉기에 동원되는 서발턴들을 이끄는 상징적 인물이 있었는데, 이는 '진인(眞人)'이었다. '진인'은 최영 장군의 후손 혹은 정몽주의 후손을 말하는 것으로, 이들은 이씨조선왕조를 대신하여 고통과 질곡이 없는 평등사회를 실현할 메시아적 인물이라 할 수 있다. 백성들은 민심에 부합될 만한 진인을 오랫동안 갈망하였고 참서에 기록되었던 정몽주는 고려의 충신으로, 최영 장군은 외세에 맞서 고구려의 옛 땅을 회복하고자 한 인물로 적합하였다. 결국 승려세력이 이들을 앞세워 혁명을 일으키려 했던 것은 이들의 상징성이

[255] 『숙종실록』 권 30, 숙종 23년, 정월

갖는 전파력 때문이었다. 이들은 서발턴들을 설득하고 감화시켰으며, 전염의 효과를 낳았다.

그러나 승려거변운동은 봉기 이전에 고변에 의해 무산되었다. 그리하여 이 봉기에서는 주요 봉기 메신저가 나타나지 않는다.

장길산 부대의 전파력은 그의 부대가 팔도에 편만해 있었다는 것만 보아도 알 수 있다. 숙종 13년부터 활동을 시작한 장길산 부대는 여러 도를 왕래하면서 세력을 확장시켜 나갔다. 나라에서는 이들을 잡기 위해 관군을 동원하였으나, 10년이 지나도록 잡지 못하여 임금은 비망기에서 이를 통탄하고 있다.

> 극적(劇賊) 장길산(張吉山)은 표한무비(慓悍無比)해서 제도(諸島)를 왕래하는데 종적(蹤迹)을 헤아릴 수 없고, 도당(徒黨)이 이 같이 번성하여 1년 2년 이미 10년이 지났는데도 아직도 잡지 못하고 있다. 요사이 양덕(陽德)으로부터 군사를 풀어 위포(圍捕)하였으나 끝내 잡지 못하였으니 역시 그 음흉한 것을 가히 알 수 있다.
>
> 이제 영창(永昌)이 승복(承服)한 초사(招辭)를 보니 더욱 극히 통완(痛惋)하다. 비록 그 말은 준언(准言)하기는 어려우나 이 적(賊)이 나타나기 전에는 나의 과려(過慮)가 심상(尋常)하여 풀리지 않을 것이니, 불가불 제도(諸道)에 밀착하여 소재(所在)를 상세히 탐지하여 따로이 군대를 풀어 훈포(勳捕)하여 후환을 제거하라. 이것도 역시 의논하여 계(啓)하라.[256]

[256] 『이영창등추안』 5월 14일 備忘記, 『숙종실록』 권31, 숙종23년 戊午 正月 壬

장길산 부대는 황해도, 함경도, 강원도, 평안도 등에서 활동하였다. 사방에서 장길산을 자처하는 자들이 나타났고 활빈도를 흉내내는 무리들이 삼남에서도 벌떼처럼 늘어났다. 장길산의 이름을 빌어 일어난 서발턴 봉기는 전국적으로 동시에 일어났고, 이는 들불이 이는 것과 같은 전파력을 가졌다. 또한 장길산에 대한 소문과 사람들이 퍼뜨린 유언은 민심을 들끓게 했고, 소문이 가는 곳마다 화적들이 늘어나고, 유언은 사람들의 입에 오르내릴수록 걷잡을 수 없는 형국이 되어갔다.

그리하여 소문이 가장 번성한 평안도와 황해도에서는 중인환시(衆人環視) 가운데 본보기의 극형까지 치러졌다. 장날 대목에 벌어지는 광대놀음에서 취발이로 나오는 광대를 장길산으로 지목하여 사람들 앞에서 죽여, 사람들 사이의 소문을 진정시키려는 의도에서였다.

> "죽여라, 장길산을 죽여라."
>
> 외마디 소리가 터져나오면서 구경꾼들 틈에 끼여섰던 해서감영의 장교들이 놀이마당으로 뛰어들었다. 그들은 손에 손마다 쇠몽치와 쇠도리깨를 꺼내어 들고 취발이춤이 절정에 오른 광대의 뒤통수로 날아들었고 뒤이어 어깨 등 할 것 없이 내려찍었다. 탈놀이판은 아수라판이 되어 소무 역을 하던 자와 다른 광대들은 사방으로 달아났고, 구경꾼들은 서로 밀치고 밀리며 밟히고 넘어지고 그런 야단이 없었다. 장교가 죽어 넘어진 광대의

戌의 내용을 『조선후기사회변동연구』(정석종, 1983년, 일조각, 165쪽)에서 인용한 것을 재인용.

목에 오라를 걸고 땅바닥에 질질 끌고 나가며 다시 외쳤다.

"보아라, 장적을 잡았다. 장길산을 죽였다!"[257]

소문과 유언은 대표적인 발화된 언설이다. 그리고 이는 음성적 실현이므로 모든 주어진 자극에 대해 글로 된 언설보다 더 긴급하고 감정적이고 역동적으로 반응하게 한다. 이 즉시성 때문에 소문과 유언은 사회적 긴장의 시기에 중요한 문제들을 포착케 하고 추동력을 발전시키는 것이며 대규모 공적 청중을 만들어내어 동료적 반응을 불러일으키는데 기여한다.[258] 그리하여 당국에서는 서발턴들이 장길산 부대에 전염되는 것을 막기 위해 거짓 장길산을 잡아서 사람들 앞에서 처형시켜 통제 불가능한 전파력을 막고자 했다.

'장터'는 소문의 대표적인 발언지와 전파지가 된다. 소문의 전이기능을 만들어내는 언어적 교환은 민중의 삶에 본질적인 경제적 교환과 밀접히 결합되므로 하나의 민중 담론 타입으로 고유한 정체성을 확보[259]하게 된다. 그리하여 관군은 시장의 소문에 민감하게 반응하고, 또 시장을 통해 거짓소문을 퍼트리기도 하는 것이다. 특히 서발턴들의 봉기가 활발한 시기에 관군은 시장을 주요 거점으로 삼아 봉기를 진압하고자 한다. 텍스트 속에 나타나는 토포사 최형기는 검계·살주계 봉기와 장길산 부대 중 일부

[257] 황석영, 《장길산》 12, 앞의 책, 288~289쪽

[258] 라나지트 구하 지음·김택현 옮김, 앞의 책, 307~308쪽.

[259] 라나지트 구하 지음·김택현 옮김, 앞의 책, 310쪽.

를 진압하는 과정에서 '소문'을 주요 도구로 삼는다. 최형기는 시장에서 소문을 정탐하기도 하고, 장길산 부대를 거짓으로 유인하기 위해 '소문'을 만들어내기도 한다.

《장길산》 부대는 날랜 북방마와 황색 바탕의 깃발로 봉기를 선전했다. 이들은 시각적 상징으로써 장길산 부대를 알리는 역할을 했고, 백성들은 이 상징 기호들이 출몰할 때마다 이들을 전폭적으로 지지해 관군의 동향을 알려주기도 했다. 또한 이 기호는 때론 관에 대하여는 공공연한 시위로 작용하기도 하여 공개적인 선전포고를 하는 것과 같은 효과를 냈다.

⑥ 영토성

영토성의 두 가지 요소는 혈연성과 인접성이라 할 수 있고, 이 두 요소는 서로 배타적이지 않다. 인도에는 '다쿠'란 용어가 있는데, 이는 농민을 민족적 측면에서 착취하는 자들과 계급적 측면에서 착취하는 자들 모두를 가리켰다. 인도의 서발턴 봉기는 '다쿠'가 폭력의 주요 목표가 되었다. 1832년 꼴 부족의 지도자 빈드라이가 일으킨 서발턴 봉기는 19세기 모든 부족 봉기들을 대변했다. 이들은 그 지방에 거주하는 양반들에 대하여 무기를 들고 그들의 집과 재산을 불태우고 쫓아냈다. 또한 그들은 거주하는 백인들을 다른 지역으로 물러갈 것을 요구했다. 즉 이것은 식민당국과 그 피보호자들, 즉 서발턴 농민을 착취하는 토착민들 양쪽 모두를 대상으로 한 봉기였다.

공간범주와 상관있었던 것은 시간의식이었다. 시간의식은 대조적인 시간쌍인 '그때/지금'으로, 나쁜 현재에 의해 부정된 좋은 과거 시간으로 표현되는데, 그것은 서발턴 봉기의 목표를 미래로서의 과거의 회복에 두게 했다. '그때/지금'으로 표현된 시간의식은 모종의 정치적 왕국의 수립이 진리의 지배와 진정한 정의의 도래가 될 것이라는 믿음을 내포하는 것이다. 따라서 반란의 영역은 봉기 중에 있는 현재의 주체가 점한 위치에서 양쪽 방향으로 펼쳐지는 형국을 띠었다. 서발턴 농민들은 이전에 그들이 소유했던 것을 식민당국과 지배계급에 의해 약탈당했다. 자연경제는 화폐경제로, 곧 공업과 상업의 경제로 대체되었고 그들의 자유와 자급자족은 다쿠들의 폭정과 착취로 대체되었다.

영토성은 모든 서발턴들에게 공통적인 의식의 한 요소였다. 이들은 소규모 지방 단위로 생각하고 행동하는 관습을 지녔고 봉기 투쟁 대상도 영토성의 한계를 넘지 못했다. 많은 지역들은 촌락의 경계가 영토성을 상징했다. 이 경계를 중심으로 연대와 배제가 이루어졌고 대항 세력이 만들어졌다.

그러나 영토적 유대는 배제의 수단으로만 작용하지 않고, 공동의 적에 맞설 때는 이웃 촌락들과의 연대를 증진시키기 위해 활용되기도 했다. 뮤티니[260]에 대항하는 서발턴 봉기들은 비부족 농민들의 반란에 동원하였고, 이를 통해 각 지역들은 급속하게 변화되었다.

[260] 뮤티니 : 인도의 첫 번째 영국통치에 대한 저항운동. 1857~1877년.

《장길산》에 나타나는 서발턴 운동들에서는 영토성이 민족대항의 측면보다는 계급대항의 측면에서 잘 나타난다. 우선 검계·살주계 봉기에서는 한양 인근을 중심으로 천민계급이 양반계층을 약탈하고 살육한다. 한양을 중심으로 움직였던 서발턴 봉기로 지역성이 잘 드러난다고 할 수 있다. 다음으로 미륵신앙봉기는 양주를 중심으로 포교활동을 하던 미륵도들이 한양전복을 꾀하며 '미륵'이 주인 되는 세상을 도모하는 사건이다. 영토성에서 말하는 경계가 비교적 잘 드러난 하층민 봉기라 할 수 있다.

승려거변운동은 승려 '운부'가 제자들인 옥여, 일여, 묘정, 대성법주 등 백 여인과 함께 진인 정성, 최성 양인을 얻어 먼저 우리나라를 전복하여 정성을 세워 왕으로 삼고, 중원을 공격하여 최성을 세워 황제로 삼으려는 봉기이다. 앞서 언급했지만 신분상승을 희구하는 일반 서발턴들이 체제를 전복하고 새로운 평등사회를 실현하려는 대의를 목표로 일어난 사건인 것이다. 팔도의 승려, 장길산 부대 등과 같은 연대세력이 있었지만 이는 '운부'를 중심으로 금강산에서 도모된 봉기라 할 수 있다. 영토성을 바탕으로 한 것이지만 지역 간 경계를 넘어선 연대가 예상되는 봉기이다.

이 봉기에서는 봉기의 대조적인 시간쌍인 '그때/지금'을 확인할 수 있다. 고통스런 현재를 살고 있는 백성들은 좋은 과거인 '그때'를 소망한다. 승려거변운동에서 '그때'는 이들이 정포은과 최영 장군을 새 시대의 통치자로 세우려는 것으로 보아 이들이 활동하던 고려의 '특정한 때'라 할 수 있다. 정포은이 고려의 충신으로 조선 왕조의 건국을 반대하였고, 최영 장군이 고구려 고토의 회복을 주장한 것을 보면, 조선의 백성들은 조선 건국 300년 이후까지도 왕조에 충성하고 백성을 사랑한 지도자가 다스리는 시대를 원한 것이라 할 수 있다.

결국 외세의 압박과 정권의 무능과 부패, 극심한 자연재해에 따른 민중경제의 파탄은 호란의 병화(兵禍)가 가시지 않은 조선 땅에 사는 백성들로 하여금 이전 시대를 소망하게 한 것이라 할 수 있다. 여기서 우리는 서발턴 봉기의 계급성뿐 아니라 민족성도 일부 확인할 수 있다.

장길산 부대의 활동은 구월산과 자비령을 거점으로 삼아 인근 지역으로 약탈을 나가는 것이다. 이때는 몽둥이, 창, 칼, 낫 등으로 부잣집이나 관아를 습격하여 활빈하는 것이 주요 활동이었다. 그러나 구월산과 자비령 산채가 토포군에 의해 차례로 진압된 후, 이들은 변경지역인 압록강으로 거점을 옮긴다. 세력은 확장되고, 경제력과 치밀한 조직력을 갖추었다. 무기는 근대화 되고 청국과의 밀거래도 하는 거대세력이 된다. 그러나 이 또한 배신자 고달근에 의해 토포된 이후에는 서수라와 백두산 인근 일대의 무인지경에서 유민들과 산다. 기동력과 화력을 갖추었으며 언제든 백성들이 동원세력이 되었다. 장길산 부대의 활동은 영토성의 영역 중심으로 활동하다가 점차 영토성을 넘어선다.

영토성을 넘어서는 데는 시장 경제가 중요하게 작용하였다. 장길산이 활동했던 숙종시대는 전국의 130여개 이상의 저자, 향시, 지금과 같은 장터가 생기고 관의 통제를 받지 않는 시장, 즉 사사롭게 장사하는 사람들이 등장하여 화폐가 생겨나게 된다.[261] 그리고 화폐의 등장은 시장경제를 대대적으로 전환시키는 역할을 한다. 작품 속 장길산 부대의 기동력과 결집력은 경제력과 밀접하게 관련된다. 이들의 경제력의 바탕은 스스로 힘을 써 취재한 것과 박대근 상단으로부터 받은 지원이다.

장길산의 의식을 전환시키고, 장길산 부대의 경제적 지주가 되었던 박대근 상단은 송상, 즉 개성상인이다. 이들은 18세기 이후에는 도고산업에 손을 대어 대자본의 집적에 성공하는 한편, 대외무역에도 적극적으로 참여하여 주도권을 장악해갔다. 그리하여 일부는 집적된 상업자본을 광산 경영이나 인삼 재배업과 그 가공업 등에 투자하여 상인 물주 내지 산업자본가로 변신하기도 하였다.[262] 그러나 이들은 반봉건적이고 반체제적인 성향을 지니고 있었고 박대근은 이들을 대표할 만한 인물이라 할 수 있다.

장길산이 갈망하는 세계는 '대동세상'이며, 이는 가장 천한 것에서 찾아야 한다. 이 세계는 승려거변운동에서 앞세운 '정성'이나 '최성'을 가진 인물이 왕이 되는 세상이 아니라 '팔도의 백성'이 주인 되는 세상, 즉 계급 없는 평등 사회라 할 수 있다. 봉기참가자들의 시간의식에서 상정해볼 수 있는 '그때'의 시간은 고대 원시 사회가 모델이 된 사회라 할 수 있다. 지금의 핍박과 굶주림에서 벗어나기 위해 계급 없는 평등사회를 미래사회의 모델로 설정한 것이다.

---

[261] 황석영, 「장길산의 창작과정」, 『강좌, 민족문학』, 정민, 1990년, 175쪽.
[262] 강만길, 「개성상인과 인삼재배」, 『조선후기 상업자본의 발달』, 고려대학교 출판부, 1973년, 9~10쪽, 98~132쪽.

3. 서발턴의 예속성과 주체화

서발턴의 예속성은 "서발턴이 지배담론에 의해 그 주체적인 행위(의식과 의지)를 배제당한 종속적인 타자로 전유되어 있음을 가리킴과 동시에 지배담론을 비판하고 저항함으로써 거기에 전유되지 않으려는 의지가 있음을 가리키는 개념"[263] 이다. 즉 이 개념에는 서발턴들이 지배담론에 의해 종속적 지위를 가지고 있으나, 지배담론을 비판하고 저항할 의식과 의지가 있음을 내포하고 있기도 하다.

이로 본다면 서발턴의 주체 복원은 타자의 위치에 있는 서발턴을 주체의 위치로 이동시키는 것이 아니다. 이는 단지 '자아/타자'라는 이원적 대립쌍을 본질로 하는 서구의 근대 인식론적 구조의 경계설정을 답습하는 것이 아니다. 그리고 단순한 지위교체를 통해 주체화된 타자는 이데올로기적 주체 혹은 '주체효과'에 불과하다. 서발턴 주체의 복원은 지배적인 엘리트 담론 외부로 나아가는 것이 아니라 그 내부로 들어가, '하나의 비판적 포지션' 또는 '일종의 저항적 차이'를 형성하는 것을 말한다.[264] 그러므로 서발턴의 주체화는 자신들을 억압하고 파편화하는 지배적 담론체계에 대한 저항과 도전의 형태로 나타난다.

서발턴 봉기는 때론 지배담론에 대한 저항과 도전의 형태에서

---

[263] 김택현, 「인도의 식민지 근대사를 보는 시각과 서발턴 연구」, 『역사비평』, 1988년 겨울, 243쪽.

[264] 김택현, 앞의 글, 242~243쪽.

나아가 체제를 전복하고 새 세상을 소망하는 것을 목표로 하기도 한다. 현 지배구도와 권력이 서발턴들의 저항과 도전을 통해 새로운 구도로 바뀌는 것이 불가능하다고 판달할 경우 서발턴들은 체제를 전복하고 주체화된 '자아'가 되고자 한다.

《장길산》에는 서발턴인 장길산의 주체화가 두드러진다. 길산은 처음에는 지배담론에 순응하며 생계를 유지해나가는 예속적 인물이었으나 모순된 사회현실에 부딪쳐 이에 저항하면서 주체화되어 간다. 그러나 장길산의 예속성은 이미 모순된 사회에 대한 저항 가능성을 내포하고 있다고 볼 수 있다.

우선 장길산은 철저히 예속적 환경에서 태어났다. 길산이 노비태생의 광대출신임이 이를 뒷받침한다. 길산의 생모는 유부사댁 노비로 추노 당하던 중 길산을 낳고 죽는다. 길산의 생부는 역노 '보'로 이 또한 노비로 몸담고 있던 집에서 팔리게 되자 도주하게 된다. 즉 길산의 생부 생모는 둘 다 노비라 할 수 있다. 봉건시대의 노비는 인간으로 대우받지 못하고 상품으로 매매되고 주인의 소유물이 되었으므로 인권이 유린된 것은 말할 것도 없다. 이들의 고통은 일생 계속되고, 죽음 이외엔 이를 막을 방법이 없다. 특히 솔거노비는 상전으로부터 가혹한 착취와 온갖 천대, 멸시를 당하였을 뿐 아니라 참혹한 형벌까지 당하였으며 까닭 없이 학살당하기도 하고, 심지어는 결혼한 노비까지 성적으로 유린되는 경우도 허다하였다. 길산은 생부 생모 슬하에서 자라지 못하고 광대 장충과 무당 안씨 사이에서 자란다. 그리하여 길산은 결국 광대로 길러져서 노비출신의 광대가 되는 것이다. 이로 본다면 길산은 기층 백성들의 삶을 포괄적으로 드러낼 수 있는 환경에 놓인다 할 수 있다.

그러나 길산은 불합리한 사회현실에 저항할 수 있는 가능성을 가진 인물이다. 송도물상 박대근을 만났을 때 길산은 세상 모르고 사내가 해야 할 일에 대한 깨달음이 없는 자신을 자각하면서 자신의 신분을 뛰어넘는 어떤 신념을 갖게 된다. 이 같은 신념은 옥중에서 "온 세상의 옥을 깨치리라"[265]는 것으로 구체화된다. 길산에게 옥은 관의 탐학으로 고통 받는 힘없고 가난한 백성들을 억압하는 상징물이었기 때문에 길산이 옥을 깨트린다는 것은 서발턴 저항의 가능성을 의미하는 것이라 볼 수 있다. 그리고 이 같은 가능성들은 길산으로 하여금 탈옥한 후 운부대사의 지도를 받으면서 하층민 지도자로 거듭나게 한다.

길산의 주체화는 무리들을 규합하고 하나의 세(勢)를 형성하여 저항해나가면서 이루어진다. 길산의 저항과 도전은 지배구조를 해체하여 권력의 전복을 도모한다. 이를 위한 활동지침을 세 가지 세우는데 첫째가 지산들은 활빈당이요 둘째는 백성들의 병졸이요 셋째가 어지러운 나라를 평정하고 새로운 세상을 만들자는 것이다. 이 세 가지 전략은 지배 구조의 권위를 의심하면서 전복 불가능성의 조건들을 가능성의 조건들로 변혁하고자 하는 것이다. 여기서 '활빈당'이라 함은 탐관오리들과 부당하고 악독하게 치부한 부자들과 관을 징치해 거기서 얻은 재물로 가난한 백성들

[265] 황석영, 《장길산》2권, 앞의 책, 272쪽.

을 구제한다는 의미가 있다. 그리고 이는 기득권 세력을 거부하고 지배구도에 도전하며, 서발턴들이 직접 백성들의 삶의 현장에 나서고자 하는 의미를 내포한다. 둘째로 백성들의 병졸이라 함은 백성들의 억울한 사연 앞에 백성들을 위해 싸우겠다는 의미가 있다. 이는 서발턴의 저항을 계급 의식적 저항의 주체로 설정한 것이라 볼 수 있다. 셋째로 어지러운 나라를 평정하고 새로운 세상을 만들자는 것은 지금 현 체제 하에서는 근본적인 개혁이 불가능하여 백성이 잘 사는 나라는 오기 힘드니 혁명을 통해서라도 이 일을 이루자는 것이다. 이는 지배구조를 해체한 후 전복을 도모하는 내용에 해당된다.

서발턴 세력 가운데 주목할 만한 부류는 상인세력이다. 박대근으로 대표되는 이 세력은 장길산 무리가 혁명 세력이 되는데 조력자 역할을 하다가, 결국엔 혁명의 중심세력으로 참여한다. 박대근을 통해 17세기 송도상인의 면모를 볼 수 있다. 이들은 "근대적 상업관을 갖춘 신흥세력으로서 전국적 규모의 도고상업과 대규모의 사행무역, 청·왜와의 밀무역으로 막대한 자본을 축적한다. 그들의 근대적 의식은 봉건적, 전근대적 제도와 세력에 대해 비판적이고 도전적이며 따라서 변혁을 도모하는 길산의 세력과 제휴하여 그 후원세력으로 기능"[266]한다. 특히 박대근의 물질관은 근대적 물질관으로 그가 봉건질서에 대항할 수밖에 없는 인물임을 잘 드러낸다. 그의 재물관을 정리하면 첫째, 재물은 정당하

---

[266] 심규식, 「《장길산》 연구」, 『교육논총』 7, 1991년.

게 얻으며, 작은 이(利)를 골고루 나누고 나머지를 모아야 하며 둘째, 상업이 성행하는 것은 물화(物貨)가 풍부하게 생산되어 백성의 생활당화나 방물과 같은 사치품은 이를 넉넉히 남겨 상도의 평정함을 추구해야 한다는 것이다. 물질의 생산과 분배에 있어 백성이 중심이 되어야 함을 신념으로 삼고 있는 인물이다. 그러므로 그는 서발턴으로서 지배구도에 저항하고 도전할 수 있는 의지를 지닌 인물이라 할 수 있다.

서발턴의 주체화에 실패한 인물들은 대개가 배신자로 설정된다. 이들은 처음에는 지배구도에 저항하고 저항하는 인물로 나오나, 봉기 세력이 위기에 처하게 되면 자신의 이익이나 생존을 위해 배반하는 인물들이다. 《장길산》에는 두 명이 등장하는데, 검계·살주계 사건에서의 억기와 장길산 무리의 고달근이다. 우선 억기는 교리댁의 수노로서 교역을 위해 저자에 나가 장사를 하기도 한다. 신분은 미천하나 세태와 재리에 밝을 수밖에 없는 인물 설정이다. 살주계원이 되어 양반들을 살육하고 천인들이 주인이 되는 세상을 만들고자 하였으나, 종사관 최형기가 가족을 인질로 삼았을 때 조직을 배반하고 만다. 그의 배반으로 조직은 와해되고 대부분의 살주계원들은 죽게 되는데, 그 또한 검계 계원 산지니에 의해 살해당하고 만다.

다음으로 고달근이다. 고달근은 사당패를 이끄는 모가비에서 천마산 솔부리골의 두령으로 검계원으로 활약한다. 이후 여환 등의 미륵신앙사건에도 동참하려고 하나 봉기가 실패하자 도주하여 철원에서 객점주를 하다 최형기가 장길산을 토포하고자 할 때

배신하여 앞장 서게 된다. 그리고 배신에 대한 대가로 선달이 되어 양반계층으로 지위가 상승하게 된다. 고달근은 서발턴으로서 작품 내 여러 사건에 참여한다. 그러나 그의 동참은 서발턴으로서의 저항의식이 우선하는 것이 아니라 재물에 대한 욕심이 앞선다. 모든 사건에서 그는 재물을 도적질하며 자신의 이(利)를 취한다. 그러므로 작품 말미의 고달근의 배신은 앞서 그의 성격 설정에서 이미 내정된 것이라고 할 수 있다. 고달근은 주체화된 서발턴이 되기보다는 서발턴으로서의 지위를 버리고 지배층이 되고자 했다. 서발턴 중에는 고달근처럼 언제든 기회가 있으면 자신이 공격하는 대상으로 변하는 자기 정체성이 없는 인물도 있다.

【참고문헌】

1. 기본자료

유현종, 《들불》, 세종출판공사, 1977년(6판).

조정래, 《태백산맥》1~10권, 해냄, 2013년(제4판 42쇄).

황석영, 《장길산》1~12권, 창작과 비평사, 2008년(개정판 3쇄).

2. 참고도서

■ 국내자료

고부응 엮음, 『탈식민주의-이론과 쟁점』, 문학과 지성사, 2003년.

고현철, 『탈식민주의와 생태주의 시학』, 새미, 2005년.

______, 『재현과 탈식민주의』, 국학자료원, 2013년.

권경아, 『식민지 이후를 사유하다-탈식민화와 재식민화의 경계』, 책세상, 2009년.

권영민, 『태백산맥 다시 읽기』, 해냄, 2006년(2판 5쇄).

김의학, 『탈식민주의와 현대소설』, 자작아카데미, 1998년.

김삼룡, 『한국미륵신앙의 연구』, 동화출판공사, 1987년.

김준오, 『시론』, 삼지원, 2006년(4판 18쇄).

김택현, 『서발턴과 역사학 비판』, 박종철출판사, 2003년.

김희숙, 『황석영 텍스트의 탈식민성 연구』, 부산대출판부, 2017년.

나병철, 『근대서사와 탈식민주의』, 문예출판사, 2001년.

______, 『탈식민주의와 근대문학』, 문예출판사, 2004년.

성민엽 편, 『민중문학론』, 문학과 지성사, 1984년.

신경득, 『사람 살리고 가난 구하는 역성혁명』, 살림터, 2005년.

문학과 비평연구회, 『탈식민의 텍스트, 저항과 해방의 담론』, 이회문화사, 2003년.

민족문학사연구소 기초학문연구단, 『탈식민의 역학』, 소명출판, 2006년.

박종성, 『탈식민주의에 대한 성찰』, 살림, 2006년.

성민엽, 『민중문학론』, 문학과 지성사, 1984년.

염경철 편역, 『제3세계와 종속이론』, 나남, 1980년.
이경원, 『검은역사 하얀이론-탈식민주의 계보와 정체성』, 한길사, 2011년.
이상섭 저, 『문학비평용어사전』, 민음사, 1983년.
이　익, 『성호사설』, 민족문화추진위원회, 1989년.
임기현, 『황석영 소설의 탈식민성』, 역락, 2010년.
오태호, 『황석영』, 글누림출판사, 2010년.
정석종, 『조선후기사회변동연구』, 일조각, 1983년.
조규형, 『탈식민 논의와 미학의 목소리』, 고려대출판부, 2007년.
하정일, 『탈식민의 미학』, 소명출판, 2008년.

■ 번역서

가야트리 스피박(Gayatri C. Spivak) 지음·태혜숙 옮김, 『교육기계 안의 바깥에서』, 갈무리, 2006년
강상중 지음, 이경덕·임성모 역, 『오리엔탈리즘을 넘어서』, 이산, 1997년.
니콜라스 디폰조(Nicholas Difonzo) 지음·곽윤정 옮김, 『루머사회』, 흐름, 2012.
라나지트 구하(Rannajit Guha) 지음·김택현 옮김, 『서발턴과 봉기-식민인도에서의 농민봉기의 기초적 측면들』, 박종철출판사, 2008년.
로버트 영(Robert J.C Young)지음·김용규 옮김, 『포스트식민주의 또는 트리컨티넨탈리즘』, 박종철출판사, 2005년.
__________, 『백색신화』, 경성대학교출판부, 2008년.
__________, 『아래로부터의 포스트식민주의』, 현암사, 2013년.
로잘린 C 모리스(Rosalind C Moris) 지음·태혜숙 옮김, 『서발턴은 말할 수 있는가? 서발턴 개념의 역사에 관한 성찰들』, 그린비, 2013년.
릴라 간디(Leela Gandhi) 지음·이영욱 역, 『포스트식민주의란 무엇인가?』, 현실문화연구, 1999년.
미셸 푸코(Michel M. Foucault) 지음·이규현 역, 『말과 사물』, 민음사, 2012년.
__________·오생근 옮김, 『감시와 처벌』, 나남, 2012년.

바트 무어 길버트(Bart Moor-Gilbert) 지음·이경원 옮김, 『탈식민주의! 저항에서 유희로』, 한길사, 2001년.

베네딕트 앤더슨 지음(Benedict Anderson)·윤형숙 옮김, 『상상의 공동체』, 나남, 2002년.

블라디미르 일리치 레닌(Vladimir Ilich Lenin) 지음, 문성원·안규남 옮김, 『국가와 혁명-마르크스주의 국가론과 혁명에서 프롤레타리아의 임무』, 돌베개, 2015년(2판).

브라이언 S 터너(Brian S Turner) 지음, 이복두·이태원 역, 『평등의 사회학』, 강원대출판부, 1987년.

빌 애쉬크로프트(Bill Aschcroft)·개레스그리피스(Gareth Griffis)·헬렌 티핀(Hellen Tiffin) 지음, 이석호 옮김, 『포스트콜로니얼 문학이론』, 민음사, 2008년.

안토니오 그람시(Antonio Gramsci) 지음·강옥초 역, 『옥중수고』1·2, 거름, 1997년.

에드워드 사이드(Edward W. Said) 지음, 박홍규 옮김, 『오리엔탈리즘』, 교보문고, 2007년(개정증보판 1쇄).

응구기 와 씨옹오(Ngugi Wa Thion'o) 지음·이석호 옮김, 『탈식민주의와 아프리카 문학』, 인간사랑, 1995년.

존 맥클라우드(John McLeod) 지음·박종성 옮김, 『탈식민주의 길잡이』, 한울아카데미, 2003년.

치누아 아체베(Chinua Achebe) 지음·이석호 옮김, 『제3세계문학과 식민주의 비평』, 여이연, 2005년.

프란츠 파농(Frantz Fanon)지음·이석호 옮김, 『검은 피부 하얀 가면』, 인간사랑, 1998년.

________________·남경태 옮김, 『대지의 저주받은 사람들』, 그린비, 2007년.

피터 차일즈(Peter Childs)·패트릭 윌리엄스(Patrick Williams)지음, 김문환 옮김, 『탈식민주의 이론』, 문예출판사, 2004년.

한스 J 노이바우어(Hans J. Neubauer) 지음, 박동환·황승환 옮김, 『소문의 역사』,

세종서적, 2001년.
호미 바바(Homi Bhabha) 지음·나병철 옮김, 『문화의 위치-탈식민주의 문화이론』, 소명출판, 2002년.

■ 외국도서

Antonio Gramsci, *Selections from the Prison Notebooks,* London, 1971.
E. P. Thompson, *The Poverty of Theory and Other Essays,* London : Merlin Press, 1979.
Ranajit Guha, *Subaltern Studies,* Oxford University Press, 1988.

3. 학위논문

강병철, 「황석영의 《장길산》에 나타난 인물의 형상화와 그 성과에 대한 연구」, 공주대 석사학위논문, 1998년.
공임순, 「한국근대역사소설의 장르론적 연구」, 서강대 박사학위논문, 2000년.
권은미, 「조정래의 《태백산맥》 연구」, 울산대 박사학위논문, 2013년.
김희숙, 「황석영 소설의 탈식민성 연구」, 부산대 박사학위논문, 2014년.
박미숙, 「황석영의 《장길산》 연구」, 계명대 석사학위논문, 2005년.
오태호, 「황석영의 《장길산》 연구」, 경희대 석사학위논문, 1998년.
오세원, 「조정래의 《태백산맥》에 나타난 역사의식 연구」, 공주대 석사학위논문, 2001년.
전영의, 「조정래 《태백산맥》의 서사담론 연구」, 전남대 박사학위논문, 2012년
정미애, 「《장길산》연구」, 한림대 박사학위논문, 2004년.
최자훈, 「《태백산맥》의 인물유형별 이데올로기 형성 과정」, 전남대 석사학위논문, 2010년.
홍성암, 「한국근대역사소설연구」, 한양대 박사학위논문, 1988년.

4. 논문·평론

강만길, 「개성상인과 인삼재배」, 『조선후기 상업자본의 발달』, 고려대출판부, 1973년.

강영주, 「역사소설의 리얼리즘과 민중성-《장길산》론」, 『한국역사소설의 재인식』, 창작과 비평사, 1991년.

강옥초, 「그람시와 '서발턴' 개념」, 『역사교육』, 1982년.

강 희, 「스피박-탈식민주의 과제와 윤리적 책임」, 제4차 한국영미문학 페미니즘학회 학술대회, 1999년.

고길섶, 「탈식민주의 담론과 세계지도 다시 그리기」, 『문학과학』, 1999년.

고 은, 「미륵과 민중」, 『한국근대민중종교사상』, 학민사, 1983년.

권내현, 「《장길산》의 역사인식과 이상향」, 『내일을 여는 역사』 29, 2007년.

권영민, 「소설의 인간상, 그리고 《태백산맥》의 인간상」, 『태백산맥 다시 읽기』, 해냄, 2006년(2판 5쇄).

권택영, 「탈식민주의 문화비평」, 『현대시사상』, 고려원, 1996년 봄.

김도현, 「장르확산을 위하여」, 『민중문학론』, 민중문학론, 1984년.

김동근, 「《태백산맥》의 텍스트기호론적 분석-'지주/소작인' 코드를 중심으로」, 『현대문학연구』 16집. 2001년.

김동협, 「장길산 사건에의 민중적 이해와 홍길동전의 작품구조」, 『동국어문논집』 5, 1992년.

김동환, 「《장길산》의 내적형식」, 『한국소설의 내적형식』, 태학사, 1996년.

김미영, 「황석영 소설에 나타난 탈식민주의 고찰」, 『한국언어문화』 26, 2004년.

김병걸, 「역사소설과 민중소설」, 『문학과 지성』, 1976년 가을.

김병익, 「시대상의 발견과 한의 재현」, 『현대문학』, 1974년 6월.

______, 「역사와 민중의 상상력-황석영의 《장길산》」, 『예술과 비평』 12, 1984년.

김성곤, 「탈식민주의 시대의 문학」, 『외국문학』, 1992년.

______, 「탈중심경향과 문학」, 『인문과학』 27, 성균관대 인문과학연구소, 1993년.

김성철, 「탈식민주의와 탈식민주의적 글쓰기」, 대북대 『연구논문집』 3, 2004년.

김순식, 「탈식민주의 시대의 지식인·작가론」, 『현대시사상』, 고려원, 1996년 봄.

김언호, 「황석영의 《장길산》」, 『책의 탄생II』, 한길사, 1997년.

김영호, 「민중의지의 역사적 확인-황석영의 《장길산》을 어떻게 볼 것인가」, 『외국문 학』 3, 1984년 겨울호.

김정자, 「거대한 '굿판'으로 본 《태백산맥》의 한과 진정성」, 『현대소설연구』 30집, 2006년.

김종철, 「식민주의 극복과 민중-프란츠 파농의 작품에 대하여」, 『창작과 비평』, 1979년 가을.

김지하, 「풍자냐 자살이냐」, 『민중문학론』, 문학과 지성사, 1984년.

김택현, 「인도의 식민지 근대사를 보는 시각과 서발턴 연구」, 『역사비평』, 1998년 겨울.

김헌선, 「《장길산》의 서술층위와 짜임새」, 『비평문학』, 1988년.

김희숙, 「《태백산맥》에 나타난 탈식민주의와 민족운동」, 『문창어문논집』 52, 2015년.

______, 「《들불》에 나타난 서발턴 저항 양상 연구」, 『한국문학논총』 66집, 2014년.

나병철, 「탈식민주의의 시각에서의 정전 재구성」, 『현대소설의 연구』 37, 2008년.

민승기, 「바바의 모호성」, 『현대시사상』, 고려원, 1996년 봄.

박경화, 「탈식민주의와 페미니즘-제3세계 페미니즘을 중심으로」, 『탈식민주의 이론과 쟁점』, 문학과 지성사, 2005년(1판 3쇄).

박상기, 「탈식민주의의 양가성과 혼종성」, 『탈식민주의 이론과 쟁점』, 문학과 지성사, 2003년. 2005년(1판 3쇄).

박은숙, 「반항과 각성, 그리고 주체성 인식-유현종 《들불》 연구」, 『한국문학이론과 비평』 38집, 2008년 3월.

박인찬, 「탈식민주의 계보에 관한 절충주의적 접근」, 『영미문학연구회』, 2001년.

박현채, 「문학과 경제」, 『실천문학』 4집, 1983년.

백낙청, 「민중은 누구인가」, 『뿌리 깊은 나무』, 1979년 4월.

성민엽, 「민중문학의 논리」, 『민중문학론』, 문학과 지성사, 1984년.

송태욱, 「황석영의 《장길산》과 역사적 진실성」, 『현대문학의 연구』 5집, 1995년.

신승희, 「《장길산》」, 『어문연구』 19집, 1991년.

______, 「《장길산》론」, 『새국어교육』 70집, 2005년.

심규식, 「《장길산》 연구」, 『교육논총』 7집, 1991년.

안숙원, 「《태백산맥》에 나타난 민족주의 여성상」, 『여성문학연구』 9집, 2003년.

양종근, 「스피박의 현대이론에 대한 해체적 개입」, 『영미어문학』 82, 2007년 3월.
유현종, 「작가의 말」, 《들불》, 세종출판공사, 1977년(6판).
윤석산, 「동학가사 《검결》연구」, 『동학사상과 한국문학』, 한양대출판부, 1999년.
이동하, 「유신시대의 소설과 비판적 지성」, 『1970년대 문학연구』, 예하, 1994년.
이태동, 「역사적 휴머니즘과 미학의 근거-황석영론」, 『세계의 문학』, 1981년 3월호.
이승렬, 「분신의 정치학」, 『현대시사상』, 고려원, 1996년 봄.
이재선, 「상민적 삶의 형태론-《장길산》」, 『한국현대소설사』, 민음사, 1991년.
이이화, 「동학농민전쟁과 역사소설」, 『현대문학』, 1974년 6월.
이혜령, 「지식인의 자기정의와 '계급'-식민지 시대 지식계급론과 한국근대소설의 지식인 표상」, 『상허학보』 22, 2008년.
임금복, 「유현종의 《들불》 연구」, 『돈암어문학』 14집, 2001년 10월.
임기현, 「황석영 희곡의 탈식민성」, 『한민족언어문학』 51집, 2007년.
임성운, 「《태백산맥》의 민족운동」, 『남도문화연구』 20집, 2011년.
전영의, 「《태백산맥》의 탈식민성 연구」, 『한국어문연구』 76집, 2011년.
정석종, 「숙종연간 승려세력의 거변계획과 장길산-이절·유선기 등의 상변을 중심으로」, 『동방학지』 31, 1982년.
정형준, 「투쟁의 진리와 민중의 힘을 보여주는 유현종의 장편소설 《들불》」, 《들불》, 세종출판공사, 2005년.
조구호, 「《태백산맥》의 반동인물」, 『배달말』 38집, 2006년.
조창환, 「역사적 사건의 문학화 방식-유현종의 《들불》을 중심으로」, 『(아주대) 논문집』 8집, 1986년 2월.
차승기, 「프롤레타리아란 무엇이었는가-카프 초기의 프롤레타리아 개념의 변모」, 『한국문학연구』 47, 2014년.
채광석, 「제3세계속의 리얼리즘」, 『민중문학론』, 문학과 지성사, 1984년.
최석무, 「탈식민 텍스트에 나타난 정치적 알레고리 : 조이스 《율리시스》」, 『제임스조이스 저널』 9집, 2003년 12월.
최원식, 「남한 진보집단의 집단적 초상 - 《장길산》 소론」, 『생산적 대화를 위하여』,

창비, 1997년.
최현주, 「《태백산맥》의 탈식민성 연구」, 『현대문학이론연구』 29집, 2006년.
하정일, 「《태백산맥》과 빨치산문학」, 『원우론집』 19집, 1990년.
______, 「태백산맥론」, 『민족문학의 이념과 방법』, 태학사, 1993년.
______, 「민족문학론의 역사와 후기식민성」, 『탈식민의 미학』, 소명출판, 2008년.
한완상, 「민중의 사회학적 개념」, 『민중』, 문학과 지성사, 1984년.
한우근, 「동학농민의 봉기」, 『한국현대사』, 신구문화사, 1973년.
황국명, 「유현종의 《들불》 연구—동학농민전쟁과의 관련성을 중심으로」, 『한국문학논총』 16집, 1995년.
황남준, 「전남지방정치와 여순사건」, 『해방전후사의 인식』 3, 한길사, 2016년(1판 17쇄).
황석영·이병순, 「나에게 춤을」, 『한국문학』, 1979년 2월.
황석영, 「미륵의 세상, 사람의 세상」, 『객지에서 고향으로』, 형성사, 1985년.
______, 「장길산의 창작과정」, 『강좌, 민족문학』, 정민, 1990년.
______, 「임꺽정, 장길산, 우리식의 리얼리 즘」, 『사회평론』, 1991년 10월.
______, 「남한 진보운동의 집단적 초상-《장길산》 소론」, 《장길산》 10, 창작과 비평사, 1995년.
______, 「작가의 말」, 《장길산》1, 창비, 2004년(개정판 2쇄).
기얀 프라카쉬(Gyan Prakash) 지음, 장윤경·이찬행 옮김, 「포스트식민주의적 비판으로서의 서발턴 연구」, 『역사연구』 6, 1998년, 274쪽.
린다 허치언(Linda Hutcheon)지음·강우석 역, 「식민주의와 탈식민주의적 성향 : 산적한 난제들」, 『외국문학』, 1995년 여름.
볼프강 삭스(Vofgan Sacks), 「개발-파멸로 가는 길」, 『녹색평론』, 1993년 1~2월.
스티븐 슬레먼(Stephen Slemon) 지음·강규한 옮김, 「제국의 기념비들-탈식민적 글쓰기의 알레고리와 반언술행위」, 『외국문학』 31집, 1992년.

한국근대소설에 나타난 서발턴 연구

초판 1쇄 인쇄　2018년 7월 2일
초판 1쇄 발행　2018년 7월 9일

저　　자　김희숙

표지디자인　장재원
내 지 편 집　박지현

발 행 인　전호환
발 행 처　부산대학교 출판부
주소 - 부산광역시 금정구 부산대학로63번길 2(장전동)
전화 - (051) 510 - 1932~3
전송 - (051) 512 - 7812
홈페이지 - https://press.pusan.ac.kr/
메일 - pnupress@pusan.ac.kr
등록 - 제카 11-2 1992. 9. 10.

* 잘못된 책은 구입처에서 교환해 드립니다.

ISBN 978-89-7316-594-0 93810　값 16,000원

이 도서의 국립중앙도서관 출판예정도서목록(CIP)은 서지정보유통지원시스템 홈페이지(http://seoji.nl.go.kr)와 국가자료공동목록시스템(http://www.nl.go.kr/kolisnet)에서 이용하실 수 있습니다.(CIP제어번호: CIP2018019451)